# Kohlhammer
## Urban
-Taschenbücher

Band 420

Rosemarie Mielke

# Psychologie des Lernens

Eine Einführung

Verlag W. Kohlhammer

Die Deutsche Bibliothek – CIP-Einheitsaufnahme

**Mielke, Rosemarie**
Psychologie des Lernens : eine Einführung / Rosemarie Mielke. –
Stuttgart ; Berlin ; Köln : Kohlhammer, 2001
    (Urban-Taschenbücher ; Bd. 420)
    ISBN 3-17-016200-4

Alle Rechte vorbehalten
© 2001 W. Kohlhammer GmbH
Stuttgart Berlin Köln
Verlagsort: Stuttgart
Umschlag: Data Images GmbH
Gesamtherstellung:
W. Kohlhammer Druckerei GmbH + Co. Stuttgart
Printed in Germany

# Inhaltsverzeichnis

# Vorwort

Für dieses Buch habe ich Theorien, Modelle und Befunde der psychologischen Forschung ausgewählt, die die gesamte Spannbreite lernpsychologischer Erklärungsansätze abdecken. Verhaltensorientierte Ansätze haben in dieser Zusammenstellung ihren Platz neben kognitionsorientierten Ansätzen. Die Erklärungen von Strukturen und Prozessen aus den jeweiligen Blickrichtungen ergänzen einander in dem gemeinsamen Bemühen, Mechanismen bei der Veränderung menschlicher Verhaltenspotentiale und Verhaltensweisen zu verstehen.

Das Buch soll einen Beitrag dazu leisten, Studienanfängern und auch interessierten Laien einen grundlegenden Zugang zu den in der Psychologie derzeit diskutierten Ansätzen zum Lernen zu verschaffen. Aktuelle psychologische Erklärungen lassen sich unter anderem durch den Bezug zur Entstehungs- und Entwicklungsgeschichte der Psychologie als Wissenschaft verständlich machen. Auf die historischen Wurzeln habe ich, wann immer es mir zur Erleichterung des Verständnisses angemessen erschien, zurückgegriffen. Veranschaulichungen sind ein weiteres Hilfsmittel mit einer langen Tradition in der Geschichte der Forschung und Praxis des Lernens und Lehrens. Dort, wo es mir hilfreich erschien, habe ich auf bereits vorhandene oder eigens entwickelte grafische Darstellungen zurückgegriffen.

Für Anmerkungen, kritische Kommentare und Korrekturvorschläge danke ich vor allem Hans Dieter Mummendey, Moritz Mielke und Martin Vogel sowie den Hörern und Tutoren meiner Vorlesung zur Psychologie des Lernens. Insbesondere danke ich Mirko von Leitner, der das von mir eingerichtete virtuelle Tutorium (http://www.virtorium.de) zur Vorlesung und zum Buch gestaltet hat.

Schließlich hat die Anregung zum Schreiben des Buches und die umsichtige und geduldige Begleitung des Entstehungsprozesses durch den Lektor des Kohlhammer Verlags, Dr. Klaus-Peter Burkarth, nicht unerheblich dazu beigetragen, dass das Buch nunmehr vorliegt.

Ich danke allen genannten und allen nicht genannten Personen, die mich unterstützt haben. Wie üblich, möchte ich nicht unerwähnt lassen, dass ich selbstverständlich für Fehler die Verantwortung selbst übernehme und Lob gerne mit allen Beteiligten teile.

Hamburg/Bielefeld                                    Rosemarie Mielke
Herbst 2001

# 1 Lernen und Erfahrung

Das Wort »Lernen« geht auf die gotische Bezeichnung für »ich weiß« (lais) und das indogermanische Wort für »gehen« (lis) zurück (Wasserzieher, 1974). Die Herkunft des Wortes deutet bereits darauf hin, dass Lernen ein Prozess ist, bei dem man einen Weg zurücklegt und dabei zu Wissen gelangt.

Nach einer Wanderung weiß man viele sehr unterschiedliche Dinge besser als vorher. Man kennt beispielweise die Abkürzungen, die schneller zum Ziel führen, man weiß, wie man eine Wanderkarte liest, was Entfernung bedeutet und wie man seine Kräfte am besten einteilt. Die Erfahrungen unterwegs führen beim Wanderer zu Veränderungen, so dass die nächste Wanderung selbst bei gleich bleibender Route nicht mehr dieselbe Wanderung sein wird. Mit jeder Wanderung erweitert der Wanderer sein Wissen über Einzelheiten des Weges. Er lernt verschiedene Ortschaften kennen und voneinander zu unterscheiden. Er versteht nach und nach immer besser, was es bedeutet, sich auf andere verlassen zu können und welche Bedeutung solche Erfahrungen für die eigene Person haben. Er weiß danach nicht nur mehr im engeren Sinne des Wortes »wissen«, sondern er verändert und erweitert auch sein Verhaltensrepertoire. Er erwirbt neue Verhaltenskompetenzen, um seine Wanderung optimieren oder auch interessanter gestalten zu können. Er lernt Wanderkarte und Kompass zu verwenden, um die Streckenführung genauer zu planen.

Wenn auch nicht alles, was wir erfahren, unter Umständen geschieht, die denen einer Wanderung ähneln – also einer Situation, die wir gezielt herbeiführen, um eine möglichst erlebnisreiche und gleichzeitig entspannende Zeit zu verbringen –, so kann man doch auf die metaphorische Bedeutung des Wortursprungs zurückgreifen und festhalten, dass wir »immer unterwegs« sind, also ständig lernen. Alles, was wir erleben, hinterlässt mehr oder weniger deutliche Spuren, führt also zu Veränderungen. Wie es zu solchen Veränderungen kommt, soll Gegenstand des vorliegenden Buches sein.

## 1.1 Der psychologische Lernbegriff

In der Psychologie umfasst der Begriff des Lernens alle Prozesse, die einen Organismus so verändern, dass er beim nächsten Mal in einer vergleichbaren Situation anders – und sei es auch nur schneller – reagieren könnte. Damit ist der psychologische Lernbegriff deutlich weiter gefasst als der alltagssprachlich verwendete Begriff des Lernens. Der Mensch lernt nicht nur Schreiben, Lesen, Rechnen und erwirbt Wissen über naturwissenschaftliche Gesetzmäßigkeiten und geschichtliche Zusammenhänge. Auch Angst und Gelassenheit, Vorlieben und Abneigungen oder auch die Ausbildung von Gewohnheiten werden gelernt. Im psychologischen Begriff des Lernens ist also jegliche Erfahrungsbildung zusammengefasst. Um Missverständnisse zu vermeiden, muss sogleich hinzugefügt werden, dass Erfahrungen auch sozial vermittelt sein können. Das bedeutet, dass man Erfahrungen nicht selbst machen muss, sondern man kann auch von Erfahrungen lernen, die andere Menschen machen oder gemacht haben und von denen uns direkt oder indirekt über Bücher, Filme oder durch andere Personen berichtet wird. Hinzufügen muss man ebenfalls, dass auch im Verlaufe von Reifungsprozessen neue Verhaltensmöglichkeiten entstehen. Die durch die körperliche Weiterentwicklung neu entstehenden Bewegungsmöglichkeiten würde man zum Beispiel nicht als »gelernt« bezeichnen. Allerdings lernt ein Kind nicht nur aufgrund körperlicher Veränderungen zu krabbeln und zu laufen. Am Erwerb dieser Verhaltenskompetenzen sind auch Erfahrungen mit der Umwelt beteiligt. Krabbeln und Laufen kann ein Kind, weil die körperliche Entwicklung es erlaubt und weil das Kind Erfahrungen mit seinen Bewegungen in seiner Umwelt gemacht hat.

In unserem Sprachgebrauch haben wir zwei Arten, mit dem Begriff »Lernen« umzugehen. Wir verwenden diesen Begriff, wenn wir den Lernprozess meinen – also die Aufnahme und Speicherung von Informationen. Wir bezeichnen mit Lernen aber auch die Lerntätigkeit selbst. Wir nennen es »Lernen«, wenn wir uns hinsetzen und versuchen, ein Gedicht auswendig zu lernen. Wenn wir uns also selbst Gelegenheiten schaffen, um bestimmte Inhalte ins Gedächtnis zu übernehmen, bezeichnen wir diese Tätigkeit als »Lernen«. Dabei ist die Bezeichnung solcher Aktivitäten als Lernen völlig unabhängig davon, ob sie auch tatsächlich zum Ziel führen, also zum Lernen im psychologischen Sinne, nämlich zu einer Übernahme der Inhalte ins Langzeitgedächtnis. Wir können beispielsweise nach Abschluss der

Tätigkeit feststellen, dass wir mehrere Stunden gelernt haben, aber »nichts hängen geblieben« sei.

Weiterhin ist zu beachten, dass ein Lernprozess erfolgt sein kann, ohne dass das Ergebnis im Verhalten sichtbar wird. Da das Lernen im Aufbau eines Verhaltenspotentials besteht, ist es sinnvoll, Lernergebnis und Lernleistung voneinander zu unterscheiden. Das durch Lernen aufgebaute Verhaltenspotential ist eine relativ überdauernde Veränderung des Organismus. Die Realisierung der Verhaltensmöglichkeit im beobachtbaren Verhalten bezeichnet man als Lernleistung oder Performanz. Für die Lernleistung ist neben dem Verhaltenspotential zusätzlich von Bedeutung, welche Bedingungen aktuell vorhanden sind. Die Lernleistung ist beispielsweise auch von der jeweiligen Motivation und dem Ermüdungszustand des Organismus oder den Anreizbedingungen der Situation abhängig.

Lernen ist gleichbedeutend mit Informationsverarbeitung und -speicherung. Lernen und Gedächtnis lassen sich nicht trennen. Lernen meint schwerpunktmäßig die Prozesse der Aneignung und Gedächtnis die Vorgänge der Speicherung und des Abrufs von Informationen.

## 1.2  Lernen als Anpassung

Um zu überleben, müssen alle Organismen in der Lage sein, von ihren früheren Erfahrungen zu profitieren. Die physiologische Ausstattung des Menschen ist wie bei allen anderen Organismen auch für die Aufnahme von Informationen aus der Umwelt gerüstet. Das motorische System ist vorhanden, damit der Organismus in der Umwelt agieren kann. Beispielsweise liegen Verhaltensmöglichkeiten bereit, die die Nahrungsaufnahme und  Kontakte zu anderen Organismen ermöglichen. Durch den Lernprozess wird die Aufnahme von Informationen und die Ausführung von Verhaltensweisen – also der physiologische Apparat und das motorische System – aufeinander bezogen, um beide Systeme in ihrer Funktion zu koordinieren.

Niedere Organismen, die von Reflexen abhängig sind, zeigen lediglich eng begrenzte Fähigkeiten, auf neue Reize wirksam zu reagieren. Das Verhalten ist weitgehend auf ein bestimmtes Verhaltensmuster festgelegt. Phylogenetisch höher entwickelte Organismen zeigen flexiblere Verhaltensmuster, d.h. das Verhalten kann den jeweiligen

Bedingungen in größerem Ausmaß angepasst werden. Die Verhaltensmuster sind veränderbar und das Verhalten ist dadurch origineller.

Andererseits sind die Beziehungen von höher entwickelten Organismen zur Umwelt auch deutlich komplizierter und variabler. Organismen, die ihren ursprünglichen Lebensraum verlassen können, benötigen diese größere Flexibilität und Anpassungsfähigkeit des Verhaltens. Die Verhaltensmuster höherer Lebensformen sind daher auch nicht auf solche beschränkt, die sich aufgrund des Fortpflanzungserfolgs im Verlaufe der phylogenetischen Entwicklung als optimal angepasst erwiesen haben und durch Reflexe und Instinkte festgelegt sind. Bei höheren Lebensformen kommen Verhaltensmuster hinzu, die erst im Verlaufe der Ontogenese ausgebildet werden.

Man kann also festhalten, dass bei höheren Lebensformen die Komplexität der Umweltbeziehungen größer ist und sie deshalb auf erfahrungsbedingte Veränderungen im Verlaufe der Entwicklung des jeweils einzelnen Organismus – also der ontogenetischen Entwicklung – angewiesen sind.

## 1.3  Lernen von Regelhaftigkeiten

Die höhere Flexibilität des Verhaltens beim Menschen wird dadurch erreicht, dass geschlossene und genetisch fixierte Verhaltensmuster in kleinere Einheiten aufgebrochen und zu neuen Verhaltensmustern zusammengefügt werden. Je nach Erfolg oder Misserfolg werden diese Muster dann beibehalten und gefestigt oder wieder verworfen. Zu der genetischen Anpassung an langfristig konstante Regelhaftigkeiten der Umwelt in Form von Instinkten tritt so die Anpassung auch an kurzfristigere Regelmäßigkeiten durch Lernen, also durch Einbeziehung individueller Erfahrungen in die Verhaltensmöglichkeiten (Dörner, 1999).

Voraussetzung einer solchen Verhaltensanpassung ist eine Sensibilität des betreffenden kognitiven Systems für Invarianzen, d.h. die Fähigkeit zum Erkennen von Regelhaftigkeiten innerhalb der erfahrenen Realität (Schnotz, 1994).

Das sind zum einen Regelhaftigkeiten in der Struktur der Umwelt. Der Organismus muss erkennen können, welche Vorgänge in der Umwelt auf welche Art und Weise miteinander in Beziehung stehen.

Die erkannten Regelhaftigkeiten des Zusammenauftretens von Ereignissen sind die Grundlage dafür, das Auftreten von Ereignissen in der Umwelt vorhersagen zu können. Solche Kenntnisse zu haben, ist insbesondere dann wichtig, wenn Ereignisse für den Organismus schädlich sind. Diese Art Wissen ist aber auch von Vorteil, wenn es um die Antizipation von angenehmen Ereignissen geht.

Des weiteren muss der Organismus erkennen können, wie die eigenen Verhaltensweisen mit dem Auftreten von Umweltereignissen in Beziehung stehen. Diese Beziehungen zu kennen, verhilft dem Organismus festzustellen, ob sich in der Umwelt infolge seines Verhaltens irgendetwas ereignet oder verändert hat. Verhaltensweisen, die eine Wirkung hervorrufen, können unsere Beziehung zu dem entsprechenden Teil der Umwelt verändern. Wir können mit unserem Verhalten aber auch auf die Umwelt selbst einwirken und sie verändern. Man lernt dadurch, ob und wie man die Umwelt kontrollieren kann und welche Konsequenzen das eigene Verhalten hat.

Alle lebenden Organismen sind in der Lage, diese beiden Arten von Beziehungen zu lernen. Auf den höheren Entwicklungsstufen werden solche Invarianzen in Form von kognitiven Inhalten repräsentiert, die man beispielsweise als Begriffe bezeichnet. Schließlich entstehen bereits im Tierreich – wie sich anhand des »einsichtsvollen« Verhaltens von Primaten zeigen lässt – hochentwickelte Erkennenssysteme, die durch geeignete Neukombination vorhandener kognitiver Inhalte zum Erkennen bzw. zum Verstehen neuartiger Situationen verwendbar sind (Schnotz, 1994).

## 1.4 Neuronale Grundlage des Lernens

Veränderungen, die im Nervensystem geschehen können, definieren den Möglichkeitsraum für Lernprozesse. Je eingeschränkter die neuronale Plastizität, desto stärker werden die Lernmechanismen durch die ökologischen Bedingungen geformt (Güntürkün, 1996). Der Mensch besitzt eine sehr hohe Plastizität des Nervensystems und ist daher vergleichsweise unabhängig von den ihn umgebenden Bedingungen.

Das Gehirn selbst hat keinen Zugang zur Außenwelt. Die Sinnesreize geben Informationen weiter, diese werden auf der Grundlage bereits bestehender Verbindungen zwischen den Nervenzellen – also unserem Vorverständnis – wahrgenommen. Es kann also eigentlich nichts Neues gedacht werden. Vorhandene Neuronen-Verknüpfungen werden lediglich erneut gebahnt oder die zu aktivierenden Neuronen werden neu kombiniert. Die Möglichkeiten der Neukombination sind allerdings mannigfaltig und es können sehr unterschiedliche Denkstrukturen entstehen.

Allerdings ist auch eine Begrenzung der Informationsaufnahme durch das bereits vorhandene Informationsmaterial – also das Wissen – und der Aufbau auf diesem jeweils vorhandenen Wissen eine biologische Notwendigkeit. Ansonsten würde das Gehirn auf jeden Umweltreiz reagieren müssen und wäre sehr schnell an der Grenze seiner Aufnahme- und Verarbeitungskapazität. Der Organismus wäre in einem solchen Fall vollständig durch die Umgebung kontrolliert und könnte nicht nach »eigener Regie« reagieren. Die Folge wäre wahrscheinlich eine Überlastung des Organismus auf Kosten der Aufrechterhaltung lebenswichtiger Funktionen. Die Wirkungsweise des Nervensystems – also unseres Gehirns – ist vollständig mit der Vorstellung kompatibel, dass das Lernen einen stark individuell geprägten Anteil hat.

## 1.5  Warum lernen wir?

Es wurde bereits erwähnt, dass es für Organismen, die standortflüchtig sind und sich zudem auch noch selbst ihre Lebensbedingungen ständig verändern, sinnvoll ist, die Möglichkeit zu haben, »sich selbst umzuprogrammieren« (Dörner, 1999, S. 48), und nicht allein auf von Geburt an vorgegebene Verhaltensprogramme festgelegt zu sein.

Als Menschen können wir aber auch feststellen, dass wir bestimmte Dinge lernen wollen. Wir sind motiviert, Autofahren zu lernen. Wir möchten gern Klavier spielen können und wir sind ärgerlich, wenn es uns nicht gelingt, uns in einer anderen Sprache verständlich zu machen. Es gibt also ständig Herausforderungen, die wir zu unseren eigenen machen und auf die wir mit dem Erlernen von neuen Fertigkeiten und dem Erwerb von neuem Wissen reagieren. In der psychologischen Motivationsforschung sind die unterschiedlichen Motive benannt, die Anteil an der Verursachung von zielgerichtetem Lernverhalten haben. Äußere Anreize tun ein Übriges, dass wir zu lernen bereit sind und uns anstrengen, vielversprechende Ziele zu erreichen.

Man kann sich nun fragen, warum wir solche Herausforderungen überhaupt als solche erkennen und warum Menschen lernen, auch ohne ein erkennbares Ziel damit zu verfolgen? Wo liegt der Ursprung für den Drang, sich mit dem Gelernten nicht zufrieden zu geben? Offensichtlich gibt es ein Bedürfnis des Menschen, seine Umwelt kennen zu lernen und dadurch das Ausmaß an Unbekanntem zu verringern. Dörner (1996) bezeichnet dieses Bedürfnis, das allen Lernvorgängen zugrunde liegt, die »aus sich heraus« in Gang gesetzt werden, als Kontrollbedürfnis des Menschen.

Kontrolle über seine Umwelt, aber auch über seine Innenwelt, erlangt der Mensch auf zwei Arten: Zum einen, indem er lernt, Ereignisse vorherzusehen, und zum anderen, indem er lernt, auf seine Umwelt und seine Innenwelt einzuwirken. Bereits die Verbesserung der Vorhersagemöglichkeiten verschafft dem Menschen die Voraussetzung, seine Kontrolle zu vermehren. Dies gelingt zum Beispiel durch den Erwerb von Schemata. Wenn man erkannt hat, dass man sich in einer typischen Küstenlandschaft befindet, ist man sehr viel besser darauf vorbereitet, dass das Wetter plötzlich umschlägt. Dadurch dass man dies bereits an wenigen Merkmalen erkennt, ergeben sich eine Reihe von Verhaltensmöglichkeiten, die uns das Gefühl geben, die Situation gut bewältigt zu haben.

Das Vorhandensein eines solchen Kontrollbedürfnisses lässt sich daran erkennen, dass wir über Ereignisse, die wir nicht erklären können, verwundert oder erstaunt sind. Dieser Zustand wird von uns als Spannungszustand erlebt, und unsere Neugierde und unser Interesse werden geweckt. Wenn wir Zusammenhänge erkannt haben oder »Unbestimmtheit« bewältigt haben (Dörner, 1996), sind wir dagegen zufrieden, erleichtert oder voller Genugtuung und Stolz.

*Basisliteratur*

Bower, G. & Hilgard, E.R. (1983), Theorien des Lernens I (5. Aufl.). Stuttgart: Klett.
Schermer, F.F. (1998), Lernen und Gedächtnis. Stuttgart: Kohlhammer.

*Weiterführende Literatur*

Dörner, D. (1996), Lernmotivation. In: J. Hofmann & W. Kintsch (Hrsg.), Lernen. Enzyklopädie der Psychologie (179–202). Göttingen: Hogrefe.
Dörner, D. (1999), Bauplan für eine Seele. Reinbek: Rowohlt.
Schnotz, W. (1994), Aufbau von Wissensstrukturen. Weinheim: Psychologie VerlagsUnion.

# 2 Lernen zu reagieren

Beim Lernen wird der Organismus in einer Weise verändert,
dass die Bedingungen für sein
Verhalten nach dem Lernprozess anders sind. So kann der
Organismus beispielsweise lernen, sich auch dann innerlich
und äußerlich mit (meist einem
ganzen Bündel von) Reaktio-

nen auf die Nahrungsaufnahme vorzubereiten, wenn ihm zugerufen
wird, es gäbe gleich etwas zu essen, während er vor dem Lernprozess
diese Reaktionen erst dann zeigte, wenn etwas Essbares in sein Blick-
feld geraten war. Die Änderung besteht darin, dass ein vorher für den
Organismus bedeutungsloser Reiz bzw. ein Reizmuster, nämlich die
Worte »Gleich gibt es etwas zu essen«, nach dem Lernprozess nun
auch bestimmte Reaktionen auslösen können.

Der Mechanismus, der zu solcher Art von Veränderungen führt,
wird als klassische Konditionierung bezeichnet. Dieser Lernmechanismus ist bei sehr vielen Lernprozessen beteiligt. Er ist also sehr
grundlegender Art. Wir Menschen teilen dieses Lernprinzip mit allen
lebenden Organismen. Selbst bei Strudelwürmern und Meeresschne-
cken konnte gezeigt werden, dass sie klassisch konditionierbar sind.
Die klassische Konditionierung kann daher auch als einer der allge-
meinsten Anpassungsmechanismen von Organismen an ihre Umge-
bungsbedingungen bezeichnet werden.

Der Begriff Reaktion ist hier in einem sehr weiten Sinne gemeint.
Er umfasst innerorganismische physiologische Reaktionen ebenso
wie intern stattfindende gedankliche Reaktionen. Genauso fallen aber
auch äußerlich beobachtbare Reaktionen jeglicher Art unter diesen
Begriff. Man denke dabei auch nicht nur an eine einzelne Muskel-
kontraktion, sondern ebenso an komplexe Reaktionsmuster wie z.B.
Greifbewegungen oder Weglaufen.

## 2.1  Grundprinzip des klassischen Konditionierens

Ausgangspunkt für den Lernprozess des klassischen Konditionierens ist eine bereits gut etablierte Reiz-Reaktions-Verbindung, wie beispielsweise ein Reflex oder auch eine alltagssprachlich häufig als »reflexartig« bezeichnete Reaktionsverbindung. Bei Pawlow (1849–1936) – dem »Entdecker« des klassischen Konditionierens – war dies die Verbindung zwischen der Absonderung von Speichel bei einem Hund und dem Kontakt des Hundes mit Fleischpulver oder auch einer sauren Flüssigkeit in seiner Schnauze.

**Reflex**
Ein Reflex ist eine »unausbleibliche, gesetzmäßige Reaktion des Organismus auf ein äußeres Agens hin, eine Reaktion, die mit Hilfe bestimmter Teile des Nervensystems zustande kommt« (Pawlow, 1955, S. 147). Pawlow begann seine Arbeit über Reflexe erst nachdem er den Nobelpreis für seine Arbeiten über die Physiologie der Verdauung im Jahre 1904 bekommen hatte. Um die durch gelernte Reize ausgelöste Speichelreaktion von der nichtgelernten physiologischen Reaktion zu unterscheiden, bezeichnete er die gelernte Speichelsekretion als psychisch und prägte später den Begriff konditionierter Reflex. In der Folge setzte sich dann zur klareren Unterscheidung zwischen gelernten und ungelernten Reiz-Reaktions-Verbindungen die Bezeichnung konditionierte Reaktion durch (Bower & Hilgard, 1983).

Sowohl Nahrung als auch saure Flüssigkeiten sind angeborene Auslöser oder in der Sprache der klassischen Konditionierung »unbedingte Reize« (UCS = unconditioned stimulus) für die Absonderung von Speichel bei einem Hund. Unkonditioniert bedeutet, dass das Auftreten der Reiz-Reaktions-Verbindungen noch an keinerlei Bedingungen geknüpft sind. Dies trifft für Reflexe zu, denn sie sind definiert als angeborene Beziehungen zwischen auslösenden Reizen und unwillkürlichen Reaktionen. Alle Organismen sind von Geburt an mit einer Reihe von – in der Regel für das Überleben wichtigen – Reflexen ausgestattet. Man denke z.B. an den Schluckreflex, den Lidschlagreflex und den Greifreflex. Eine Liste der Reflexe, die mit Erfolg für die Ausbildung konditionierter Reaktionen verwendet wurden, findet sich bei Foppa (1968, S. 17).

Die Absonderung von Speichel ist eine unwillkürliche, also nicht bewusst gesteuerte (reflexhafte) Reaktion. In der Sprache der klassischen Konditionierung ist dies die auf den unbedingten Reiz hin erfolgende unbedingte Reaktion (UCR = unconditioned reaction).

**Psychische Sekretion**
Bereits vor Pawlow ist die »psychische Sekretion« beschrieben worden. Gemeint war damit, dass einem hungrigen Menschen bei der Vorstellung einer reichlichen Mahlzeit das Wasser im Munde zusammenläuft, dass also bereits die Idee einer Substanz, die physiologisch zu starker Speichelabsonderung führt, ebenso wie die Substanz selbst die physiologische Reaktion hervorrufen kann (Whytt, 1763, zitiert nach Rosenzweig 1962).

In Anlehnung an die experimentelle Untersuchung des klassischen Konditionierens lässt sich der Lernvorgang in mehrere Phasen unterteilen. Zunächst ist eine Ausgangssituation vorhanden, in der ein in Bezug auf die im Mittelpunkt stehende Reaktion neutraler Reiz gegeben ist. In dem weiter unten stehenden Beispiel ist dies der Satz »Es gibt gleich Mittagessen«. Grundlage für den Lernprozess ist die gut etablierte Beziehung zwischen dem Anblick einer zubereiteten Mahlzeit in Form von dampfenden Schüsseln und den inneren wie äußeren Vorbereitungen auf die Nahrungsaufnahme. Eine innere Vorbereitung oder auch innere Reaktion besteht beispielsweise darin, dass einem unwillkürlich das Wasser im Mund zusammenläuft. Man kann sich hinzudenken, dass man gewohnheitsmäßig beim Anblick von dampfenden Schüsseln auch beginnt, sich an den Tisch zu setzen, das Tischgebet zu sprechen, den kontrollierenden Blick auf die Vollständigkeit des gedeckten Tisches wirft etc.

**Merkmale eines unkonditionierten Stimulus (US)**
• reflexauslösend: löst angeborene Reaktionen aus
• sensitivierend: regt die Aufmerksamkeit an
• verstärkend: wirkt als Verstärker, weil er angeborene Bedeutung hat

Diese inneren und äußeren Reaktionen sind nun auf den Satz »Es gibt gleich Mittagessen« konditionierbar. Das mehrfache Zusammenauftreten des unkonditionierten Reizes »dampfende Schüsseln« und des zunächst noch neutralen Reizes »Es gibt gleich Mittagessen« ist die Bedingung dafür, dass der in Bezug auf die Reaktion eigentlich unbedeutende, also »neutrale«, Reiz die Reaktion bzw. das Reaktionsbündel nach dem Lernprozess auszulösen vermag. Bedingung ist das Zusammenauftreten des unbedingten und neutralen Reizes. Man bezeichnet diese zeitliche und örtliche Nachbarschaft beider Reize auch als Kontiguität.

**Kontiguität**
Seit Aristoteles wird die Vorstellung von der Verknüpfung geistiger Inhalte als Assoziation bezeichnet. Die Assoziation kann auf dem Gesetz der Kontiguität (zeitliche und räumliche Nähe), der Ähnlichkeit und des Kontrastes beruhen. Mit der Formulierung gesetzmäßiger Beziehungen in quantitativer Form (z.B. Verhältnis von Häufigkeit und Dauer der Darbietung zur Stärke der Verknüpfung) bestand eine starke Tendenz, das Prinzip der Kontiguität über dasjenige der Ähnlichkeit und des Kontrastes zu stellen. Auch physiologische Erklärungen der Assoziation beruhen vorwiegend auf dem Prinzip der Kontiguität.

Das Ergebnis dieses Lernprozesses ist, dass die Reaktion nicht mehr ausschließlich an das Auftreten des unbedingten Reizes gebunden ist, sondern auch erfolgen kann, wenn der nun als »bedingt« und nicht mehr als »neutral« zu bezeichnende Reiz auftritt.

Das Lernprinzip wird klassische Konditionierung genannt, um es von dem Prinzip des operanten Konditionierens, das zeitlich später entdeckt wurde, abzuheben.

Man spricht von *Konditionierungen* zweiter Art, wenn der Konditionierungsprozess auf einer bereits konditionierten – also gelernten – Reiz-Reaktions-Verbindung aufbaut. Der weitaus größere Teil des psychologisch interessanten Verhaltens ist nur noch sehr umständlich auf die ursprünglichen Reflexe zurückzuführen. Konditionierungen sind auf der Grundlage jeglicher dem Organismus bekannter Reiz-Reaktions-Verbindungen möglich.

Die hier gewählten Beispiele sind also genau genommen Beispiele für Konditionierungen zweiter, dritter oder noch mehrfacher Art.

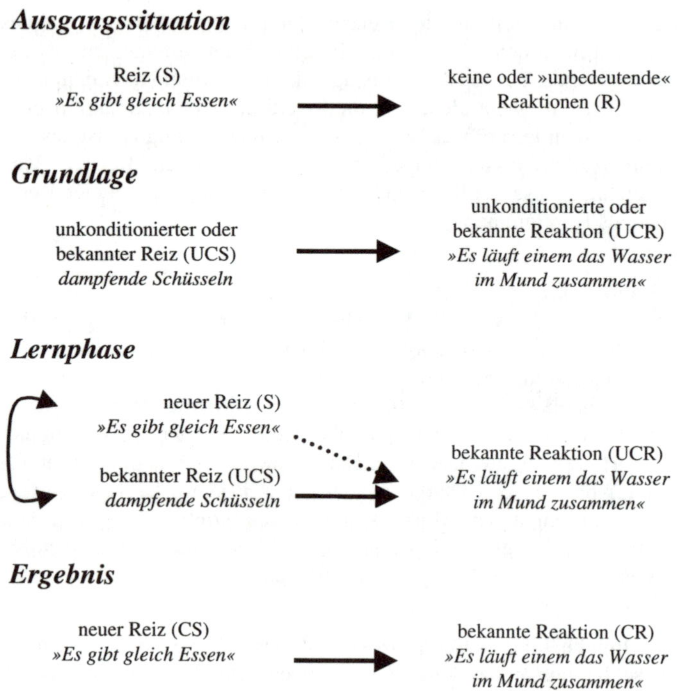

## Ausgangssituation

Reiz (S)                                                    keine oder »unbedeutende«
*»Es gibt gleich Essen«*        ⟶                           Reaktionen (R)

## Grundlage

                                                            unkonditionierte oder
unkonditionierter oder                                      bekannte Reaktion (UCR)
bekannter Reiz (UCS)            ⟶                            *»Es läuft einem das Wasser*
*dampfende Schüsseln*                                       *im Mund zusammen«*

## Lernphase

            neuer Reiz (S)
            *»Es gibt gleich Essen«*
                                                            bekannte Reaktion (UCR)
            bekannter Reiz (UCS)                            *»Es läuft einem das Wasser*
            *dampfende Schüsseln*   ⟶                       *im Mund zusammen«*

## Ergebnis

neuer Reiz (CS)                                             bekannte Reaktion (CR)
*»Es gibt gleich Essen«*        ⟶                           *»Es läuft einem das Wasser*
                                                            *im Mund zusammen«*

*Abb. 2.1:* Grundprinzip des klassischen Konditionierens

**Unbedingter Reflex und bedingter Reflex**
Pawlow hält sowohl die ursprüngliche als auch die neu gelernte
Reiz-Reaktions-Verbindung für reflektorisch. Er vergleicht die
Unterschiede zwischen den beiden Arten von Reflexen mit den
Unterschieden zwischen einer direkten Telefonverbindung und ei-
ner telefonischen Verbindung, die über eine Zentralstelle vermit-
telt wird: »Das eine Mal ist der Reflex schon fertig gegeben, das
andere Mal muss er gewissermaßen erst vorbereitet werden«
(Pawlow, 1955, S. 148).

Zur Unterscheidung der beiden Reflexarten hat sich für angeborene Reflexe die Bezeichnung »unbedingter Reflex« und für erworbene Reflexe die Bezeichnung »bedingter Reflex« durchgesetzt. Pawlow begründet die Bezeichnung »bedingter Reflex« damit, dass das Auftreten von bedingten Reflexen im Vergleich zu angeborenen Reflexen von weit mehr Bedingungen abhängt. Vor allem müssen ganz bestimmte Bedingungen gegeben sein, damit sich diese Reflexe überhaupt bilden.

## Wie bilden sich die Verbindungen?

Der neutrale Reiz wird nur dann zu einem konditionierten Reiz, wenn er einige Male regelmäßig in geringem zeitlichen Abstand vom unbedingten Reiz gefolgt war. Man kann dies auch als eine Art der Bekräftigung bezeichnen. Allerdings ist diese Bekräftigung nicht mit dem Begriff der Belohnung im Sinne eines für den Organismus angenehmen Reizes zu verwechseln. Bekräftigung meint hier nur, dass die Auslösefunktion des unkonditionierten Reizes durch das mehrfache Zusammenauftreten mit der ursprünglichen Reiz-Reaktions-Verbindung bekräftigt wird. Letztlich wird der Zusammenhang zwischen verschiedenen Wahrnehmungsinhalten dadurch bestätigt.

Pawlow nahm an, dass die Verbindung zwischen den beiden Reizen durch Bahnung entsteht. Der konditionierte und der unkonditionierte Reiz lösen jeweils eine Erregung aus. Zwischen den beiden Zentren dieser Erregung wird eine Verbindung gebahnt. Diese Verbindung ist einerseits ein physiologisches Phänomen. Sie ist aber auch ein psychisches Phänomen, das von den damaligen Psychologen wie z.B. William James (1890) als »Assoziation« beschrieben wird: »Wenn zwei elementare Hirnprozesse gleichzeitig oder in unmittelbarer Aufeinanderfolge aktiv gewesen sind, dann tendiert der eine davon bei seinem Wiederauftreten dahin, dass er seine Erregung auf den anderen überträgt« (James, 1890, I, S. 556, zit. nach Bower & Hilgard, 1983, S. 81).

Es ist an dieser Stelle hinzuzufügen, dass hier ein Assoziationsmechanismus vorliegt, der in tierphysiologischen Experimenten z.B. an der Meeresnacktschnecke Hermissenda crassicornis und an Kanin-

chen als Veränderung der Erregbarkeit von Nervenzellen bis in die
chemisch-biologischen Einzelheiten nachgewiesen werden konnte
(Alkon, 1990).

## Zeitliche Aufeinanderfolge von unbedingtem und bedingtem Reiz

In experimentellen Untersuchungen ist gefunden worden, dass die
zeitliche Aufeinanderfolge von unbedingtem und bedingtem Reiz für
die Nachhaltigkeit des Lernprozesses durchaus von Bedeutung ist.
Optimal ist das Auftreten des konditionierten Reizes vor dem un-

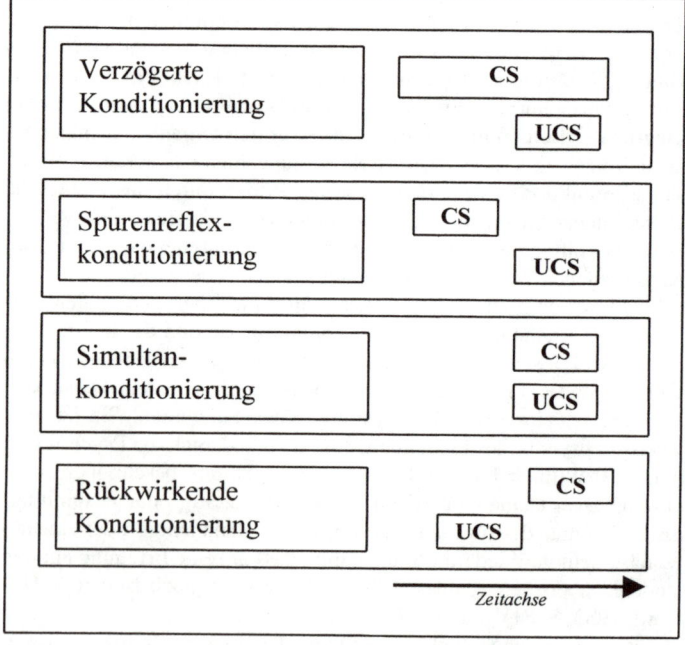

*Abb. 2.2:* Zeitlicher Abstand von bedingtem (CS) und unbedingtem Reiz
(UCS)

konditionierten Reiz. Dabei ist eine kurze Pause zwischen der Darbietung des konditionierten und des unkonditionierten Reizes (Spurenreflex-Konditionierung) ebenso effektiv wie das Absetzen des bedingten Reizes unmittelbar mit Beendigung des unbedingten Reizes (verzögerte Konditionierung).

Es wird davon ausgegangen, dass der neutrale Reiz aufgrund der Frist bis zum Auftreten des unkonditionierten Reizes den Organismus physiologisch vorbereiten kann. Allerdings darf die Frist auch nicht zu lange sein. Bei längeren Zeitintervallen ist die Wahrscheinlichkeit des Auftretens und Wirksamwerdens von anderen Reizen sehr viel größer. Die genauen Zeitangaben für »Kurzfristigkeit« variieren je nach Art des im Konditionierungsexperiment verwendeten Reflexes. Sowohl die simultane Darbietung beider Reize als auch die Rückwärtskonditionierung zeigen nur noch sehr geringe Lerneffekte (vgl. dazu ausführlicher Tarpy, 1975).

## Können sich die Verbindungen auch wieder lösen?

Je häufiger der konditionierte Reiz ohne Koppelung mit dem unkonditionierten Reiz und der dazugehörigen Reaktion auftritt, desto schneller wird diese Reiz-Reaktions-Verbindung gelöscht. Dabei ist zu beachten, dass es sich hierbei nicht um einen Abbau der Spuren dieser Verbindung handelt, sondern dass der Vorgang eher als Überlernen zu bezeichnen ist. Es findet ein neuer Lernprozess statt, der darin besteht, dass eine explizite Verbindung zwischen dem konditionierten Reiz und dem Nicht-Auftreten des unkonditionierten Reizes gelernt wird. So wie der konditionierte Reiz nach der Erwerbsphase das Erscheinen des unkonditionierten Reizes ankündigt, signalisiert er jetzt das Nichterscheinen des unkonditionierten Reizes und verhindert dadurch das Auftreten der bedingten Reaktion. Obwohl der Begriff der Extinktion auf Abschwächung hinweist, liegt hier nicht ein Prozess der Verringerung der Assoziationsstärke oder ein Abflachen einer gelegten Spur vor, sondern ein Neulernprozess, der sich als das Erlernen der Hemmung einer bedingten Reaktion erweist. Der konditionierte Reiz wird zum Hemmreiz für die konditionierte Reaktion.

Dass die »alten Spuren« durch den Extinktionprozess nicht verschwinden, kann daran gezeigt werden, dass die konditionierte Reaktion nach einer Unterbrechung des Extinktionsvorgangs in abgeschwächter Form wieder auftritt. Diese sog. Spontanerholung der Konditionierung zeigt, dass bei der Extinktion etwas Neues gelernt wird, ohne dass das zuvor Gelernte vollständig »vergessen« wird.

## Reizgeneralisierung und Reizdifferenzierung

Zu Beginn des Konditionierungsprozesses sind auch andere ähnliche Reize in der Lage, die Funktion des konditionierten Reizes zu übernehmen. Ohne einen spezialisierenden Lernprozess lässt sich eine Generalisierung der reaktionsauslösenden Funktion des neu gelernten Reizes entlang eines sog. Generalisierungsgradienten beobachten. Das bedeutet, dass auch ohne weitere Lernphasen die Reaktion mit abnehmender Intensität und Wahrscheinlichkeit von Reizen abnehmender Ähnlichkeit ausgelöst werden kann (zum Beispiel Töne mit abnehmender Ähnlichkeit der Klanghöhe).

Bietet man nur einen ganz bestimmten Reiz zugleich mit dem unkonditionierten Reiz und lässt auf andere ähnliche Reize den unkonditionierten Reiz nicht folgen, so lernt der Organismus zu differenzieren oder auch diskriminieren. Dieser Lernprozess führt dazu, dass der Organismus zwischen relevanten und irrelevanten Reizen zu unterscheiden lernt. Irrelevante Reize führen zu einer Hemmung, d.h. zu einem Lernen, dass der unkonditionierte Reiz nicht auftritt, und relevante Reize werden mit der Reaktionsauslösung verknüpft. Je ähnlicher die Reize sind, desto länger dauert die differentielle Konditionierung, sind die Reize gut unterscheidbar, lernt der Organismus schneller.

## 2.2  Erklärungsansätze für das klassische Konditionieren

Durch klassische Konditionierung werden zwei Arten von Verknüpfungen neu geschaffen. Bereits vorhandenes Verhalten wird mit neuen Reizen assoziiert. Es werden also einerseits neue Reize mit »altem« Verhalten verbunden. Andererseits werden bei diesem

Lernprozess aber auch zwei Reize miteinander verknüpft. Beide Arten von Verbindungen haben wichtige Funktionen für den Organismus.

## Auslösefunktion für Verhalten

Hier soll zunächst die Verknüpfung zwischen einem »neuen« Reiz und »altem« Verhalten genauer betrachtet werden. Dabei ist der Reiz nicht wirklich neu, sondern nur in dem Sinne neu, dass er vorher zu genau diesem Verhalten noch in keiner Beziehung stand, und das Verhalten nur in dem Sinne alt, dass es sich in seiner unkonditionierten Erscheinungsweise nur unwesentlich (vgl. zur Unterscheidung von unkonditionierter und konditionierter Reaktion z.B. Tarpy, 1975) von der konditionierten Variante unterscheidet.

Sobald Kinder am Straßenverkehr teilnehmen, müssen sie lernen anzuhalten, wenn die Ampel »rot« zeigt, und loszugehen, um die Straße zu überqueren, wenn die Ampel auf »grün« springt. Sowohl die Ampel als auch die Farben der Ampel sind für Kinder zunächst bedeutungslose Reize der Umwelt. Um sich im Straßenverkehr zurechtzufinden, ist es wichtig, dass sie lernen, ihr Verhalten auf die verschiedenen Farben der Ampel abzustimmen.

Es ist wichtig auseinander zu halten, dass nicht das Anhalten und Stehenbleiben bzw. das Weitergehen gelernt werden, sondern dass dieser Lernprozess sich nur darauf bezieht, dass ein neuer Reiz oder Anlass für bereits »gekonntes« Verhalten gelernt wird.

Für Lernsituationen dieser Art, in denen es um das Erlernen neuer Auslöser von »altem« Verhalten geht, wenn man also zu lernen hat, wann genau man mit bestimmten – bereits vorhandenen – Verhaltensweisen zu reagieren hat, stellt das klassische Konditionieren den entscheidenden Lernmechanismus dar. Bei dieser Art des Lernens müssen die Verhaltensweisen selbst nicht gelernt werden, da sie bereits im Verhaltensrepertoire enthalten sind. Gelernt werden muss lediglich, bestimmte Reize der Umwelt, die zunächst neutral sind, mit bestimmten Reaktionen, die man bislang aus anderem Anlass gezeigt hat, zu verknüpfen.

Anders ausgedrückt kann man auch sagen, dass durch den klassischen Konditionierungsprozess ein neuer Reiz eine Auslösefunktion für eine bestimmte Reaktion erwirbt. Der Organismus lernt, dass dieser neue Reiz dieselbe Funktion wie ein »alter« Reiz hat. Der Organismus zeigt nach dem Lernprozess dieselbe Reaktion auf den »neu-

en« Reiz, die durch den »alten« Reiz ausgelöst worden wäre. Der alte
Reiz wird also – zumindest in seiner Funktion für das auszulösende
Verhalten – durch einen neuen Reiz substituiert.

Durch diese Art des Lernens wird die Anzahl der Reize, die für die
Reaktionen des Organismus eine bestimmbare Bedeutung haben, erheblich erweitert. Man kann auch sagen, dass die Umwelt sich für
den Organismus mit Hilfe dieser Art des Lernens zunehmend strukturiert. Der Lernmechanismus funktioniert ohne absichtlich vom Organismus hervorgebrachte Einwirkungen auf die Umwelt. Es finden
Strukturierungen der Beziehung zwischen Reizen der Umwelt und
Reaktionen eines Organismus statt, die einen Anpassungsmechanis-
mus ohne eine Veränderung der Umweltbedingungen durch den Organismus selbst darstellen. Obwohl der Organismus nicht durch das
zielgerichtete Ausführen bestimmter Verhaltensweisen lernt, sondern
seine Verhaltensmöglichkeiten dadurch erweitert, dass zunehmend
mehr Reize und Reizkonstellationen für sein Verhalten Bedeutung erlangen, ist der Organismus bei diesem Lernprozess keineswegs als
passiv zu bezeichnen.

## Hinweisfunktion auf Reize

Der beim klassischen Konditionieren stattfindende Lernprozess hat
noch eine andere Seite. Wenn der Organismus lernt, dass es in der
Umwelt einen weiteren Reiz gibt, der für seine Reaktionen gleichbedeutend ist wie der ursprüngliche Reiz, dann hat nicht nur ein weiterer Reiz der Umgebung eine verhaltensrelevante Bedeutung bekommen, sondern der Organismus hat auch gelernt, dass es einen
Zusammenhang zwischen diesen beiden Reizen gibt. Er lernt bei der
klassischen Konditionierung, dass das Auftreten des einen (bisher bekannten) Reizes regelhaft mit dem Auftreten des anderen (neuen)
Reizes verknüpft ist. Der »neue« Reiz wird dadurch zu einem Signal
oder Hinweis. Er kündigt das Auftreten des »alten« Reizes an. Durch
den klassischen Konditionierungsprozess erhält der konditionierte
Reiz eine Hinweis- oder Signalfunktion für das Auftreten des unkonditionierten Reizes. Der Organismus lernt, dass der neue Reiz auf das
Auftreten des »alten« Reizes hinweist.

Diese Verknüpfung zu lernen, bedeutet für den Organismus, dass er
das Auftreten von Ereignissen in den Ausschnitten der ihn umgebenden Welt, die für sein Verhalten von Bedeutung sind, vorhersehen

kann. Dass es für jeden Organismus überlebensnotwendig ist, die Koppelung von Ereignissen zu lernen, um das Auftreten bestimmter Ereignisse vorhersehen zu können, wird am eindrucksvollsten am Beispiel von Reizen deutlich, die schädlich für den Organismus sind. Wäre der Organismus nicht in der Lage, bereits vor Auftreten des schädlichen Reizes dessen Erscheinen vorherzusehen, wäre seine Überlebenschance erheblich eingeschränkt. Organismen, die den Zusammenhang zwischen einem Gefahrensignal und dem gefährlichen Reiz schnell und sicher lernen, d.h. mit relativ hoher Wahrscheinlichkeit vorhersagen können, wann ein gefährlicher Reiz auftreten wird, haben einen deutlichen Überlebensvorteil. Ähnliches gilt auch für Ereignisse, die angenehm für den Organismus sind. Je schneller und sicherer man lernt, welche Ereignisse günstige Reize ankündigen, desto »besser ist man dran«.

Der laborexperimentelle Befund, dass das Auftreten des unbedingten Reizes kurz vor der ursprünglichen Reiz-Reaktions-Sequenz für den Aufbau der klassischen Konditionierung am effektivsten ist, ist eine Bestätigung für die Bedeutung der Hinweis- oder Signalfunktion des bedingten Reizes.

Dieser durchgehende Befund stützt daher auch die Annahme, dass der Effekt eines klassischen Konditionierungsprozesses nicht allein auf der assoziativen Verknüpfung zweier Reize beruht. Vielmehr wird die Beziehung nur mit Hilfe einer etablierten Verknüpfung zwischen einem Reiz und einer Reaktion gestiftet. Das Verhalten des Organismus in seiner Umwelt ist auch der zentrale Ausgangspunkt für die Erklärung dieses Lernmechanismus in neueren Erklärungsmodellen (Rescorla & Wagner, 1972). Der lernende Organismus sucht nach Informationen, die ihm das Auftreten verhaltensrelevanter Ereignisse signalisieren. Als irrelevant eingeschätzten Reizen wird sehr schnell die Aufmerksamkeit entzogen (Mackintosh, 1975, 1983). Die Aufmerksamkeit des Organismus wird durch das Auftreten des bedingten Reizes auf die Erwartung des unbedingten Reizes gelenkt.

Zwei weitere experimentelle Befunde bestätigen die Auffassung, dass der Lerneffekt der klassischen Konditionierung über eine einfache Reizsubstitution hinausgeht.

1. Man findet zu Beginn des Lernprozesses zwei unterscheidbare Reaktionen. Es wird davon berichtet, dass bei der Konditionierung des Lidschlagreflexes auf ein Licht zunächst ein schwaches Blinzeln erfolgt, das bereits vor dem Lufthauch (der den unbedingten Reiz für den Lidschlagreflex darstellt) auftritt. Dies ist die beding-

te Reaktion auf den bedingten Reiz »Licht«. Ein zweites deutli-
cheres Blinzeln ist dann unmittelbar anschließend auf den Lufthauch hin festzustellen. Im weiteren Verlauf gehen die beiden
Blinzelbewegungen ineinander über. Die Existenz des anfänglichen Blinzelns zeigt sehr deutlich, dass der bedingte Reflex eine
Reaktion auf ein Signal ist und nicht ein unbedingter Reflex, der
nach Assoziation der beiden Reize weiterbesteht und lediglich
durch einen neuen Reiz auslösbar ist.
2. Der unbedingte Reflex folgt unmittelbar (z. B. 0,04 Sekunden für
den Patellarsehnenreflex) nach dem unbedingten Reiz. Die bedingte Reaktion erfolgt aber erst nach einer viermal längeren Zeit
(0,17 Sekunden). Man kann daraus schließen, dass die bedingte
Reaktion unter Beteiligung höherer Nervenzentren auf einem längeren Weg abläuft als der unbedingte Reflex. Pawlow hat schon
sehr früh betont, dass die Großhirnrinde (also kortikale Strukturen) Sitz der bedingten Reaktion sei, und diese Auffassung wurde
auch von seinen Schülern und Nachfolgern aufrechterhalten.

## Konditionierung als »Lernen, um zu wissen«

Pawlow bezeichnete das Lernen nach dem Prinzip der klassischen
Konditionierung als »höhere geistige Tätigkeit«. Dennoch herrschte
bei ihm die Auffassung vor, dass es sich bei diesem Lernprozess im
Wesentlichen um den Ersatz eines Reizes in einem bereits bestehenden Reflexsystem handelt. Neuere Auffassungen beschreiben das
klassische Konditionieren dagegen eher als das Lernen von Relatio-
nen zwischen Ereignissen (Lachnit, 1993).
    Von ähnlichen Annahmen, die sich als informationstheoretisch be-
zeichnen lassen, gehen auch Erklärungsansätze aus, die das Prinzip
der Kontingenz in den Mittelpunkt stellen und das Kontiguitätsprin-
zip in seiner ursprünglichen Bedeutung für nicht hinreichend zur Erklärung des Lerneffekts beim klassischen Konditionieren halten. Entgegen den Annahmen von Guthrie (1935) funktioniert das Lernen
nicht nach dem Alles-oder-Nichts-Prinzip, sondern der Organismus
lernt, indem er die bis dahin erlebten Ereignisse ins Verhältnis zueinander setzt. Nicht die raum-zeitliche Gleichzeitigkeit (Kontiguität)
ist die entscheidende Bedingung für das Lernen, sondern die Art und
Häufigkeit der erlebten Verknüpfung von Reizen und Reaktionen
(Lachnit, 1993).

**Kontingenz**
»Information, die ein konditionierter Reiz über das Auftreten eines unkonditionierten Reizes liefert« (Lachnit, 1993, S. 30).

Das Zusammenauftreten von Reizen und Reaktionen wird dabei ins Verhältnis gesetzt zum Nicht-Zusammenauftreten der entsprechenden Reize und Reaktionen. Ist das Verhältnis größer oder kleiner als eins, wird ein Zusammenhang gelernt. Sobald die Anzahl der Nicht-Koppelungen der Reize gleichgroß ist wie die Anzahl der Koppelungen, entsteht eine Nicht-Kontingenz, d.h. der Organismus lernt, dass die beiden Reize in keiner systematischen Beziehung zueinander stehen.

Das Lernen von Nicht-Kontingenz ist gleichbedeutend mit dem Lernen von Unkontrollierbarkeit. Das Erleben der Unkontrollierbarkeit von aversiven Reizen wird häufig auf andere Situationen und Reize generalisiert. Unter der Bezeichnung »gelernte Hilflosigkeit« (Seligman, Maier & Solomon, 1971) sind die Bedingungen solcher für den Menschen äußerst unangenehmen Erfahrungen und die dabei auftretenden motivationalen, emotionalen und kognitiven Beeinträchtigungen ausführlich untersucht worden (Seligman, 1975).

Erklärungsansätze, die die Bedeutsamkeit kognitiver Konstrukte wie z.B. Erwartung betonen (Bolles, 1972), bauen ebenfalls auf der Signalfunktion des erlernten Reizes für den Organismus auf.

Schließt man sich der Auffassung von Dörner (1996) an, dass die grundlegende Antriebskraft für Lernvorgänge das Bedürfnis nach Kontrolle oder, auch anders ausgedrückt, der Wunsch nach Bewältigung von Unbestimmtheit ist, dann ist der Erwerb des Signalcharakters von Reizen das zentrale Erklärungsprinzip für das Lernen nach dem Prinzip des klassischen Konditionierens. Durch das Lernen der Funktion und Bedeutung von Reizen der Umwelt kommt man dem Ziel, die Unbestimmtheit zu reduzieren, näher.

Wenn zur Erklärung des Lernprozesses auf die Mitwirkung kognitiver Prozesse zurückgegriffen wird, liegt den Ansätzen in der Regel eine Mediationsannahme zugrunde. Die Verknüpfung zwischen Reizen und Reaktionen bzw. zwischen einem »neuen« und einem »alten« Reiz wird durch weitere Variablen vermittelt (mediiert).

Eine Möglichkeit, sich die Art der kognitiven Prozesse vorzustellen, besteht darin, vom Aufbau von Erwartungen auszugehen. Diese Erwartungen bilden sich auf der Grundlage der Erfahrungen mit Reiz-Reaktions-Kontingenzen und steuern dann, wenn sie in bestimmten Situationen gebildet werden, das Auftreten von Reaktionen in solchen oder ähnlichen Situationen. Allerdings muss man, wenn man klassische Konditionierung über Erwartungslernen erklärt, davon ausgehen, dass z.B. auch Tiere Erwartungen aufbauen können. Das fällt uns im Falle von Säugetieren wie Hunden und Katzen sicherlich nicht so schwer wie im Falle von Meeresnacktschnecken oder Strudelwürmern, bei denen ebenfalls erfolgreich klassische Konditionierungen durchgeführt werden konnten.

Bolles (1972) sieht darin keine Probleme. Beim klassischen Konditionieren werden nach seinem Modell Situations-Folge-Kontingenzen (Reiz-Erwartungen oder Erwartungen vom Typ S-S) gelernt, das heißt ein Organismus lernt, dass ein bedingter Reiz (CS) konsistent ein für ihn bedeutsames Ereignis signalisiert, wie z.B. das Auftreten oder Nicht-Auftreten eines unkondionierten Reizes (UCS). Es wird gelernt, dass bestimmte Ereignisse bestimmte andere biologisch bedeutsame Ereignisse vorhersagen. Erwartung ist nach Bolles (1972) gleichbedeutend mit gespeicherter Information. Hat jemand die Erwartung des Typs S-S gelernt, so hat er Umweltkontingenzen gelernt, d.h. neue Informationen über das Auftreten von Ereignissen in der Umwelt erworben. Die subjektive Abbildung der objektiven Kontingenzen kann dabei mehr oder weniger voneinander abweichen. Das Lernen ist also nicht allein vom objektiven Zusammenhang zwischen dem Auftreten der Ereignisse abhängig, sondern auch dadurch beeinflusst, wie die Informationen aus der Umwelt aufgenommen werden.

Bolles (1972) nimmt weiterhin an, dass jeder Organismus immer schon bestehende S-S-Erwartungen hat. Die bereits bestehenden Erwartungen sind hierarchisch organisiert und beeinflussen das Lernen jeweils neuer Erwartungen.

Rescorla & Holland (1982) gehen ebenfalls von einem grundlegenden Informationsverarbeitungsansatz aus. Sie nehmen an, dass der Informationswert von Reizen und nicht die Häufigkeit des gemeinsamen Auftretens für den Lernprozess entscheidend ist. Sie betonen damit die Rolle des zu lernenden Reizes im Prozess der Informationsverarbeitung. Um konditioniert zu werden, muss ein Reiz ein verlässlicher Prädiktor sein und er muss gegenüber anderen schon gelernten Reizen zusätzliche Information enthalten.

## 2.3 Konditionierung emotionaler Reaktionen

Die bisher betrachteten Verhaltensweisen waren weitgehend offen beobachtbare Reaktionen. Wie anfangs erwähnt, ist in der Psychologie der Begriff der Reaktion nicht auf äußere Reaktionen begrenzt. Andererseits beanspruchen psychologische Aussagen weitgehende Allgemeingültigkeit. Lerntheoretische Prinzipien sollten daher auch für innere Reaktionen gelten. Hiermit sind nicht nur innere physiologische, sondern auch innere gedankliche Reaktionen gemeint.

Das Prinzip des klassischen Konditionierens hat sich im Bereich menschlichen Verhaltens gerade zur Erklärung emotionaler Reaktionen, die eine physiologische und eine kognitive Komponente haben, als sehr fruchtbar erwiesen. Solche inneren Reaktionen sind z. B. das Erleben von Freude, Angst, Stolz, Wut. Vielfach verlaufen die Konditionierungsprozesse, ohne dass wir uns darüber im Klaren sind oder wir haben die ursprüngliche Lernsituation bereits wieder vergessen. Wir freuen uns und sind gut gelaunt, wenn wir an den bevorstehenden Kinobesuch oder den Urlaub denken, und uns vergeht die Laune sehr schnell wieder und es stellt sich vielleicht sogar ein eher ängstliches Gefühl ein, wenn noch vorher ein Zahnarzttermin ansteht. Diese Beispiele stehen für einen klassischen Konditionierungsprozess von tatsächlich erlebten Gefühlen anlässlich bestimmter Ereignisse und der Gedanken (also der kognitiven Repräsentation) dieser Ereignisse. Es ist gelernt worden, die gedanklichen Inhalte mit den jeweiligen Ereignissen zu verknüpfen. Die innere physiologische Reaktion und die innere gedankliche Reaktion – als Benennung des inneren Erlebens – sind bereits das Ergebnis eines klassischen Konditionierungsprozesses.

## 2.4 Annäherung und Vermeidung

Das Erlernen von Annäherungs- und Vermeidungsverhalten lässt sich ebenfalls als Verhalten erklären, bei dem das Lernen nach dem Prinzip des klassischen Konditionierens einen großen Anteil hat. Eine Situation, in der ein Kind sich sicher fühlt, ist eine angenehme Situation, die es nicht meiden muss. Eine solche angenehme Situation hat wichtige Elemente, die eher Annäherungsverhalten, wie z. B. »Stehenbleiben«, als Vermeidungsverhalten, wie z. B. »Weglaufen«, auslöst. Sicherheit steht hier für den unkonditionierten Reiz, der mit der unkonditionierten Reaktion des Stehenbleibens verknüpft ist.

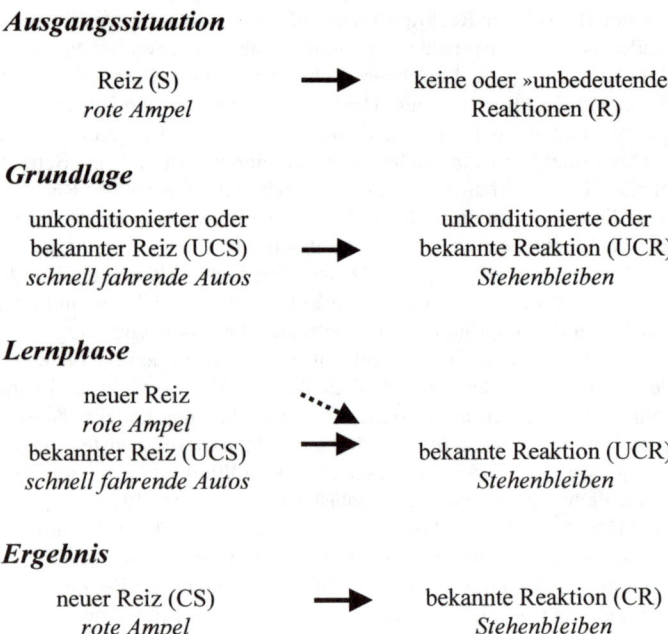

**Ausgangssituation**

Reiz (S)             ➡        keine oder »unbedeutende«
*rote Ampel*                    Reaktionen (R)

**Grundlage**

unkonditionierter oder           unkonditionierte oder
bekannter Reiz (UCS)     ➡    bekannte Reaktion (UCR)
*schnell fahrende Autos*             *Stehenbleiben*

**Lernphase**

neuer Reiz
*rote Ampel*
bekannter Reiz (UCS)     ➡    bekannte Reaktion (UCR)
*schnell fahrende Autos*             *Stehenbleiben*

**Ergebnis**

neuer Reiz (CS)        ➡    bekannte Reaktion (CR)
*rote Ampel*                      *Stehenbleiben*

*Abb. 2.3:* Konditionierung von Annäherung und Vermeidung

## 2.5 Biologische Lernbereitschaft

Bereits bei Pawlow finden sich erste Hinweise, dass nicht jeder Reiz gleich gut für klassische Konditionierungen geeignet ist. Er untersuchte eingehend die Möglichkeit, klassische Konditionierungen durch die Kombination verschiedenartiger Reflexe herzustellen. Er konditionierte beispielsweise den Speichelreflex auf einen schädigenden Reiz, der normalerweise eine Abwehrreaktion auslösen würde.

Pawlow spricht in diesem Zusammenhang von einer Umschaltung der Nervenerregung von einer Bahn auf eine andere. Er kann zeigen, dass eine vollständige Konditionierung gelungen ist, da letztlich keinerlei reflextypische Reaktionen, wie veränderter Puls und veränderte Atmung, mehr auftraten. Allerdings ist die Umwandlung des unbedingten Reizes eines Reflexes in einen bedingten Reiz eines anderen Reflexes nur dann möglich, wenn der erste Reflex physiologisch schwächer ist, d.h. in der Regel, dass er biologisch weniger wichtig ist als der zweite Reflex.

Seligman (1970) hat in einem viel beachteten Artikel die generelle Gültigkeit der Lerngesetze infrage gestellt. Die Beobachtung, dass es CS-UCS-Verbindungen gibt, die bereits nach wenigen Lerndurchgängen vollständig etabliert werden können, und andere, die sich »hartnäckig« den Konditionierungsversuchen widersetzen, hat ihn zu der Annahme veranlasst, dass Organismen für das Erlernen von Reiz-Reaktions-Verbindungen unterschiedliche Lernbereitschaften haben. Mit Lernbereitschaft ist die Fähigkeit gemeint, einen unbedingten mit einem bedingten Reiz zu assoziieren (bzw. eine instrumentelle Reaktion zu erwerben). Je geringer die Anzahl der Lerndurchgänge bis zum Erreichen eines bestimmten Kriteriums ist, desto höher ist die Lernbereitschaft. Reaktionen können danach unterschieden werden, ob der Organismus dazu disponiert ist, sie auszuführen oder ob er eine Gegendisposition für die Reaktion hat. Die Konditionierungsgesetze gelten nach Seligman (1970) für alle diejenigen Reaktionen, für die weder eine spezielle Disposition noch eine Gegendisposition besteht.

Dass die Grundprinzipien des Lernens für disponiertes und gegendisponiertes Verhalten kaum Gültigkeit haben, lässt sich am Beispiel der erworbenen Geschmacksaversion verdeutlichen. Tiere sind in der Lage, mit Geschmacksstoffen versehenes Wasser mit dem Gefühl der Übelkeit zu assoziieren, auch wenn beide Eindrücke zeitlich mehrere Stunden auseinanderliegen. Das CS-UCS-Intervall ist bei diesen Versuchen so lang, dass der Lernprozess nicht mehr mit den Prinzipien der klassischen Konditionierung erklärt werden kann. Man kann auch sagen, dass die Geschmacksaversion trotz der langen Verzögerung der Darbietung des UCS so schnell erworben wird, dass das Prinzip wiederholter Koppelung keine ausreichende Erklärung mehr darstellt. Für Seligman ist die erworbene Geschmacksaversion ein Beispiel für disponiertes, d.h. auf Lernbereitschaft beruhendes Lernen. Der Organismus ist darauf eingerichtet, Krankheitsempfindungen mit

biologisch relevanten Futterreizen zu assoziieren. Diese Bereitschaft
besteht aus biologischen Gründen, da Assoziationen dieser Art von
großer Bedeutung für das Überleben der Art sind. Dagegen sind Tiere
praktisch nicht in der Lage, eine Assoziation zwischen Reizen wie
Licht- und Tonsignalen und nachfolgenden Krankheitsempfindungen
herzustellen. Hier besteht eine Gegendisposition. Da Tiere in ihrer
natürlichen Umgebung in der Regel solchen Assoziationen nicht ausgesetzt sind, ist es für sie biologisch nicht bedeutsam, diese Art Verbindungen zu lernen.

Seligman (1971) hat in einer Übersicht deutlich machen können,
dass es bei Menschen systematische Häufungen bestimmter Objekt-
und Situationsklassen gibt, auf die mit ausgeprägter Angst bis hin zu
pathologischen Erscheinungsformen reagiert wird. Viele Menschen
haben Angst vor Spinnen, Schlangen, engen Räumen, großen Plätzen
oder großen Höhen. Dagegen gibt es sehr viel weniger Menschen, die
sich vor Messern, Gasherden oder Autos fürchten. Die zweite Klasse
von Objekten ist aber sicherlich deutlich häufiger Anlass für trauma-
tische Erlebnisse. Seligman (1971) geht davon aus, dass alle Primaten biologisch begründete Dispositionen oder Bereitschaften (preparedness) haben, bestimmte Objekte besonders schnell mit aversiven
Erlebnissen zu assoziieren.

Mineka (1992) spricht von evolutionärem Gedächtnis. Sie nimmt
ebenfalls an, dass die Lernbereitschaften nicht ontogenetisch erworben wurden, sondern artspezifisch sind. Wenn Lerndispositionen
tatsächlich nicht nur durch Erfahrung erworben werden können, sondern auch angeboren sein können, würde damit die Assoziationstheo-
rie erheblich differenziert werden müssen.

Offensichtlich müssen bereichsunspezifische Lernmechanismen
durch Annahmen ergänzt werden, die die Ausgangsbedingungen der
jeweiligen Lernsituation berücksichtigen. Dies hat sich auch bei der
semantischen Konditionierung gezeigt. Je nach Lernsituation sind bestimmte Zusammenhänge zwischen Gegenständen und Bezeichnungen besser lernbar als andere. Es ist sehr wahrscheinlich, dass bereits
vor dem eigentlichen Lernprozess Hypothesen gebildet werden – also
Erwartungen darüber, welcher Gegenstand mit bestimmten Begriffen
am ehesten gemeint sein könnte. Das berühmte Gavagai-Beispiel von
Quine (1960) macht den Sachverhalt am besten deutlich. Deutet ein
Eingeborener auf ein Tier und sagt »Gavagai«, dann gibt es prinzipiell sehr viele Möglichkeiten, was (z.B. Hase, unabgetrenntes Hasen-
teil etc.) gemeint sein könnte. Kinder sind dennoch sehr schnell in der

Lage, die wahrscheinlichste Hypothese zu bilden. Auch bei grammatikalischem Wissen hat man ähnliche Phänomene gefunden, die darauf hindeuten, dass verfügbare Daten bestimmte Hypothesen wahrscheinlicher machen als andere. Kinder lernen zunächst die Bedeutung ganzer Sätze und dann erst die Bedeutung einzelner Worte. Aufgrund des durch die gegebenen Worte bereits bestehenden Bedeutungsgehalts lassen sich Hypothesen über die Bedeutung neuer Worte aufstellen. Wortbedeutungen werden also teilweise erschlossen und durch das Zutreffen von Hypothesen über den möglichen Sinn gelernt.

*Basisliteratur*

Bower, G. H. & Hilgard, E.R. (1981), Theories of learning (5th ed). Englewood Cliffs: Prentice-Hall.
Bredenkamp, J. & Wippich, W. (1977), Lern- und Gedächtnispsychologie (Bd I). Stuttgart: Kohlhammer.
Tarpy, R.M. (1975), Lernen. Berlin: Springer.

*Weiterführende Literatur*

Alkon, D.L. (1990), Eine Meeresschnecke als Lernmodell. In: W. Singer (Hrsg.), Gehirn und Kognition (72–83). Heidelberg: Spektrum Akademischer Verlag.
Lachnit, H. (1993), Assoziatives Lernen und Kognition. Heidelberg: Spektrum Akademischer Verlag.
Menzel, R. & Roth, G. (1996), Verhaltensbiologische und neuronale Grundlagen des Lernens und des Gedächtnisses. In: G. Roth & W. Prinz (Hrsg.), Kopf-Arbeit. Gehirnfunktion und kognitive Leistungen (239–277). Heidelberg: Spektrum Akademischer Verlag.

# 3 Reaktionen lernen

Jedes Überqueren der Straße, das erfolgreich – also z.B. ohne Angst und ohne Schaden – verlaufen ist, ist eine Bestätigung, dass man sich richtig verhalten hat. Übersetzt in die Sprache des operanten Lernens ist durch die Verknüpfung der beiden Ereignisse »bei Grün über die Straße gehen« und »ohne Angst und Schaden die andere Straßenseite erreicht haben« die Wahrscheinlichkeit dafür, demnächst wieder auf Grün zu warten, bevor man die Straße überquert, erhöht wor-

den. Die Auswirkungen des Verhaltens und das Verhalten selbst werden miteinander in Zusammenhang gebracht oder anders ausgedrückt, es wird eine Beziehung zwischen dem Verhalten und seinen Folgen hergestellt oder verstärkt. Die neu entstandene oder verstärkte Beziehung wirkt sich auch darauf aus, ob und wie regelmäßig das Verhalten danach wieder gezeigt wird, wenn dieselbe oder eine ähnliche Situation auftritt.

Wie beim klassischen Konditionieren geht es beim operanten Konditionieren ebenfalls um Prozesse, die den Aufbau von Verknüpfungen zwischen Reizen und Reaktionen betreffen. Diesmal steht allerdings nicht das Lernen (der reaktionsauslösenden Funktion) von Reizen im Mittelpunkt, sondern das Lernen von Reaktionen. Beide Arten von Lernen bezeichnet man als Konditionierung. Die Bezeichnung Konditionierung weist darauf hin, dass durch den Lernprozess eine Verknüpfung zwischen zwei Ereignissen derart hergestellt wird, dass bei erfolgreichem Verlauf das Auftreten des einen Ereignisses vom Auftreten des anderen Ereignisses abhängig ist. Das Herstellen dieser Verknüpfung wird auch Assoziation genannt. Neuerdings findet man immer häufiger die Bezeichnung assoziationstheoretisch für

lerntheoretische Ansätze, die von diesem Grundmechanismus ausgehen.

Um deutlich zu machen, dass es sich bei den beiden Konditionie-
rungsarten um zwei unterschiedliche Lernvorgänge handelt, nennt
man den Vorgang, bei dem das Auftreten der Reaktion von einem
neuen – der Reaktion vorausgehenden – Reiz abhängig wird, klassi-
sches Konditionieren und den Vorgang, bei dem das Auftreten der
Reaktion verändert wird, weil ein der Reaktion folgender Reiz mit
der Reaktion verknüpft wird, operantes Konditionieren.

Wie auch beim klassischen Konditionieren wird beim operanten
Konditionieren vollständig darauf verzichtet, unbeobachtbare Größen
zur Erklärung des Lernprozesses heranzuziehen. Änderungen des
Verhaltens werden allein in ihrer funktionalen Abhängigkeit von Reizen beschrieben. Wenn es um diesen Aspekt des operanten Konditionierens geht, spricht man auch von funktionaler Analyse des Verhaltens.

Der Ansatz des klassischen und operanten Konditionierens ist am
fruchtbarsten durch die sozial-kognitive Lerntheorie von Bandura
weiterentwickelt worden. Mit der Einbeziehung von Erwartungen als
interne Abbildungen der Kontingenzverhältnisse zwischen Reiz und
Reaktion werden in der sozial-kognitiven Lerntheorie die ersten Ansätze deutlich, die »kognitive Abstinenz« des Behaviorismus zu überwinden. Gemeinsam ist der operanten Verhaltensanalyse und der sozial-kognitiven Lerntheorie, dass das Lernen von Verhalten im
Mittelpunkt steht. Die sozial-kognitive Lerntheorie wird im nächsten
Kapitel als Lernen von Erwartungen vorgestellt.

## 3.1 Wurzeln des deskriptiven Behaviorismus

### Radikaler Behaviorismus

Mit Bekanntwerden der Arbeiten des russischen Physiologen Pawlow
über die »höheren Nerventätigkeiten« in den USA in den 20er Jahren
des 20. Jahrhunderts regte sich dort die Kritik an Gegenstand und
Methoden der noch ganz jungen Wissenschaft Psychologie. Die
Gründung des ersten psychologischen Instituts durch Wilhelm Wundt
(1879) lag erst 40 Jahre zurück, als sich bereits eine Gegenströmung
bemerkbar machte, die als behavioristische Wende in die Geschichte

der neu gegründeten Wissenschaftsdisziplin einging und wiederum ungefähr eine Generation lang von der in den USA betriebenen Psychologie ausgehend die Entwicklung des Faches dominierte.

Wilhelm Wundt hatte die Psychologie als eine eigenständige wissenschaftliche Disziplin etabliert, die die inneren, unmittelbaren Erfahrungen des Menschen zum Gegenstand hat. Im Zentrum standen für Wilhelm Wundt und seine Zeitgenossen daher Wahrnehmung und Empfindung. Während Pawlow »höhere Nerventätigkeiten« mit den Methoden der Physiologie untersuchte, entwickelte sich insbesondere innerhalb der deutschsprachigen Psychologie ausgehend von der Würzburger Schule (Hauptvertreter war der Schüler Wilhelm Wundts, Oswald Külpe) die *Introspektion* als Zugangsweg zu dem hier »höhere seelische Vorgänge« genannten Geschehen. Einig war man sich allerdings, dass die Untersuchungen den strengen Regeln und Kriterien des naturwissenschaftlichen Experiments genügen mussten (Wundt, 1913). Das zu beobachtende Geschehen musste absichtlich herbeigeführt und die Bedingungen planmäßig gestaltet worden sein (Kriterium der Willkürlichkeit). Die systematische Variation der Bedingungen (Kriterium der Variierbarkeit) in einer standardisierten Situation (Kriterium der Kontrollierbarkeit) gilt nach wie vor auch in den Sozialwissenschaften als die einzige Möglichkeit, Ursachen aufzudecken und Ereignisse erklären zu können.

Während mit physiologischen Methoden von außen (von einer anderen Person oder einem Messgerät) beobachtbare bzw. messbare Veränderungen des Organismus erfasst werden, ist die Introspektion ein Verfahren der Selbstbeobachtung, bei dem die Person selbst über ihre inneren Reaktionen als bewusstes Erleben Auskunft gibt. Empfindungen, Vorstellungen, Gedanken, Gefühle, Wünsche und ähnliche »innerlich stattfindende« Ereignisse oder Phänomene zu erforschen, wurde abgelehnt, weil sie immer nur der Selbstbeobachtung, nie aber der Fremdbeobachtung zugänglich sein können. Gefühle, Gedanken etc. können nicht von mehreren unabhängigen Beobachtern festgestellt und überprüft werden, wie das bei Reizen und Reaktionen der Fall ist. Bei der Untersuchung von inneren psychischen Vorgängen ist man auf die Berichte derjenigen angewiesen, die bestimmte Empfindungen haben, Gefühle erleben oder Gedanken und Vorstellungen entwickeln. Solche Berichte können aber unvollständig, verfälscht oder missverständlich sein, und es gibt im Prinzip keine Möglichkeit, das Ausmaß der Verfälschung festzustellen oder die inneren Vorgänge selbst zu erfassen. Über Empfindungen oder innere

Vorstellungen konnte man also immer nur indirekt bzw. über die Person selbst etwas in Erfahrung bringen. Eine objektive Erfassung der Untersuchungsgegenstände erschien daher nicht möglich. Die Weigerung, sich mit inneren Zuständen und innerlich ablaufenden Prozessen des Menschen zu befassen, war nicht darin begründet, dass man die Gegenstände selbst als unpsychologisch ablehnte, sondern darin, dass man an der Möglichkeit zweifelte, diese wissenschaftlich untersuchen zu können.

Bereits vor Watson gab es in den USA Bestrebungen, die Bewusstseinspsychologie zu überwinden und sich stärker dem Verhalten als Gegenstand der Psychologie zuzuwenden. Der Einfluss Thorndikes (1874–1949), der als einer der ersten Lernversuche mit Tieren durchführte, war dafür nicht unerheblich. In seinen Untersuchungen zum »Versuch-Irrtum-Lernen« konnte er zeigen, dass Tiere (meistens Ratten oder Katzen) in einem Labyrinth nach einer Serie von mehr oder weniger »blinden« Versuchen schließlich zum Erfolg gelangen und sich die zum Erfolg führenden Bewegungen einprägen.

Zeitgleich mit Pawlow arbeitete Thorndike in den USA zur Intelligenz von Tieren. Er versuchte nachzuweisen, dass Tiere durch einen Versuch-Irrtum-Prozess lernen, der zu einem nachhaltigen Behalten der korrekten Reaktion führt. Werden Katzen in einen Käfig gesperrt, versuchen sie mit Hilfe aller möglichen Verhaltensweisen zu entkommen. Sie springen gegen die Gitterwände, sie kratzen am Holz u.ä. Wenn eine bestimmte Verhaltensweise zum Entkommen führt, z.B. das zufällige Herunterdrücken eines Hebels eine Tür öffnet, dann wird diese Verhaltensweise beim erneuten Einsperren zunehmend

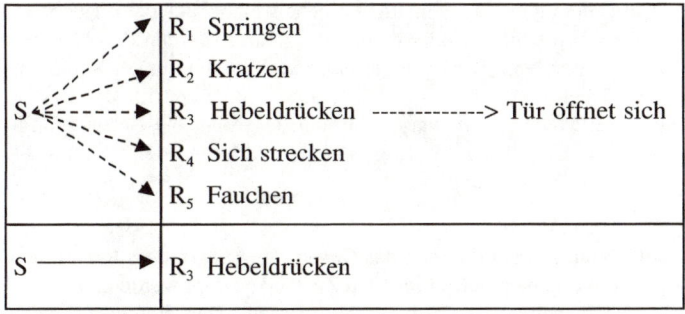

*Abb. 3.1:* Grundprinzip des operanten Lernens

frühzeitiger und effektiver ausgeführt. Schließlich wird die Katze sofort den »befreienden« Hebel drücken, sobald sie in den Käfig gesetzt
wird. Die Einschränkung des gesamten *Verhaltensrepertoires*, das sie
zu Beginn im Käfig gezeigt hat, auf diese eine Reaktion ist eine Konsequenz des positiven Effekts, nämlich sich mit diesem Verhalten aus
dem Käfig befreien zu können.

Thorndike ging davon aus, dass Verbindungen zwischen Reizen
und Reaktionen dann gestärkt werden, wenn sie häufig, in kurzen Abständen und mit Elan geübt werden (Law of exercise, 1913). Lernen
besteht im »Einstanzen« von Stimulus-Reaktions-Verbindungen –
das Vergessen besteht im »Ausstanzen« solcher Verbindungen. Beide
Prozesse sind einer Reihe von Gesetzmäßigkeiten unterworfen. Das
wichtigste ist das Gesetz der Auswirkung – oder das »Gesetz des Effekts«. Zeitlich-räumliche Nähe (Kontiguität) ist eine notwendige,
aber nicht hinreichende Bedingung dafür, dass ein Lerneffekt zustande kommt. Das Zusammentreffen bestimmter Reize und Reaktionen
ist nur unter bestimmten Bedingungen verhaltenswirksam. Bedeutsam für Lernvorgänge ist der *Zustand* des Organismus (motivationale
Faktoren, wie z.B. Hunger), die *Aktivität* des Organismus (kontinuierlicher Rückgang irrelevanter Verhaltensweisen durch Versuch und
Irrtum) und die auf diese Aktivität folgende *Konsequenz*.

**Effektgesetz (»law of effect«, Thorndike, 1911)**
»Von mehreren Reaktionen auf die gleiche Situation hin werden
diejenigen, die bei dem Tier von Befriedigung begleitet oder dicht
gefolgt sind, bei Gleichheit aller Bedingungen stärker mit der Situation verbunden, so dass, wenn die Situation wieder eintritt, sie
wahrscheinlicher werden; diejenigen, welche bei dem Tier von
Unbehagen begleitet oder dicht gefolgt sind, werden (bei Gleichheit aller anderen Bedingungen) ihre Verbindung mit der Situation
schwächen, so dass, wenn die Situation wieder eintritt, sie mit geringerer Wahrscheinlichkeit eintreten. Je größer die Befriedigung
oder das Unbehagen, desto größer die Stärkung oder die Schwächung der Verbindung« (S. 244).

Einfach ausgedrückt, besagt das *Gesetz des Effekts*, dass Reaktionen,
die kurz vor einem befriedigenden Zustand gezeigt werden, mit höherer Wahrscheinlichkeit wiederholt werden. Das Entgegengesetzte
trifft auch zu, obwohl es für die Erklärung des Lernens weniger wich-

tig ist: Reaktionen, die kurz vor einem unbefriedigenden Zustand auftreten, werden mit höherer Wahrscheinlichkeit nicht wiederholt.

Das Gesetz des Effekts erklärt die Assoziationsstärke von Situation
und Verhalten mit dessen befriedigenden bzw. unbefriedigenden
Konsequenzen.

Unter einem befriedigenden Zustand versteht Thorndike einen solchen, den das Tier durch seine Reaktionen zu erreichen oder beizubehalten trachtet bzw. nichts tut, um ihn zu vermeiden. Dieser »satisfy-
ing state of affairs« wird aus der Beobachtung des Verhaltens
abgeleitet und nicht durch innerorganismische Zustände (z.B. Gefühle des Wohlbefindens) definiert.

Ebenso wird das Gegenteil eines zufrieden stellenden Zustandes –
ein unangenehmer Zustand, »discomfort« – aus der Beobachtung des
Verhaltens, nämlich aus Flucht- oder Vermeidenstendenzen des Tie-
res abgeleitet. Ein unbefriedigender Zustand ist ein solcher, den das
Tier oder der Mensch nicht versucht beizubehalten oder den es versucht zu beenden. Intelligenz ist nach Thorndike die Fähigkeit, solche
Verbindungen zwischen angenehmen bzw. unangenehmen Zuständen
und entsprechenden Verhaltensweisen herzustellen.

Das Effektgesetz und die Versuchsanordnungen Thorndikes waren
zwei bedeutsame Neuerungen, die zusammen mit dem aus den Arbeiten von Pawlow bekannten bedingten Reflex die Umwandlung der
Psychologie in eine Wissenschaft vom Verhalten entscheidend voran-
trieben.

Der Begründer des Behaviorismus John B. Watson (1878–1956, er
kam aus der Schule des Philosophen John Dewey an der Universität
von Chicago) wandte sich programmatisch gegen die Methode der
Introspektion und gegen das Bewusstsein als Gegenstand der Psychologie (1914). Bewusstsein sei ein innerer, nicht beobachtbarer Zustand, der sich objektiver wissenschaftlicher Analyse entziehe.
Grundlage der gesamten Verhaltensforschung und Gewohnheitsbildung sei der Reflex. Alle inneren Vorgänge sind nach Watson (1914)

**Zitat von J.B. Watson (1913)**
»Die Zeit scheint gekommen zu sein, da die Psychologie jeglichen
Bezug auf das Bewusstsein aufgeben muss und sich nicht mehr
der Illusion hingeben darf, dass sie Bewusstseinszustände zum
Gegenstand ihrer Beobachtung macht« (zitiert nach der deutschen
Ausgabe von 1968, S. 17).

von physiologischen Prozessen begleitet und durch sie am angemessensten repräsentiert.

Er plädierte dafür, den Begriff Empfindungen durch Reaktionen auf optische, akustische, haptische und andere Arten von Reizen zu ersetzen. Beschreibungseinheiten sind bei Watson nicht mehr Bewusstseinszustände, sondern Reiz-Reaktions-Einheiten, die er als sensumotorische Funktionskreise bezeichnete.

**Kennzeichen des radikalen Behaviorismus**
- Grundlage der gesamten Verhaltensforschung und Gewohnheitsbildung ist der Reflex
- Alle inneren Vorgänge sind von physiologischen Prozessen begleitet und durch sie repräsentiert (Gedächtnisbilder als kinästhetische Impulse, Denken als sensumotorischer Vorgang; Sprechbewegungen als äußerlich sichtbarer Prototyp sensumotorischer Denkvorgänge)
- Voreingenommenheit für das Beobachtbare
- Bewusstsein wird als ein Phänomen betrachtet, das sich einer objektiven wissenschaftlichen Analyse entzieht, da es sich dabei um einen inneren, nicht beobachtbaren Zustand handelt
- Experimentelle Methode
- Lernen wurde anstelle von Wahrnehmung und Denken Hauptgegenstand der Psychologie

## Neobehaviorismus

In den Anfängen des Behaviorismus war die Analyse von Reiz-Reaktions-Zusammenhängen als eher untheoretisch zu bezeichnen. Empirisch vorfindbare Tatsachen wurden gesammelt und relativ unsystematisch zu allgemeinen Aussagen zusammengefasst. Clark L. Hull (1884–1952) bemühte sich als einer der ersten darum, den Behaviorismus von einem derart empiristischen Ansatz zu einem nomothetischen Ansatz weiter zu entwickeln. Das bedeutet, dass er anstrebte, die beobachteten Tatsachen zu erklären, indem er sie auf einige wenige Prinzipien oder Gesetze reduzierte. Sein Ideal waren die mechanischen Gesetze von Newton, die viele Phänomene gleichzeitig erklären können.

In der letzten Fassung seiner *systematischen Verhaltenstheorie* legte er 1952 ein System von jeweils siebzehn hochgradig abstrahierten Postulaten und Korollarien (vorläufig formulierte Gesetze erster und zweiter Ordnung) und einer größeren Zahl (133) von detaillierten Theoremen vor. Als Theoreme bezeichnete er Aussagen über beobachtbare Tatsachen im Sinne von Vorhersagen, die aus den ebenfalls in exakter Sprache vorgelegten Definitionen von Gegenständen und den Postulaten abgeleitet wurden. Dieses System von Definitionen, Postulaten und Korollarien sowie Theoremen ist teilweise in einer strengen, formalisierten Sprache von funktionalen Gleichungen abgefasst. Diese Verhaltenstheorie sollte durch sorgfältig kontrollierte Experimente überprüft werden, indem jeder Teil, der sich nicht durch die Ergebnisse der empirischen Untersuchungen erhärten lässt, wieder verworfen wird. Hull nannte diese Vorgehensweise »hypothetisch-deduktiv« und grenzte sich damit von einer rein induktiven Methode, bei der von mehr oder weniger vielen Einzelbefunden ausgehend verallgemeinert wird, ab.

Die wichtigsten definitorischen Festlegungen betreffen den Reiz als eine vom Organismus unabhängige Variable und die Reaktion als eine vom Organismus abhängige Variable. Bedürfnis definiert er als »Zustand des Organismus, in dem eine Abweichung von dem Optimum der für das Überleben notwendigen Bedingungen besteht«. Ein Trieb ist nach seiner Definition »ein gemeinsamer Faktor aller primären Motivationen, gleichviel ob es sich aus dem Nahrungsentzug, aus dem Entzug von Flüssigkeit, dem von Wärme, der Wirksamkeit von Sexualhormonen oder ähnlichem ergibt« (Hull, 1943, S. 239).

Notwendig für die Theoriebildung war die Einführung von hypothetischen Konstrukten (im Sinne von MacCorquodale & Meehl, 1948), d.h. Annahmen über nicht beobachtbare Größen und Prozesse, da sich viele Phänomene nicht vollständig auf Reflexe zurückführen ließen. Hull war überzeugt, dass letztlich jede Verhaltenstheorie auf neurophysiologische Gesetzmäßigkeiten reduzierbar sei. Solange die Kenntnisse über die molekularen physiologischen Prozesse noch nicht vorhanden seien, sei es allerdings erforderlich, die Verhaltensanalyse zunächst auf die groben, eher molaren, nervösen Prinzipien zu stützen und die unbekannten Variablen und Prozesse als hypothetische Größen anzunehmen.

Letztlich gelangt Hull (1943) zu einer Reihe von hypothetischen Größen, wie Gewohnheit, Reaktions- und Hemmungspotential und Trieb, die zusätzlich berücksichtigt werden müssen, um die Reaktion eines Organismus auf einen Reiz vorherzusagen. Andererseits war auch mit Hilfe dieser großen Gruppe von hypothetischen Konstrukten lediglich der Anfang gemacht, indem zunächst erst einfachste Verhaltensweisen untersucht wurden.

Bereits sein Schüler K.W. Spence kritisiert die Einführung dieser hypothetischen Größen, da sie sich letztlich nicht durch neurophysiologische Merkmale des Organismus erfassen ließen. Er lehnt die Berücksichtigung innerer Vorgänge keineswegs ab, ist aber der Überzeugung, sie nur insoweit als Gegenstände einer psychologischen Wissenschaft zulassen zu dürfen, wie sie sich mit Hilfe physiologischer Messungen erfassen lassen. So setzt er sich z.B. dafür ein, innere emotionale Reaktionen auf einen Reiz als Variablen, die gerade für komplexere Verhaltensweisen und das Verhalten von Menschen wichtig seien, in Form ihrer physiologischen Korrelate zu erfassen.

**Beispiele für Korollarien und Postulate der systematischen Verhaltenstheorie von Clark L. Hull**

**Postulat III: Primäre Verstärkung**
Wenn eine Reaktion (R) eng mit den afferenten Begleiterscheinungen bzw. der Erregungsspur eines Reizes (s bzw. s') assoziiert ist und diese Reiz-Reaktionsverbindung mit der raschen Verminderung eines Motivationsreizes (SD oder sG) einhergeht, dann hat dies eine Erhöhung der Tendenz dieses Reizes zur Folge, jene Reaktion auszulösen.

**(dazugehöriges) Corollarium 2: Sekundäre Verstärkung**
Wenn neutrale Reize wiederholt und regelmäßig mit einer primären oder sekundären Verstärkung assoziiert sind, so übernehmen sie schließlich selbst die Funktion eines verstärkenden Agens.

**Postulat IV: Das Gesetz der Habit-Bildung**
Die Habitstärke (sHR, d.h. die Tendenz eines Reizes, eine mit ihm verknüpfte Reaktion auszulösen) wächst als ansteigende, negativ beschleunigte Funktion der Anzahl von Versuchsdurchgängen (trials), vorausgesetzt, dass jeder Versuch verstärkt wird, die Verstärkungen in gleichmäßigen Abständen aufeinander folgen und alle übrigen Bedingungen unverändert bleiben.
(zit. nach Foppa, 1968)

Diese Tendenz, die Psychologie nochmals streng auf die objektiv beobachtbaren Variablen zu reduzieren, zeigt sich zwanzig Jahre später verstärkt bei B. F. Skinner.

## 3.2 Deskriptiver Behaviorismus

Der Ansatz von Skinner wird als deskriptiver oder induktiver Behaviorismus bezeichnet. Ziel dieses Ansatzes ist die Beschreibung des Verhaltens, wobei zu einer vollständigen Beschreibung nicht nur die aktuellen Geschehnisse gehören, sondern auch die jeweilige Vorgeschichte. Skinners Plädoyer für die Feststellung der systematischen Zusammenhänge von Ereignisfolgen rückt von dem Anspruch, kausale Verknüpfungen aufdecken zu wollen, ab. Die Verhaltensgesetze, um die sich Skinner bemüht, gelten ausschließlich den Beziehungen zwischen Reiz und Reaktion. Zwischen Reiz und Reaktion vermittelnden intervenierenden Variablen oder hypothetischen Konstrukten gegenüber ist Skinner vollständig abstinent. Er vertritt die rigorose Haltung, dass dieses Geschehen sich innerhalb einer »black box« abspielt, die sich mit wissenschaftlichen Methoden nicht erkunden lasse.

Die grundlegende Einheit, auf die sich die objektive Beschreibung des Verhaltens innerhalb des deskriptiven Behaviorismus bezieht, ist der Reflex. Skinner (1938) hat aber vom Reflex einen etwas erweiterten Begriff. Für ihn ist ein Reflex jede beobachtete regelhafte Beziehung zwischen zwei Ereignissen, einem Reiz und einer Reaktion. Als algebraische Formel dargestellt, ist ein Reflex (R) eine Funktion eines Reizes (S, wobei S für Stimulus steht):

$$R = f(S)$$

Auch Skinner hat eine Reihe von Verhaltensgesetzen aufgestellt. Einen Anspruch, das Auftreten von Verhaltensänderungen zu *erklären*, verknüpft er damit allerdings nicht. In seiner sog. empirischen Version des Effektgesetzes macht er beispielsweise keinerlei Annahmen über den möglichen Verstärkungsmechanismus, der der Wirkung von Verstärkern zugrunde liegen könnte. Für ihn ist jeder Reiz, d.h. jeder Teil der Umwelt, von dem festgestellt ist, dass er das Verhalten zu beeinflussen vermag, ein Verstärker. Einfluss bedeutet, dass der Reiz in der Lage ist, die relative Häufigkeit des Auftretens bestimmter Reaktionen in einer festgelegten Zeiteinheit zu verändern.

*Verhaltensgesetze* sind z. B. das Gesetz der Schwelle, das besagt, dass die Reizintensität einen bestimmten Schwellenwert übersteigen muss, um eine Reaktion auslösen zu können, das Gesetz der Reaktionsstärke, das die Stärke der Reaktion als Funktion der Intensität des Reizes postuliert, oder das Gesetz der temporalen Summation, demzufolge eine Verlängerung der Reizeinwirkung den gleichen Effekt hat wie eine Erhöhung der Reizintensität.


## Respondentes und operantes Verhalten

Skinner (1938) unterscheidet zwischen Konditionierung vom Typ S und Konditionierung vom Typ R. Konditionierung vom Typ S ist nichts anderes als eine andere Bezeichnung für die klassische Konditionierung. Gegenstand der Konditionierung vom Typ S sind nach Skinner sog. respondente Verhaltensweisen. Dies sind Verhaltensweisen, die durch einen bestimmten Reiz, zu dem sie gehören, festgelegt sind.

Um die Klasse von Verhaltensweisen begrifflich festzulegen, auf die sich das Lernen vom Typ R bezieht, führt er die Bezeichnung operantes Verhalten ein. Dies sind spontan auftretende sog. emittierte Verhaltensweisen, die in keiner zwingenden Beziehung zu vorausgehenden Reizen stehen. Diese Verhaltensweisen werden durch einen Konditionierungsprozess vom Typ R zu operanten Verhaltensweisen. Das Niederdrücken des Hebels in einer Skinner-Box ist in diesem Sinne eine operante Verhaltensweise. Durch die Verstärkung der spontan auftretenden Verhaltensweise wird ein spezifisches Handlungspotential aufgebaut, von dem es zum Teil abhängt, wie häufig und mit welcher Geschwindigkeit der Organismus diese Verhaltensweise in Zukunft ausführt.

Der Aufbau eines Verhaltenspotentials gilt auch für respondentes Verhalten. Für den natürlichen Anpassungsvorgang des Organismus an die Umwelt kommt der Konditionierung vom Typ S nach Skinner aber gegenüber dem Typ R Konditionierung geringere Bedeutung zu.

Für respondentes Verhalten ist kennzeichnend, dass eine S-R Beziehung besteht, da es von einem Reiz ausgelöst wird. Allerdings kann auch das operante Verhalten unter den Einfluss bestimmter Reize ($S^D$) gebracht werden. Diese diskriminativen Reize legen fest, wie weit das Verhaltenspotential ausgeschöpft wird. Anders als die reaktionsauslösenden Reize bei respondentem Verhalten, sind die diskriminativen Reize nicht in der Lage, operante Verhaltensweisen auszulösen. Diskriminative Reize können lediglich das Auftreten von operanten Verhaltensweisen, mit denen sie aufgrund des verstärkenden – also dem Verhalten nachfolgenden – Reizes assoziiert sind, begünstigen. Diese Trias von diskriminativem Reiz ($S^D$), dem Verhalten oder der Reaktion (R) und dem nachfolgenden verstärkenden Reiz oder Stimulus ($S^{rein}$) bezeichnet man als *Verhaltenskontingenz* und stellt sie formalisiert wie folgt dar:

$$S^D \rightarrow R \rightarrow S^{rein}$$

Das operante Verhalten steht im Mittelpunkt des Interesses der operanten Verhaltensanalyse und damit Verhaltensweisen, bei denen sich zunächst kein bestimmter Reiz festmachen lässt, der zu dem Verhalten Anlass gab. Ein solches Verhalten lässt sich durch Einflussnahme auf die dem Verhalten folgenden Ereignisse systematisch beeinflussen bzw. unter Kontrolle bringen.

Die Systematik, die dabei zutage tritt, gilt als Grundlage für die Analyse von Abhängigkeiten, unter denen Verhaltensweisen ausgeführt werden, und als Anhaltspunkt zur Änderung von Verhalten. Man bezeichnet dieses Verhältnis auch als *Verhaltenskontrolle*. Je nachdem, wer oder was für das Auftreten der dem Verhalten folgenden Ereignisse verantwortlich ist, hat das Verhalten unter Kontrolle. In diesem Sinne hat der Versuchsleiter das Verhalten der Ratte unter Kontrolle, da er für die Verstärkungskontingenzen verantwortlich ist. Er bestimmt also, in welchen Abständen und mit welcher Intensität der verstärkende Reiz auf das Hebeldrücken der Ratte folgt. Der berühmte Scherz, dass die Ratte den Versuchsleiter kontrolliere, da sie ihn zwinge, ihr Wasser oder Futter zu geben, wenn sie den Hebel drückt, verweist darauf, dass bei symmetrischen Beziehungen zwischen dem sich verhaltenden Organismus und demjenigen, der die verstärkenden Reize austeilt, eine gegenseitige Verhaltenskontrolle besteht.

## Operante Verhaltensanalyse

Wie kann man nun erklären, dass eine bestimmte Verhaltensfolge (angenehmer Reiz) zum Aufbau einer Verhaltensweise führt, während eine andere Verhaltensfolge (unangenehmer Reiz) die Ausführung des Verhaltens eher unwahrscheinlicher macht? Antworten auf diese Frage können mit Rückgriff auf die zugrunde liegenden physiologischen Prozesse oder unter Zuhilfenahme von Annahmen über kognitive Prozesse gegeben werden.

Nach Auffassung Skinners sind beide Erklärungswege auf Spekulationen angewiesen. Physiologische Korrelate nachzuweisen ist ausgesprochen schwierig und gelingt in heutiger Zeit erst allmählich mit Hilfe moderner bildgebender Verfahren (z.b. der Positronen-Emissions-Tomographie). Der Nachweis von kognitiven Prozessen, die während der Verknüpfung beider Ereignisse ablaufen, ist nach Skinners Auffassung auf waghalsige Vermutungen über innerlich stattfindende Ereignisse angewiesen. Waghalsig deshalb, weil Berichte über das innere Erleben ihm nicht besonders Vertrauen erweckend erschienen und Schlussfolgerungen über nicht beobachtbare Sachverhalte Konstrukte unterstellen müssen, deren sichere Existenz niemals nachweisbar sei. Man müsse beispielsweise annehmen, dass die Beziehung zwischen dem Verhalten und den nachfolgenden Reizen innerlich gespeichert und z.B. als Erwartung abgebildet werde. Für Skinner gehört eine solche Annahme in das Reich der Spekulation.

Er verzichtet daher auf die Annahme von Prozessen zweiter Ordnung (also Beziehungen zwischen hypothetischen Größen wie z.B. antizipatorische Zielreaktionen $r_g$ und propriozeptive Reize $s_g$), wie Hull und Spence sie postulierten, und lässt lediglich den Verweis auf die Verstärkungsgeschichte als Erklärung gelten. Nicht innerorganismische Zustände sind entscheidend für Verstärkungswirkungen, sondern die zurückliegenden Erfahrungen des Organismus mit dem Reiz.

Die Theorie des operanten Lernens ist keine Theorie im engeren Sinne, etwa wie die Verhaltenstheorie von Hull und Spence. Skinner

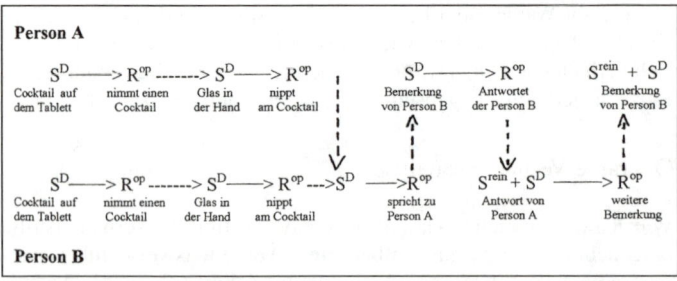

*Abb. 3.2:* Funktionale Analyse sozialen Verhaltens

hat zwar stellenweise noch die Neigung zur formalisierten Ausdrucksweise übernommen. Es ging ihm aber weniger um das Erstellen einer Theorie als vielmehr um eine naturwissenschaftlichen Standards genügende experimentelle Analyse derjenigen Variablen, die das Verhalten regelhaft und gesetzmäßig beeinflussen. Sein Ansatz ist daher auch als *experimentelle Verhaltensanalyse* bekannt geworden und hat ein direktes Pendant in der sog. angewandten Verhaltensanalyse, bei der die gefundenen Verhaltensprinzipien in sozialen und therapeutischen Zusammenhängen – also in der Regel außerhalb des psychologischen Labors – untersucht werden.

In der Abbildung 3.2 wird das Prinzip der funktionalen Analyse des Verhaltens an einer sozialen Interaktionssequenz verdeutlicht (nach McGinnies, 1970).

Das Verhalten von Person A und Person B ist zunächst unabhängig voneinander und unter Kontrolle von diskriminierenden Reizen ($S^D$) der Situation. Das gleichzeitige Nippen am Cocktail ist schließlich für Person B Anlass (diskriminativer Hinweisreiz) für eine an Person A gerichtete Bemerkung. Person A erwidert die Bemerkung und diese Reaktion ist für Person B verstärkend ($S^{rein}$) und gleichzeitig ein Hinweis darauf, dass eine Fortsetzung der Unterhaltung vielversprechend zu sein scheint. Das Verhalten von Person A und Person B steht nun weitgehend unter gegenseitiger Kontrolle und weniger stark unter Kontrolle der situativen Reize. Das Beispiel macht damit auch gleichzeitig den Übergang von situativ kontrolliertem Verhalten zu sozialem Verhalten deutlich.

## 3.3 Lernprinzipien

### Verstärker und Verstärkung

Die von Skinner (1938) festgelegte Definition eines Verstärkers wurde bereits erwähnt. In einer späteren Fassung formuliert er: »Ein verstärkender Reiz wird durch seine Fähigkeit, die resultierende Veränderung hervorzurufen, definiert« (Skinner, 1966, S. 62). Verstärker wird damit in Abhängigkeit vom Verhalten definiert und nicht beispielsweise bezogen auf das Erleben oder die physiologischen Begleiterscheinungen angenehmer oder unangenehmer Zustände. Es sind also nicht diejenigen Reize oder Zustände, die wir als angenehm erleben, oder diejenigen, die einen Deprivationszustand beenden (nach der Definition von Hull, 1943), automatisch auch Verstärker. Solche Reize oder Zustände erweisen sich erst dann als Verstärker, wenn sie die in der Definition genannten Auswirkungen haben, nämlich Veränderungen im Verhalten hervorrufen.

Reize können die relative Häufigkeit bestimmter Verhaltensweisen dadurch verändern, dass sie dargeboten werden. Änderungen des Verhaltens sind aber auch möglich, wenn bestimmte Reize entfernt bzw. dem Organismus entzogen werden. Wenn die Darbietung eines Reizes die Reaktionswahrscheinlichkeit erhöht, handelt es sich nach Skinner (1938) um einen positiven Verstärker. Diese Definition hat häufig zu Verwirrungen geführt. Man sollte diese Klasse von Reizen besser als (für den Organismus) angenehme Reiz bezeichnen, um eine Verwechslung mit dem Vorgang der Verstärkung zu vermeiden. Umgekehrt werden Reize, deren Entzug oder Entfernung zu einer Zunahme der Reaktionswahrscheinlichkeit führt, als negative Verstärker bezeichnet.

*Verstärkungsformen*

Das Gesetz der Konditionierung vom Typ R besagt nach Skinner (1938):»»Wenn das Auftreten eines Operanten von der Darbietung eines verstärkenden Reizes gefolgt ist, nimmt seine Stärke zu« (zit. n. Foppa, 1968, S. 357). In diesem Gesetz ist eine Möglichkeit des Aufbaus von Verhaltensweisen formuliert, nämlich die Stärkung des Verhaltens durch die Darbietung eines angenehmen Reizes (z.B. Futter für die Ratte, Wasser für die Taube, Bestätigung der Richtigkeit der Lösung einer Aufgabe, Lob der Eltern). Das entsprechende Gesetz der Löschung vom Typ R, in dem eine Möglichkeit des Abbaus von Verhaltensweisen ausgedrückt wird, lautet:»»Wenn das Auftreten eines bereits durch Konditionierung gestärkten Operanten nicht von einem verstärkenden Reiz gefolgt ist, nimmt seine Stärke ab« (zit. n.

|                      | Darbietung                                    | Entzug                                        |
|----------------------|-----------------------------------------------|-----------------------------------------------|
| **angenehmer Reiz**  | positive Verstärkung => Aufbau des Verhaltens | negative Bestrafung => Abbau des Verhaltens   |
| **unangenehmer Reiz**| positive Bestrafung => Abbau des Verhaltens   | negative Verstärkung => Aufbau des Verhaltens |

*Abb. 3.3:* Verstärkungsformen beim operanten Lernen

Foppa, 1968, S. 357). Vervollständigt man die Kombinationsmög-
lichkeiten von Darbietung bzw. Entzug und angenehmen bzw. unangenehmen (oder auch aversiven) Reizen, so lässt sich jeweils eine
zweite Möglichkeit des Aufbaus und des Abbaus von Verhaltensweisen ergänzen.

Die Auftretenswahrscheinlichkeit wird vermindert, wenn dem Verhalten ein unangenehmer Reiz folgt, dies ist hier als positive Bestrafung bezeichnet. Obwohl auch die negative Bestrafung einen Abbau
des Verhaltens bedeutet, spricht vieles dafür, den Prozess anders zu
bezeichnen, da die Wirkungsmechanismen, auf denen die Verminderung der Verhaltenswahrscheinlichkeit beruht, in vielerlei Hinsicht
verschieden sind. Der hier als negative Verstärkung bezeichnete Vorgang lässt sich nur dann als Verstärkungsprozess verstehen, wenn
man sich an den Verstärkungsbegriff hält, der als Erhöhung der Auftretenswahrscheinlichkeit festgelegt ist. In Abgrenzung zur positiven
Verstärkung, bei der die Darbietung eines Reizes das Verhalten aufbaut, geschieht hier der Verhaltensaufbau aufgrund des Entzugs eines
Reizes. Es handelt sich bei der negativen Verstärkung um den Entzug
eines für den Organismus unangenehmen Reizes; der Aufbau von
Verhaltensweisen, die die Wirkung eines unangenehmen Reizes auf
den Organismus beenden, wie z.B. Fluchtverhalten, ist auf das Prinzip der negativen Verstärkung zurückzuführen.

Uns allen bekannte aversive Reize, deren Beendigung wir als be-
lohnend erleben, sind z.B. Schmerz und Misserfolg. Das Nachlassen
längerandauernden Schmerzes geht ebenso wie die Unterbrechung einer Serie von Misserfolgen mit einem Gefühl der Erleichterung einher. Dieses unmittelbar vorausgehende Verhaltensweisen verstärkende Erleben ist ganz allgemein als Nachlassen einer Anspannung zu
kennzeichnen, was zumindest dann als angenehm erlebt wird, wenn
sie allzu lange angedauert hat.

*Primäre, sekundäre Verstärker und Verhalten als Verstärker*

Obwohl der Verstärker funktional definiert ist und daher prinzipiell
jeder beliebige Reiz Verstärkerqualität erwerben kann, werden zwei
Klassen von Reizen unterschieden, nämlich solche, die ihre Verstärkerqualität bereits haben, die primären oder unkonditionierten Verstärker, und solche Reize, die ihre Verstärkerqualität erst aufgrund eines Lernprozesses erwerben. Bei primären oder unkonditionierten
Verstärkern ist die Verstärkungskraft phylogenetisch festgelegt, jeder

Mensch ist damit von Geburt an ausgestattet. Es ist kein Lernprozess erforderlich, um die Verstärkungskraft eines primären Verstärkers zu etablieren. Primäre Verstärker beziehen sich auf elementare Bedürfnisbefriedigung wie Nahrungs-, Flüssigkeitszufuhr, Schlaf, Sexualität. Sie besitzen den höchsten Verstärkungswert, wenn sie bei Deprivation (Mangelzustand des Organismus) auftreten.

Sekundäre oder konditionierte Verstärker sind Reize, die ihre verstärkende Funktion durch einen Prozess der klassischen Konditionierung erworben haben. Damit ein neutraler Reiz ein sekundärer Verstärker wird, muss er mehrmals gemeinsam mit einem primären Verstärker auftreten, so dass der neutrale Reiz zu einem »Signal« für den Verstärker wird. Er muss das Auftreten eines Verstärkers ankündigen. Weitaus die meisten Verstärker im täglichen Leben, wie zum Beispiel Lob, Geld, Zustimmung, freundliches Lächeln, sind im strengen Sinne sekundäre Verstärker. Damit die verstärkende Funktion nicht abnimmt, müssen sie in Abständen mit dem unbedingten Reiz zusammen verwendet werden. Der Vorteil sekundärer Verstärker ist die Unabhängigkeit vom aktuellen Zustand des Organismus (Sättigungsgrad). Um zu unterstreichen, dass es auch sekundäre Verstärker gibt, die mit einer Vielzahl primärer und sekundärer Verstärker zusammenhängen, unterscheidet man noch den Begriff des generalisierten Verstärkers. Der allgemeinste Verstärker, der seine verstärkende Qualität durch klassische Konditionierung mit mehreren primären und sekundären Verstärkern erhält, ist für die meisten von uns Geld.

Eine Klassifikation von Verstärkern nach ihren Inhalten hat sich im Bereich der angewandten Verhaltensanalyse ergeben, da sich die verstärkende Funktion von Reizen unterschiedlich schnell erschöpft. So unterscheidet man materielle, soziale, Aktivitäts- und informative Verstärker (vgl. Edelmann, 2000; Schermer, 1998). Am meisten Aufmerksamkeit hat die Idee der Aktivitätsverstärker erregt. Premack (1959) hat vorgeschlagen, Verhaltensweisen, die eine Person besonders gern ausführt, die also eine hohe Verhaltensrate haben, als Verstärker für Verhaltensweisen einzusetzen, deren Verhaltensrate erhöht werden soll. Auf die Wirksamkeit dieses sog. Premack-Prinzips setzt man, wenn man im Sportunterricht erst dann das Ballspiel beginnt, wenn die Weitsprungtechnik geübt wurde.

## Verstärkungspläne

Eine deutliche Erweiterung im Sinne einer Differenzierung des Verstärkungsprinzips stellen die Verstärkungspläne dar, die zusammenfassend 1957 von Ferster und Skinner vorgestellt wurden. Im Mittelpunkt stehen hierbei die Häufigkeit der Darbietung des Verstärkers und die Abhängigkeit dieser Darbietung von der Häufigkeit des Verhaltens bzw. der Größe des Zeitintervalls zwischen zwei Verstärkern. Da die Effekte der Variation von Ausmaß und Zeitintervall der Verstärker auf die Verhaltensrate – also die Stärkung des Operanten – einer theoretischen Erklärung mit Hilfe von Erwartungskonzepten besonders zugänglich sind, haben sie ebenfalls eine Brückenfunktion zu kognitiven Ansätzen in der Psychologie des Lernens.

### Kontinuierliche und intermittierende Verstärkung

Es ist nicht notwendig, jedes Auftreten eines Operanten zu verstärken. Wenn ein Verhalten nur manchmal verstärkt wird, führt das ebenfalls zu einem Ansteigen der Häufigkeit. Es hat sich gezeigt, dass eine kontinuierliche Verstärkung in der Anfangsphase des Erwerbs einer neuen Verhaltensweise sehr effektiv ist. Allerdings sinkt die Verhaltensrate auch schnell wieder, wenn die (kontinuierliche) Verstärkung ausbleibt. Man bezeichnet diesen Effekt von kontinuierlicher Verstärkung auch als geringe Löschungsresistenz. Das Verhalten ist nicht widerstandsfähig, wenn Löschung – also Wegbleiben des Verstärkers – einsetzt.

Wenn man beispielsweise gewohnt ist, dass der Aufzug immer sofort reagiert, wenn man den Knopf drückt, wird man bereits nach dem ersten Misserfolg die Treppe benutzen. Während man nach dem ersten Misserfolg noch mehrmals den Knopf drücken würde, bevor man sich für die Treppe entscheidet, wenn der Aufzug in der Vergangenheit schon häufiger ausgesetzt hat.

Alle Arten von intermittierender Verstärkung sind erheblich besser geeignet, Verhalten gegenüber Löschung widerstandsfähig zu machen. Die bekanntesten intermittierenden Verstärkungspläne sind die *Quotenpläne*, bei denen die Verstärker in Abhängigkeit von der Häufigkeit des Verhaltens verabreicht werden, und die Intervallpläne, bei denen die Größe des Zeitintervalls zwischen zwei Verstärkern variiert wird. Sowohl die Quote (also die Anzahl von Verhaltensweisen, die aufgetreten sein müssen, bis wieder ein Verstärker erlangt werden

kann) als auch die Zeit zwischen zwei erreichbaren Verstärkern können regelmäßig gestaltet werden oder von Durchgang zu Durchgang
in der Höhe variieren. Man unterscheidet die Quoten- und die Intervallpläne also nochmals nach festen (oder fixen) und variablen Plänen.

Bei *festen Quotenplänen* erfolgt die Verstärkung nach einer festgelegten Anzahl von Reaktionen. Beispielsweise ist dies der Fall, wenn
man erst jeweils nach der Lösung von fünf Aufgaben den Aufgabentyp wechseln darf. Jede Art von leistungsabhängiger Bezahlung erfolgt nach einem festen Quotenplan. Die Folge ist, dass die Verhaltensrate sehr schnell ansteigt und auch sehr hoch bleibt. Dies
entspricht den Effekten bei kontinuierlicher Verstärkung, die im Prinzip ja ein Grenzfall des festen Quotenplans ist, nämlich mit der niedrigstmöglichen Quote 1:1. Die Verhaltensrate steigt allerdings nochmals an, je größer die Quote ist, also je seltener verstärkt wird. Das
klingt zunächst paradox, wird aber dann einleuchtend, wenn man bedenkt, dass um die gleiche Zahl von Verstärkern zu erhalten, bei intermittierender Verstärkung mehr Operanten nötig sind als bei kontinuierlicher. Noch deutlicher wird es bei Entlohnung nach Stückzahl:
Da man den Verstärker in Abhängigkeit vom eigenen Verhalten bekommt, wird man, um noch mehr Geld zu bekommen, versuchen, die
Stückzahl noch weiter zu erhöhen. Die Probleme bei Quotenplänen
werden schnell deutlich. Sie können sowohl im täglichen Leben als
auch im Labor schnell zu einer Überforderung des Organismus führen. Es treten lange Erschöpfungspausen auf, d.h. Phasen, in denen
die gewünschte Reaktion nicht mehr auftritt, da der Organismus sich
körperlich regenerieren muss.

Variable Quotenpläne haben den Nachteil, dass vergleichsweise
langsam gelernt wird, aber den Vorteil, dass das Verhalten sehr löschungsresistent ist. Da unbekannt (und unvorhersehbar) ist, wie viele richtige Reaktionen erforderlich sind, um den Verstärker zu erreichen, wird auch nachdem das Verhalten aufgebaut wurde noch sehr
lange nach Ausbleiben der Verstärkung an dem Verhalten festgehalten.

Erfolgt die Verstärkung erst, wenn das Verhalten nach Ablauf eines
bestimmten Zeitintervalls gezeigt wird, ist der Verstärkungsplan ein
*fester Intervallplan*. Bei Intervallplänen ist also die Zeit entscheidend. Das Schreiben von Klassenarbeiten verstärkt häufig das Lernverhalten von Schülern nach einem solchen Verstärkungsplan. Die
Konzentration, die Aufmerksamkeit und das Üben werden erst wie

der nach Ablauf eines bestimmten Zeitintervalls verstärkt. Sie setzen dann erst wieder ein, wenn Verstärker in Form von guten Noten in Klassenarbeiten in erreichbarer Nähe sind. Das Verhalten von Verkehrsteilnehmern an Ampeln wird ebenfalls nach festen Intervallplänen geregelt. Den Knopf einer Fußgängerampel vor Ablauf einer bestimmten Zeit zu drücken, hat in der Regel keinen Effekt.

Die Folge dieser Pläne für das Verhalten ist zum einen eine insgesamt geringere Anzahl von Verhaltensweisen. Da die Verstärkung erst wieder erreicht werden kann, wenn ein gewisser Zeitraum vergangen ist, treten deutliche Verhaltenspausen auf, die insgesamt zu einer geringeren Verhaltensrate führen als bei kontinuierlicher oder Quotenverstärkung. Eine typische Folge des Abfalls der Verhaltensrate nach Verabreichung des Verstärkers ist damit die deutliche Unterbrechung in der Kontinuität des Verhaltens. Nachdem die Fußgängerampel grün gezeigt hat, erwarten die Fußgänger gar nicht, dass sie sofort wieder über die Straße gehen können. Typische Folgen sind also Verhaltenspausen, die erst mit nahendem Ende des Zeitintervalls beendet werden.

Auch für die *variablen Intervallpläne* gilt, dass sie effektiver in Bezug auf die Aufrechterhaltung des Verhaltens auch nach Beendigung der Verstärkung sind (hohe Löschungsresistenz). Ein weiterer spezifischer Effekt ist das Ausbleiben der Verhaltenspausen. Da die Größe des Zeitintervalls schwankt – also wiederum nicht kalkulierbar ist, wann die Verstärkung erfolgt –, lässt sich eine relativ konstante Verhaltensemittierung beobachten. Würden die Abstände zwischen den Klassenarbeiten nicht bekannt gegeben, blieben die »Lernpausen« der Schüler wahrscheinlich eher aus. (Ethisch oder gesundheitlich bedenkliche Effekte von »Überraschungsklausuren« sind hier nicht Gegenstand der Betrachtung.)

Dass wir viele unserer Verhaltensweisen auch ohne oder mit nur sehr gelegentlicher Verstärkung beibehalten, ist sicherlich zu einem großen Teil das Ergebnis intermittierender Verstärkung, da der Verstärker selten und unregelmäßig auftritt. Anzumerken ist an dieser Stelle, dass die hohe Löschungsresistenz unter dieser Art von Kontrolle stehender Verhaltensweisen selbstverständlich für erwünschtes und weniger erwünschtes Verhalten gleichermaßen gilt.

## Lernen neuer Verhaltensweisen

Ein besonderes Problem für das operante Konditionieren ist die Erklärung des Auftretens von Verhaltensweisen, die bis dahin noch nicht im Verhaltensrepertoire vorhanden waren. Mit Hilfe der Verstärkungsprinzipien lassen sich beliebige Verhaltensweisen in ihrer Auftretensrate verändern; Voraussetzung ist allerdings, dass sie überhaupt auftreten. Andererseits lässt sich prinzipiell durch die Verstärkungsgeschichte erklären, warum Verhaltensweisen im Repertoire einer Person mit bestimmten Auftretenswahrscheinlichkeiten verfügbar sind. Wie gelangt aber völlig neues Verhalten ins Verhaltensrepertoire?

Spontan auftretendes Verhalten ist nach Skinner nie völlig neues Verhalten, sondern ein Verhalten, das sich durch Verhaltensformung allmählich unter Einfluss von differentiellen Verstärkungsprozessen herausgebildet hat. Skinner konnte in Versuchen mit Tauben zeigen, dass sich durch sukzessive Approximation relativ beliebige Verhaltensweisen herausformen lassen. Ausgehend von einem vorhandenen Verhalten, das noch am meisten Ähnlichkeit mit einem erwünschten Zielverhalten hat, werden schrittweise Veränderungen des Verhaltens verstärkt, die in Richtung des erwünschten Verhaltens deuten. Alle anderen Verhaltensänderungen werden nicht verstärkt. Es wird ein Verfahren angewandt, das man auch als differentielle Verstärkung bezeichnet. Das Erlernen der Rolle vorwärts oder des Handstands im Sportunterricht folgt ebenfalls diesem Prinzip.

## Lernen von Verstärkungsgelegenheiten

Bei jedem Prozess der Verstärkung eines Verhaltens findet auch Lernen statt, das sich auf die Umweltbedingungen bezieht. Das Lernen betrifft also auch die Reize, die in der Lernsituation vorhanden sind, und nicht nur die Verhaltensrate des verstärkten Verhaltens. In den Begriffen des operanten Lernens ausgedrückt erlangen neben dem verstärkenden Reiz weitere Reize der Lernumgebung Kontrolle über das Verhalten.

Der Aufbau dieser Reizkontrolle ist entscheidend davon abhängig, wie gut Reize, die zusammen mit dem verstärkenden Reiz auftreten, von solchen unterschieden werden, die weniger häufig oder gar nicht gemeinsam mit dem verstärkenden Reiz auftreten. Es muss also gelernt werden, die verschiedenen Reize der Lernumgebung zu unterscheiden. Dem Lernen von Verstärkungsgelegenheiten liegt also ein Prozess des Diskriminationslernens zugrunde. Den diskriminativen Stimulus (SD) als denjenigen zu erkennen, der eine hohe Aussicht auf Verstärkung anzeigt, lässt sich am schnellsten lernen, wenn abwechselnd mit dem entscheidenden diskriminativen Reiz immer wieder andere Reize in der Lernumgebung auftauchen, die nicht zu einer verstärkenden Verhaltensfolge führen.

Das Prinzip der Stimuluskontrolle lässt sich ebenfalls zu den unterschiedlichsten Gelegenheiten im Alltag beobachten. Der Blick auf die Wolken veranlasst uns, einen Regenschirm mitzunehmen. Kinder können sehr schnell unterscheiden, ob Erwachsene guter oder schlechter Laune sind und welche Verhaltensweisen angemessen sind, um die Erlaubnis für den Kinobesuch zu erhalten. Unser Verhalten mit den jeweiligen situativen Bedingungen in einen sinnvollen Zusammenhang zu bringen oder ganz allgemein unsere Situationsanpassung hat mit dem Prinzip der Stimuluskontrolle oder des Lernens von Verstärkungsgelegenheiten zu tun. Bei Berücksichtigung kognitiver Variablen würde man die Stimuluskontrolle mit Erwartungsbildung und der Fähigkeit zur Antizipation erklären.

## Gesetz des relativen Effekts

Ein entscheidender Schritt der Weiterentwicklung des operanten Konditionierens (eigentlich des gesamten deskriptiven Behaviorismus) erfolgte mit der gezielten Untersuchung von mehreren Verhaltensmöglichkeiten bzw. des Auswahlverhaltens bei unterschiedlichen Verstärkungsplänen. Damit wurde erstmals eine entscheidende Kontextbedingung mit einbezogen, nämlich andere Verhaltensweisen.

Es zeigte sich, dass die Häufigkeit eines bestimmten Verhaltens nicht nur von den eigenen Konsequenzen abhängig ist, sondern auch von den Konsequenzen anderer Verhaltensweisen in derselben Situation. Trotz gleich bleibender Verstärkungsraten wurde die Verhaltensrate geringer, wenn die Belohnungsmenge eines anderen Verhaltens zunimmt. Die Häufigkeit eines Verhaltens kann zunehmen, (1) wenn die Konsequenzen besser werden und (2) wenn die Konsequenzen anderer Verhaltensweisen schlechter werden.

Das Effektgesetz in seiner ursprünglichen Formulierung war damit nicht mehr hinreichend, denn es berücksichtigte nur die Abhängigkeit eines Verhaltens von seinen eigenen Konsequenzen. Herrnstein (1970) fasste die Ergebnisse von Untersuchungen in dem Gesetz des relativen Effekts zusammen, wonach die Wirkung eines Verstärkers auf das Verhalten nur im Kontext der anderen verfügbaren Verstärker verstanden und erklärt werden kann.

## Basisliteratur

Edelmann, W. (2000), Lernpsychologie (6. Aufl.). Weinheim: PsychologieVerlagsUnion.

Rachlin, H. (1976), Introduction to modern behaviorism (2nd ed). San Francisco: Freeman.

Schermer, F.F. (1998), Lernen und Gedächtnis (2. Aufl.). Stuttgart: Kohlhammer.

## Weiterführende Literatur

Foppa, K. (1968), Lernen, Gedächtnis, Verhalten (4. Aufl.). Köln: Kiepenheuer & Witsch.

McGinnies, E. (1970), Social behavior: A functional analysis. New York: Houghton Mifflin.

Menzel, R. & Roth, G. (1996), Verhaltensbiologische und neuronale Grundlagen des Lernens und des Gedächtnisses. In: G. Roth & W. Prinz (Hrsg.), Kopf-Arbeit. Gehirnfunktionen und kognitive Leistungen (239–277). Heidelberg: Spektrum Akademischer Verlag.

# 4 Erwartungen lernen

Man kann das klassische und operante Konditionieren als Lernprozess verstehen, bei dem unterschiedliche Arten von Erwartungen gebildet werden.

Beim klassischen Konditionieren wird gelernt, dass der bedingte Reiz den unbedingten ankündigt. Die Konditionierung bewirkt, dass man den unbedingten Reiz erwartet, sobald man den bedingten Reiz wahrgenommen hat. Man reagiert also genau genommen auf die Erwartung des Auftretens des unbedingten Reizes. Wir nehmen Hinweise auf Gefahrenstellen ernst, wenn wir fest genug davon überzeugt sind (die subjektive Wahrscheinlichkeit hoch genug ist), dass sie mit dem Auftreten von gefährlichen Ereignissen verbunden sind. Beim operanten Konditionieren lernt man die Erwartung, dass auf bestimmte Verhaltensweisen bestimmte Reize folgen.

Erwartung ist als subjektive Wahrscheinlichkeit definiert, dass auf Reiz A der Reiz B oder auf Verhalten A der Reiz B folgt (Rotter, 1954). Die Höhe der Wahrscheinlichkeit ist gleichbedeutend mit dem Grad der Gewissheit, mit der der Reiz B nach Verhalten A erwartet wird. Erwartungen sind dann interne Determinanten des Verhaltens.

## 4.1 Direkte und stellvertretende Erfahrung

Das Lernen durch eigene Erfahrung stellt lediglich eine von mehreren Möglichkeiten dar, Erwartungen auszubilden. Mit welchen Folgen man rechnen muss, wenn man eine bestimmte Verhaltensweise ausführt, kann man auch daran lernen, dass man andere Personen beobachtet. Man macht die Erfahrungen nicht selbst, sondern die Erfahrungen, aus denen man lernt, werden von anderen gemacht. Bandura (1977) nennt diese Art des Lernens Lernen durch stellvertretende Erfahrung. Durch die Beobachtung von Reizen und Reaktionen erfährt man, welche Reize untereinander und mit welchen Reaktionen zusammenhängen. Man lernt – je häufiger man ähnliche Kontingenzen sieht, um so genauer –, die Wahrscheinlichkeit des Zusammenauftretens abzuschätzen. Auf diese Weise erwirbt man Verhaltens-Ergebnis-Erwartungen.

Durch die Beobachtung einer Modellperson lernt der Beobachter nicht nur – ähnlich wie bei eigenen Verhaltenserfahrungen – Kontingenzen, sondern er sieht auch Verhaltensweisen, die bezogen auf sein eigenes Verhaltensrepertoire neu sind. Bandura bezeichnet diesen Prozess als Verhaltensaneignung (»acquisition«). Das Einprägen der beobachteten Verhaltensweise kann bildhaft oder als verbale Beschreibung erfolgen. Bandura (1986) beruft sich dabei auf die Arbeiten von Paivio (1971), der diese beiden Modi der mentalen Repräsentation unterscheidet. Für Bandura ist dieser Prozess der Speicherung der beobachteten Verhaltensweisen und Verhaltenskontingenzen im Langzeitgedächtnis der eigentliche Lernprozess. Es sind interne strukturelle Veränderungen im Organismus erfolgt, die andere Voraussetzungen für das Verhalten schaffen als vor dem Lernprozess vorhanden waren.

## 4.2  Ergebnis- und Selbst-Wirksamkeits-Erwartungen

Wie sich die Person in einer Situation verhält, also ob sie beispielsweise das beobachtete Verhalten in ähnlicher oder ganz anderer Form ausführt, ist mit den erworbenen Verhaltens-Ergebnis-Erwartungen noch nicht hinreichend zu klären. In der Situation spielen weiterhin die Erwartungen eine wichtige Rolle, die sich auf die Güte der eigenen Verhaltensausführung beziehen. Für den Erwerb dieser Art von Erwartungen sind direkte Verhaltenserfahrungen ebenfalls nur eine unter mehreren Erfahrungsquellen (Bandura, 1977). Auch über die Möglichkeiten, die man selbst hat, bestimmte Verhaltensweisen ausführen zu können, lassen sich Aufschlüsse aus der Beobachtung des Verhaltens anderer Personen und der Merkmale der Situation ziehen. Erwartungen, die sich auf die eigenen Möglichkeiten der Verhaltensausführung beziehen, bezeichnet Bandura als Selbst-Wirksamkeits-Erwartungen.

Die Vorstellungen darüber, was man kann und was man nicht kann, haben entscheidenden Einfluss darauf, was man sich zutraut, wie viel

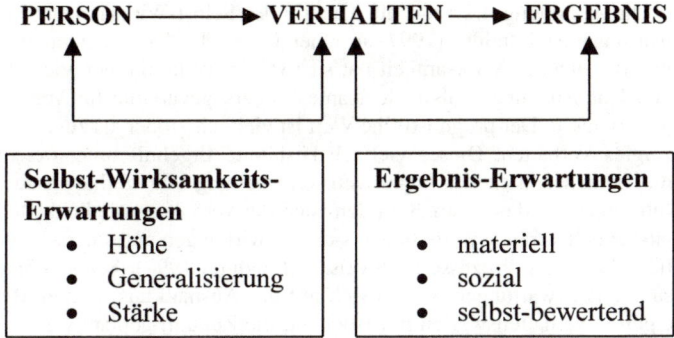

*Abb. 4.1:* Selbst-Wirksamkeits- und Ergebnis-Erwartungen

Anstrengung man investiert, wie ausdauernd man ist und wie viel Widerstand man aufbringt, um sein Verhalten trotz Schwierigkeiten zu Ende zu bringen. Die Selbstwahrnehmung muss nicht mit den tatsächlichen Kompetenzen übereinstimmen. Die tatsächlichen Leistungen werden aber in starkem Maße davon abhängig sein, wie stark das Vertrauen in die eigene Wirksamkeit ist (Bandura & Cervone, 1983). Die Selbst-Wirksamkeits-Erwartungen sind so etwas wie kognitive Schaltstellen für die Umsetzung von gespeicherten Informationen in Verhalten.

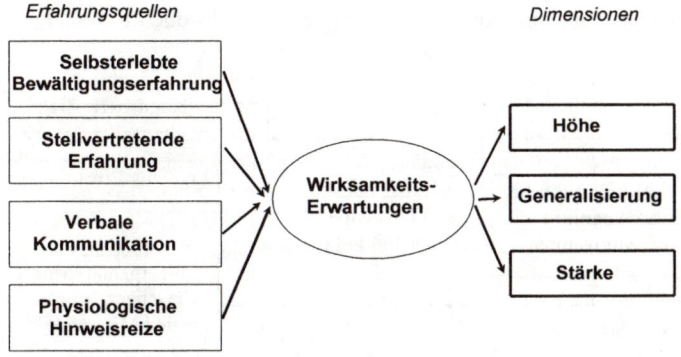

*Abb. 4.2:* Theorie der Selbst-Wirksamkeits-Erwartung

Die Abbildung 4.2 zeigt die Theorie der Selbst-Wirksamkeits-Erwartung von Bandura (1997) in einer Übersicht. Die Überzeugung
von der eigenen Wirksamkeit hat sich mittlerweile in einer Vielzahl
von Untersuchungen als bedeutsame Vorhersagevariable für Verhalten erwiesen. Der prognostische Wert ist vielfach größer als zuvor ge-
zeigtes Verhalten. Dieses vielfach bestätigte Ergebnis unterstreicht
die Bedeutsamkeit der kognitiven Verarbeitung von Verhaltensausführungen für das Ausmaß, in dem sich die Verhaltensmöglichkeiten
tatsächlich verändern. Es ließen sich Auswirkungen auf unterschiedliche kognitive Prozesse nachweisen (Bandura, 1997). Selbst-Wirksamkeits-Erwartungen wirken sich auf das Ausmaß aus, in dem die
eigenen Verhaltensweisen mit Blick auf die Zukunft geplant werden.
Welche Ziele man sich setzt und wie anspruchsvoll diese Zielsetzungen ausfallen, hängt mit der Einschätzung der eigenen Fähigkeiten
zusammen. Personen mit hohen Selbst-Wirksamkeits-Erwartungen
setzen sich anspruchsvollere Ziele und halten stärker daran fest als
Personen mit geringen Selbst-Wirksamkeits-Erwartungen.

Wirksamkeits-Erwartungen spielen insofern eine zentrale Rolle in
der *kognitiven Regulation der Motivation*. Zukünftige Zustände können nicht Ursachen für aktuelle Motivationen oder Verhaltensweisen
sein. Durch Antizipation können erwartete zukünftige Zustände aktuelles Verhalten beeinflussen. Hierbei spielen selbstregulative Mechanismen eine entscheidende Rolle. Kognitive Motivation bedeutet,
dass Menschen sich selbst motivieren und ihre Verhaltensweisen
durch vorausschauendes Denken antizipatorisch steuern. Man bildet
sich Meinungen darüber, was man kann, man antizipiert mögliche
positive und negative Konsequenzen unterschiedlicher Verhaltens-

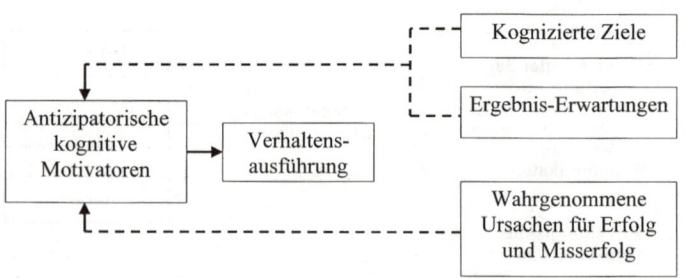

*Abb. 4.3:* Antizipatorische kognitive Motivatoren

ausführungen, setzt sich Ziele und plant Verhaltensabläufe, um hoch-
bewertete zukünftige Zustände zu realisieren und aversive zu vermeiden. Man kann drei kognitive Motivatoren unterscheiden, die in drei
unterschiedlichen theoretischen Ansätzen untersucht wurden: die
kausale Attribution, die Ergebnis-Erwartung und die kognizierten
Ziele. Ergebnis-Erwartung und kognizierte Ziele wirken aufgrund
von Antizipation. Kausale Gründe, die retrospektiv zur Erklärung
von früher bereits Erreichtem herangezogen werden, können ebenfalls zukünftige Verhaltensweisen antizipatorisch beeinflussen, da sie
unter Umständen die Beurteilung von Fähigkeiten und die durch die
Aufgabe gestellten Anforderungen verändern.

Selbst-Wirksamkeits-Erwartungen spielen weiterhin eine wichtige
Rolle bei der *Selbstregulation affektiver Zustände*. Die Art und Intensität emotionaler Erfahrungen lässt sich durch Kontrolle der Gedanken, der Verhaltensweisen und der Affekte beeinflussen. Aufgrund
von Selbst-Wirksamkeits-Erwartungen wird die Aufmerksamkeit so
ausgerichtet, dass Erlebnisse erträglich oder emotional belastend
konstruiert und kognitiv repräsentiert werden. Eine zweite Art der kognitiven Kontrolle betrifft die wahrgenommenen kognitiven Fertigkeiten, Gedankengänge kontrollieren zu können, wenn sie in den Bewusstseinsstrom gelangen. Wirksamkeits-Erwartungen regulieren
den emotionalen Zustand, indem sie Verhaltensweisen unterstützen,
die die Umgebung so verändern, dass das emotionale Potential
schwindet. Schließlich beeinflussen Wirksamkeits-Erwartungen
emotionale Zustände auf direktem Wege. Insbesondere die Regulation von Angsterregung, depressiven Verstimmtheiten und biologischen Stressreaktionen durch Wirksamkeits-Erwartungen konnte
vielfach nachgewiesen werden (Bandura, 1997).

## 4.3 Lerneffekte

Über Beobachtung lernen zu können, ist eine der Möglichkeiten, die
der Mensch hat, über deutlich mehr Situationen und Aktivitäten Informationen zu bekommen als ihm durch direkte eigene Erfahrung
aufgrund zeitlicher Beschränkungen, begrenzter Ressourcen und eingeschränkter Mobilität zugänglich sind (Bandura, 1986). Es lassen
sich drei verschiedene Lerneffekte unterscheiden.

## 1. Modellierung

Der Beobachter kann sowohl kognitive Fähigkeiten als auch Verhaltensmuster von der Modellperson übernehmen. Jedes Verhalten, das vorher beim Beobachter eine Auftretenswahrscheinlichkeit von Null hatte, stellt ein solches neues Verhalten dar. Modellierende Einflüsse können aber auch darin bestehen, dass bereits verfügbare einzelne Verhaltenskomponenten neu zusammengefügt werden. Als Beispiel führt Bandura (1986) das Wort superkalifragilistischexplihaligorisch an, das ein Kind in seinen Wortschatz durch Beobachtung (hier: durch Lesen des Kinderbuchs von Astrid Lindgren) aufnimmt. Die Regel, nach denen die einzelnen bereits vorher bekannten Laute zusammengesetzt werden, wird neu gelernt.

## 2. Hemmende und enthemmende Effekte

Der Einfluss von Modellen kann zur Schwächung oder Stärkung von gelernten Hemmungen von Verhaltensweisen führen. Ausschlaggebend für diese Effekte sind die Informationen über Ausführbarkeit und die wahrscheinlichen Konsequenzen des vom Modell gezeigten Verhaltensverlaufs. Drei Faktoren sind dabei von Bedeutung: die Einschätzung der eigenen Fähigkeiten, das gezeigte Verhalten ausführen zu können, die Wahrnehmung der belohnenden und bestrafenden Verhaltensergebnisse und die Einschätzung, ob die Ausführung analoger Verhaltensweisen zu ähnlichen oder andersartigen Konsequenzen führen würde.

## 3. Reaktionserleichterung

Das Verhalten anderer kann als sozialer Auslöser für bereits im Repertoire einer Person vorhandene Verhaltensweisen dienen. Gemeint ist hiermit ein Effekt, der durch den Hinweis auf ein in der Situation mögliches Verhalten auftritt (»response-cueing-effect«, Bandura, 1986, p. 50). Wenn beispielsweise eine Person nach oben sieht, geschieht es häufig, dass Umstehende ebenfalls nach oben schauen. Es wird keine neue Verhaltensweise erworben und auch keine soziale Hemmung abgebaut. Das Verhalten der Beobachter wird durch das Modellverhalten ganz einfach angeregt oder ausgelöst.

## 4.4 Teilprozesse des Beobachtungslernens

Beobachtungslernen wird von Bandura seit 1971 als allgemeiner Prozess des aktiven Informationserwerbs verstanden, der überall stattfindet, wo andere Personen beobachtet (gesehen, gehört) werden, real oder symbolisch (Filme, Bücher, Comics). An diesem Prozess sind vier Teilkomponenten beteiligt: Der Beobachter muss die zu modellierenden Merkmale des Modells aufmerksam wahrnehmen und im Gedächtnis abspeichern. Soll das Verhalten ausgeführt werden können, muss er über die notwendigen Fertigkeiten und Fähigkeiten verfügen sowie in bestimmten Situationen zur Ausführung motiviert sein. Als konstituierende Merkmale des Modelllernens ergeben sich somit Aufmerksamkeits-, Behaltens-, Reproduktions- und Motivationsprozesse. Die beiden erstgenannten Prozesse steuern den Aneignungsprozess, die beiden letztgenannten sind für die Ausführung der modellierten Verhaltensweisen verantwortlich.

*Abb. 4.4:* Teilprozesse des Beobachtungslernens

*Aufmerksamkeitsprozesse*

Auf Seiten des Modells und des Beobachters gibt es eine Reihe von Merkmalen, die dazu beitragen, die Aufmerksamkeit zu lenken und bestimmte Informationen zu selegieren. Die Salienz des Modellverhaltens, der affektive Wert, die Komplexität und der funktionale Wert sind nur einige der von Bandura für wichtig gehaltenen Faktoren auf Seiten der Modellperson. Merkmale des Beobachters, die in dieser Phase des Modelllernprozesses von Bedeutung sind, sind seine Wahrnehmungskapazität, die Gerichtetheit seiner Wahrnehmung, seine kognitiven Fähigkeiten, sein Erregungsniveau und seine erworbenen Präferenzen.

*Behaltensprozesse*

Die beobachteten Handlungsabläufe müssen einschließlich der Situationsmerkmale und der Verhaltenskonsequenzen in Symbole (bildliche oder sprachliche) transformiert werden. Hierbei sind Verschlüsselungsprozesse bedeutsam, die von den kognitiven Fähigkeiten des Beobachters abhängig sind. Die Repräsentationen oder Kodierungen müssen in die kognitive Struktur integriert werden. Wie gut das gelingt, hängt davon ab, wie gut strukturiert der kognitive Apparat ist. Der Speicherungsprozess ist davon abhängig, wie gut die Beobachterperson darin geübt ist, durch Wiederholen oder aktives Verknüpfen der neuen Informationen mit bereits vorhandenem Wissen das Abspeichern zu unterstützen und das Wiederfinden der Informationen im Langzeitgedächtnis vorzubereiten. Durch die bildliche oder sprachliche Kodierung wird die spätere Ausführung des Verhaltens von der Anwesenheit der Modellperson unabhängig.

*Innere Übungsprozesse (Reproduktion)*

In der dritten Phase findet eine weitere interne Verarbeitung der Informationen statt. Durch »gedankliche Ausführung« des Verhaltens wird in Form von innerem Probehandeln das beim Modell beobachtete Verhalten mit dem eigenen intendierten Verhalten abgeglichen. Dadurch wird das Ausmaß an Übereinstimmung zwischen beobachtetem und dem der eigenen Person möglichen Verhalten festgestellt. Diese Prozesse sind abhängig von der Beherrschung von Teilfertigkeiten des beobachteten Verhaltens und den Möglichkeiten, beobachtetes Verhalten den eigenen Verhaltensmöglichkeiten direkt hinzuzufügen.

*Motivationale Prozesse*

Die äußeren und inneren Anreizbedingungen zur Ausführung des Verhaltens werden hier in den Blick genommen. Stellvertretende Verstärkung wird hier bedeutsam, aber auch die selbstgesetzten Verhaltensstandards. Entscheidend für die Passung des Beobachter- und Modellverhaltens sind letztlich die Anreizpräferenzen der Beobachterperson sowie das Ergebnis von Vergleichsprozessen mit dem Verhalten und den Verhaltenskonsequenzen anderer und den eigenen Standards für die Verhaltensausführung und die Bewertung von Verhaltensergebnissen.

# 4.5 Abstrahierendes Modelllernen

Bandura behält die lerntheoretische Grundposition bei, Lernen als situationsspezifisches Lernen aufzufassen. Gelernt werden für die soziale Umwelt des Individuums spezifische Situations-Verhaltens-Verknüpfungen und Verhaltenskontingenzen. Dadurch, dass das Lernen auf kognitiver Ebene stattfindet, können über längere Zeiträume eingegangene Informationen kognitiv organisiert und symbolisch repräsentiert werden. Systematische Zusammenhänge zwischen Situation, Verhalten und Konsequenzen werden dabei nicht einfach als situationsspezifische Verhaltensgewohnheiten gelernt. Es werden vielmehr allgemeine *Regeln* (oder Prinzipien, die dem Modellverhalten zugrunde liegen) über situationsangemessenes Verhalten und die zu erwartenden Konsequenzen gebildet und mit Begriffen belegt (symbolisch repräsentiert).

Ein heranwachsendes Mädchen erkennt im Verhalten seiner Mutter, seiner Lehrerin, seiner Schwester und weiterer weiblicher Personen seiner Umgebung eine Reihe von Gemeinsamkeiten. Aufgrund der gemeinsamen Geschlechtszugehörigkeit der Modellpersonen lernt das Mädchen, diese als typisch für »weibliches Verhalten« anzusehen. Die Selbstwahrnehmung als weiblich führt zu einer Übernahme der beobachteten Verhaltensweisen in dem Maße, wie das Mädchen mit dem Geschlechtsrollenstereotyp übereinstimmen möchte. Bandura bezeichnet diesen Lernvorgang als abstrahierendes Modelllernen.

Die erkannten Gemeinsamkeiten können durch weitere Informationen stabilisiert oder verändert werden. Die Bewertung der weiblichen Geschlechtsrolle kann sich aufgrund von weiterem Durchdenken von Vor- und Nachteilen geschlechtsrollentypischen Verhaltens verändern. Das Verhalten ist also allein aufgrund solcher kognitiven Prozesse veränderbar. Diese Veränderungen aufgrund von kognitiven Prozessen werden als *verdecktes Lernen* (covert learning) bezeichnet. Präziser ausgedrückt findet bei dieser Art des Lernens eine mentale Manipulation von Situations-Verhaltens-Mustern unter Antizipation von Verhaltenskonsequenzen statt.

Das abstrahierende Modelllernen stellt eine weitere Form des Beobachtungslernens dar, die dadurch gekennzeichnet ist, dass es zu neuen, über das Modellverhalten hinausgehenden Verhaltensweisen bei der Beobachterperson kommt.

Voraussetzungen für abstrahierendes Modelllernen sind:
1. Erkennen wesentlicher Merkmale einer sozialen Situation
2. Abstrahieren der Gemeinsamkeiten in Form einer Regel
3. Anwendung der Regel in neuen Situationen.

## 4.6 Selbststeuerung

Gedankliche Strafen oder Belohnungen, die wir uns selbst auferlegen, hinterlassen dieselben Spuren wie direkte oder stellvertretende Verstärkungen und Bestrafungen. Wir können uns durch kognitive Prozesse und eine bewusste Gestaltung unserer Lebenswelt beeinflussen, d.h. wir können unser eigenes Verhalten steuern.

Bandura hat 1986 ein Modell der Selbststeuerung entwickelt, das aus drei Prozessen besteht: der Beobachtung, der Beurteilung anhand selbstgesetzter Normen und der Verstärkung des eigenen Verhaltens.

Am Beginn eines Selbststeuerungsprozesses steht die Beobachtung der eigenen Verhaltensausführung. Dies dient der Feststellung des Ist-Zustandes, von dem ausgehend eine Veränderung in Angriff genommen werden kann. Die Veränderung des Verhaltens kann hin-

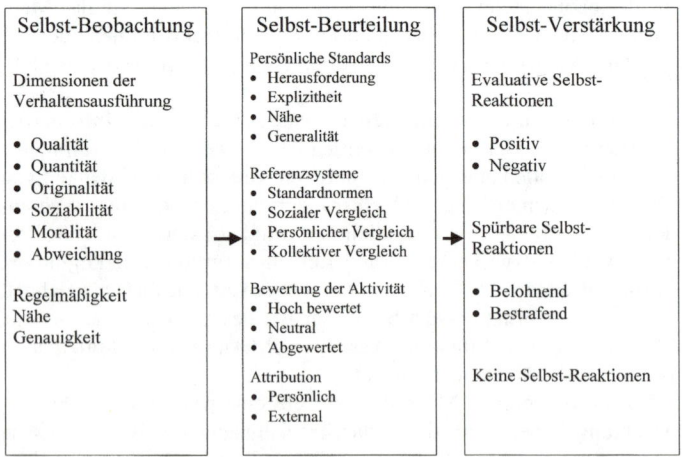

*Abb. 4.5:* Modell der Selbststeuerung von Bandura (1986)

sichtlich unterschiedlicher Merkmale angestrebt werden. Entsprechend wird man auf diese Merkmale seine Aufmerksamkeit richten. Die Beurteilung der Güte der Verhaltensausführung kann sich nach persönlichen Standards richten, sie kann aber auch stärker auf die soziale Umwelt, die Standards wichtiger Bezugsgruppen und -personen ausgerichtet sein. Schließlich ist die Selbststeuerung des Verhaltens dadurch gekennzeichnet, dass man selbst für die Austeilung von Konsequenzen verantwortlich ist. Dies sind in der Regel selbstfestgelegte Verhaltensfolgen.

Die Untersuchung von Selbststeuerungsprozessen stellt eine konsequente Weiterführung verhaltensorientierter Ansätze des Lernens dar. Die interne Steuerung des Verhaltens steht in engem Zusammenhang mit selbstbestimmtem Verhalten. Selbstbestimmtes Verhalten wird allerdings weit sparsamer erklärt als es ansonsten unter Rückgriff auf Konstrukte wie Autonomiebedürfnis, Selbstverantwortung oder Ich-Kontrolle möglich ist.

*Basisliteratur*

Bandura, A. (1979), Sozialkognitive Lerntheorie. Stuttgart: Klett-Cotta.
Schermer, F.F. (1998), Lernen und Gedächtnis (2. Aufl.). Stuttgart: Kohlhammer.

*Weiterführende Literatur*

Bandura, (1986), Social foundations of thought and action. Englewood Cliffs, NJ: Prentice-Hall.
Bandura, A. (1997), Self-efficacy. The exercise of control. New York: Freeman.

# 5 Erkennen

In diesem Kapitel soll es darum gehen, wie wir lernen, Objekte, Personen und Ereignisse – also Gegebenheiten unserer Umwelt – zu erkennen. Die intern ablaufenden Prozesse der Verarbeitung von Informationen aus der Umwelt sind entscheidende Zwischenschritte für solche Veränderungen von Verhalten, die auf Lernprozesse zurückgeführt werden können. Im Zentrum dieses Kapitels steht die Auseinandersetzung mit der Frage, wie wir Informationen aus unserer Umwelt aufnehmen und welche Verarbeitungsprozesse das Erkennen gewährleisten.

## 5.1 Wahrnehmen und Erkennen

Normalerweise vollzieht sich das Erkennen so schnell, dass man Wahrnehmen und Erkennen nicht voneinander trennen kann. Man hört oder sieht Personen, Dinge und Ereignisse sofort und unmittelbar als das, was sie sind. Man sieht nicht irgendeinen Gegenstand der Umwelt und überlegt, was es wohl sein könnte, sondern man sieht eine Blume, einen Baum, ein Auto oder seinen Freund. Erst wenn man sich z.B. getäuscht hat oder etwas Neuartiges vor sich hat, merkt man, dass Wahrnehmen und Erkennen auch zweierlei sein kann.

In dem Satz »Ach, ich hatte gedacht, es sei Unkraut« wird deutlich, dass wir in einem solchen Moment gewahr werden, dass Wahrnehmen und Erkennen trennbar sind. Außer den Sinnesempfindungen, die man mehr oder weniger bewusst erleben kann – also dem Sehen oder Riechen (der Blume) –, ist noch ein Vorgang an dem Geschehen beteiligt, den man sich bei Bedarf ebenfalls ins Bewusstsein rufen kann, der einem aber auch manchmal entgeht. Die eigenen Verhaltenstendenzen (z.B. Nicht-Pflücken für einen Blumenstrauß) sind oft schon daran ausgerichtet, dass man von dem Gegenstand, den man vor sich hat, nicht nur einen empfindungsmäßigen oder sinnlichen Eindruck – im Sinne von Reizeinwirkungen auf die Sinnesorgane –

hat, sondern bereits »weiß, was es ist«. Man hat die Pflanze bereits als »Unkraut« erkannt, ohne dass man diesen Zuordnungsvorgang selbst bemerkt hat. Dieser Schritt der Einordnung von Umweltgegebenheiten in Merkmalskategorien lässt sich ins Bewusstsein heben – er ist also bewusstseinsfähig. Aber auch ohne dass wir uns hierüber Rechenschaft ablegen, sind wir in der Lage, auf diesen Gegenstand in der Umwelt zu reagieren. Das Zuordnen von Merkmalen zu Umweltreizen und die Reaktionen auf die so zugeordneten Dinge sind also offensichtlich nicht davon abhängig, dass wir den Vorgang selbst bemerken. Der Vorgang ist also bewusstseinsunabhängig, und nicht immer bemerken wir, dass er stattgefunden hat. Er besteht darin, dass der Inhalt der sensorischen Empfindung einem Denkinhalt zugeordnet wird.

Wahrnehmen enthält also mehr als das »Haben« von Sinneseindrücken. In dem Moment der Wahrnehmung findet eine Verknüpfung von dem wahrgenommenen Eindruck mit einem Denkinhalt statt. Oft wird uns erst durch Störungen im Ablauf klar, dass das Wahrnehmen aus einem sensorischen Eindruck und einem kognitiven Vorgang besteht. Wie in dem Beispiel deutlich wird, findet der kognitive Vorgang nicht immer mit bewusster Teilnahme der Person an dem Geschehen statt. Dass die Person auf die Pflanze zunächst so reagiert hat, als sei es Unkraut, und z. B. gezögert hat, das vermeintliche Unkraut für die Vase abzupflücken, zeigt, dass Sehen (und auch Riechen und Fühlen) immer auch schon Erkennen bedeutet. Durch den Irrtum, der Anlass für ein bewusstes Nachdenken ist, wird man darauf aufmerksam, dass die Pflanze – wenn auch falsch – bereits »erkannt« worden war.

Die Beziehung zwischen diesen beiden Vorgängen beim Wahrnehmen – den Sinneseindrücken und dem kognitiven Geschehen – ist eines der Probleme der Kognitionswissenschaft. Der Begriff des Erkennens enthält, wie das Beispiel deutlich macht, entgegen dem Alltagssprachgebrauch beide Arten des Erkennens, das »bewusste« und das »unbewusste« Erkennen.


## Wahrnehmen als Erkennen von Bedeutung

Die Wahrnehmung wird heute in der Wahrnehmungspsychologie nicht mehr als Instrument zur Repräsentation der physischen Merkmale von Umgebungsbestandteilen verstanden, wie es in der Psychophysik üblich war, sondern als Instrument zum Erkennen von Bedeutung (Prinz, 1992). Seit Mitte des 20. Jahrhunderts, angeregt durch den sog. New Look (Bruner, 1957), treten verstärkt nicht-sinnliche Bedingungen auf Seiten des Beobachters, wie Erwartungen, Motive, Einstellungen und Eigenschaften neben Merkmalen der Wahrnehmungssituation in den Blick auch der allgemeinen Wahrnehmungsforschung. Die Human-Performance-Forschung der 50er Jahre hat bis dahin vornehmlich menschliche Wahrnehmungsprozesse und die Leistungsfähigkeit in den unterschiedlichen Wahrnehmungsbereichen mit Hilfe von einfachen Reaktions- und Gedächtnisaufgaben untersucht.

## Wahrnehmungszyklus

Die Wechselwirkung zwischen Reizinformation und Gedächtnisinformation ist dann auch zentraler Ausgangspunkt des Informationsverarbeitungsansatzes der Wahrnehmungs- und Gedächtnisforschung (Neisser, 1967), der seit den 60er Jahren die Wahrnehmungspsychologie dominiert.

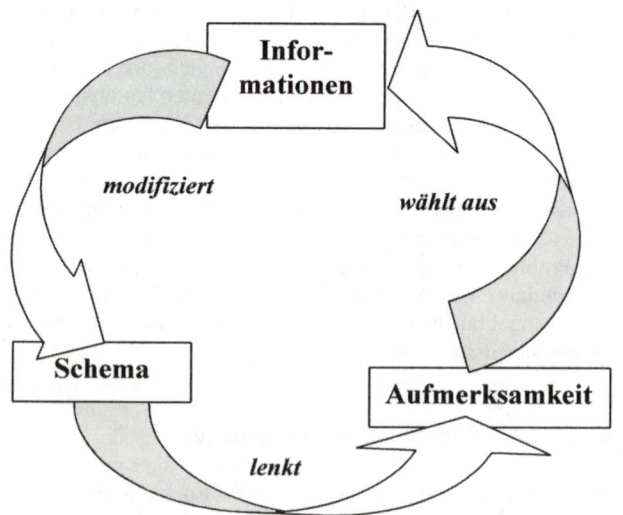

*Abb. 5:* Wahrnehmungszyklus nach Neisser

Der Wahrnehmungszyklus von Neisser verdeutlicht, dass wir nicht einfach Informationen aufnehmen. Wir entwickeln und verändern ständig Schemata, mit deren Hilfe wir Vorannahmen über die bevorstehenden Geschehnisse generieren. Diese Vorannahmen lenken die Suche nach bestimmten Informationen, die dann ins Zentrum unserer Aufmerksamkeit geraten. Dies führt dazu, dass eine bestimmte Auswahl der zur Verfügung stehenden Informationen der realen Welt aufgenommen werden. Insbesondere dann, wenn diese Informationen entgegen der durch das Schema aufgebauten Erwartung ausfallen, sind wir veranlasst, die Richtung unserer Aufmerksamkeit zu ändern, nach weiterer unterstützender oder widersprechender Information zu suchen und das Schema zu modifizieren oder unverändert beizubehalten.

Wahrnehmen und Erkennen einerseits und Erkennen und Verstehen andererseits voneinander zu trennen, ist daher heutzutage nicht mehr unproblematisch, da es falsche Modelle wachruft. Das Kapitel über Erkennen umfasst Wahrnehmung und Aufmerksamkeit – also Prozesse, die dann am Beginn der kognitiven Verarbeitung stehen, wenn man davon ausgeht, dass man es mit Personen oder Organismen zu tun hat, die völlig ohne Vorerfahrungen und ohne jeglichen Anflug von inneren Strukturen sind, also nach Art einer »tabula rasa«. Das ist in Wirklichkeit nie der Fall, die einzelne und aufeinander folgende Behandlung von Wahrnehmung, Aufmerksamkeit, Erkennen und Verstehen erfolgt also lediglich aus Darstellungsgründen. Erkennen beginnt damit, dass wir Objekte, Personen und Ereignisse nicht nur mit den Sinnesorganen wahrnehmen, sondern auch mit dem Verstand »begreifen«. Gegenstände und Zustände der Umwelt, die wir mit Hilfe unserer Sinnesorgane wahrnehmen, können wir nur dadurch erkennen, dass wir sie von anderen Gegenständen und Zuständen unterscheiden. Wahrnehmungsinhalte werden, bewusst oder ohne dass wir es merken, unterscheidbaren Gegenständen und Zuständen in der Umwelt zugeordnet. Dieser Vorgang ist bereits vom sinnlichen Wahrnehmen nicht zu trennen, sondern konstituiert das Wahrnehmen sogar, und damit ist auch bereits der erste Schritt des Verstehens getan.

Dennoch sollen in diesem Kapitel zunächst die wahrnehmungs- und aufmerksamkeitspsychologischen Grundlagen des Erkennens dargestellt werden, bevor im nächsten Kapitel die Speicherung der Wahrnehmungsergebnisse und dann erst im übernächsten Kapitel unter dem Sammelbegriff »Verstehen« die weitergehende kognitive Verarbeitung von Wahrnehmungsinhalten behandelt wird.

## 5.2  Wahrnehmung

### Historische Grundlagen der kognitiven Psychologie

Das Interesse an Fragen des menschlichen Erkennens lässt sich bis zu
den Griechen zurückverfolgen. Bei den philosophischen Betrachtungen über Wesen und Ursprung des Wissens spielte Jahrhunderte lang
die Auseinandersetzung zwischen Empirismus und Nativismus eine
wichtige Rolle. Vereinfacht gesagt wird im Empirismus davon ausgegangen, dass alles Wissen aus Erfahrung stammt, und im Nativismus,
dass man bereits mit angeborenem Wissen auf die Welt kommt. Die
Auseinandersetzung zwischen diesen beiden Positionen verschärfte
sich im 17., 18. und 19. Jahrhundert. Britische Philosophen wie Ge-
orge Berkeley (1685–1753), John Locke (1632–1704), David Hume
(1711–1776) und John Stuart Mill (1806–1873) vertraten die empi-
ristische Position, während die Kontinentaleuropäer René Descartes
(1596–1650) und Immanuel Kant (1724–1804) dem Nativismus zu-
geneigt waren. Die philosophischen Auseinandersetzungen zogen
sich lange hin, während sich in den Naturwissenschaften entscheidende Entwicklungen vollzogen.

Auch das menschliche Denken mit naturwissenschaftlichen Methoden zu untersuchen, war erst zu Ende des 19. Jahrhunderts möglich. Anderson (1995) vermutet, dass das weniger an technischen
oder begrifflichen Problemen gelegen habe. Viele Experimente der
heutigen kognitiven Psychologie hätte man bereits zu Zeiten des grie-
chischen Altertums durchführen können. Die Entwicklung der Psychologie als eine empirische Wissenschaft ist durch, wie er es nennt,
»egozentrische, mystische und teilweise verworrene« (Anderson,
1995, S. 6) Auffassungen vom Menschen behindert worden. Vor
dem 19. Jahrhundert schien es undenkbar, die Funktionsweise des
menschlichen Verstandes einer wissenschaftlichen Analyse zu unter-
ziehen. Die Geschichte der Kognitionspsychologie ist daher erst
knapp 100 Jahre alt, und die Entwicklung dieser Wissenschaft ist in
ihren Anfängen nochmals erheblich dadurch verlangsamt worden,
dass es zunächst für eine wissenschaftliche – und das war gleichbedeutend mit einer naturwissenschaftlichen – Untersuchung ungeheu-
erlich erschien, dass der Gegenstand der Untersuchung sich in gewisser Weise selbst untersucht. Dass der Mensch in der Lage ist, über
sein Denken nachzudenken, ist eine geradezu den Menschen charak-

terisierende Tatsache und schon immer einer der Hauptgegenstände philosophischer Betrachtungen gewesen. Wie aber kann das Denken einer naturwissenschaftlichen Analyse unterzogen werden, wenn doch Subjekt und Objekt der Analyse identisch sind?

*Psychologie als experimentelle Analyse von Bewusstseinserscheinungen*

Angeblich war es Herbart, der mit seiner Veröffentlichung von 1824 über die Idee, eine »wissenschaftliche Psychologie« auf der Grundlage von »Erfahrung, Metaphysik und Mathematik« neu zu gründen, Wilhelm Wundt davon überzeugte, Psychologie als Wissenschaft zu betreiben (vgl. Thomae & Feger, 1969). Das wichtigste theoretische und methodische Fundament für die Grundzüge einer Psychologie, die zur Jahrhundertwende von Wilhelm Wundt festgelegt wurden, lieferte der Physiker und spätere Philosoph Fechner mit seiner Arbeit über »eine exakte Lehre von der Beziehung zwischen Leib und Seele«, die er »Elemente der Psychophysik« (1860) betitelte. Fechner ging davon aus, dass Exaktheit die Anwendung von Messmethoden voraussetzt. Messen lassen sich aber nur physische Größen. Physische Größen in Form von physikalischen Reizen haben Auswirkungen auf den Menschen in Form von Empfindungen. Die naheliegendsten Fragen waren also, zunächst festzustellen, wie groß ein physikalischer Reiz sein muss, um eine Empfindung hervorzurufen. Auf diese Weise gelangt man zu Gesetzmäßigkeiten des Zusammenhangs von physischen Größen und Empfindungen als Bewusstseinsinhalte oder seelische Vorgänge.

Der Vergleich von Empfindungs- bzw. Wahrnehmungsinhalten und physikalischen Größen wurde von Wundt in systematischer Weise ausgebaut. Ausgangspunkt für Wilhelm Wundt war der damalige Stand der Physiologie, die sich überwiegend mit der Sinnesphysiologie befasste. Die Untersuchung der Frage danach, was den physischen Vorgängen auf der Seite des subjektiven Erlebens entspricht, war also der Beginn einer naturwissenschaftlichen Annäherung an das Problem »Was ist Bewusstsein?« Wilhelm Wundt veröffentlichte 1874 das Buch »Grundzüge der physiologischen Psychologie«, in dem er zunächst als Grundlage für die »Erscheinungen des Seelenlebens« eine »Psychologie der Sinneswahrnehmung« darlegt (Wundt, 1920, S. 194, zit. n. Thomae & Feger, 1969, S. 7), und gründete 1879 in Leipzig das erste psychologische Institut.

Der nächste Schritt war, die Struktur der inneren Ereignisse genauer zu beschreiben bzw. messbar zu machen. Es wurde zunächst eine Taxonomie menschlichen Erlebens erstellt. Die Empfindung galt als ein Grundelement des Psychischen. Die Wahrnehmung setzt sich aus Empfindungen zusammen. Jede Empfindung lässt sich hinsichtlich ihrer Modalität (Gesichts-, Gehörs-, Geruchs-, Tast-, Temperatur-, Schmerz-, Bewegungs-, Gleichgewichtsempfindung) und mit Hilfe von bestimmten Merkmalen genauer beschreiben. Als Merkmale galten z. B. die Intensität, die Lebhaftigkeit, die Dauer, die Klarheit und die räumliche Lokalisation.

Es gab sehr bald eine Reihe unterschiedlicher Schulen mit unterschiedlichen theoretischen Schwerpunkten. Gemeinsam war allen die experimentelle Methode und die Methode der Introspektion.

Unter *Introspektion* versteht man die subjektive Einschätzung des psychischen Geschehens. Man ging davon aus, dass im eigenen Erleben das Wesen des Erlebens erkennbar sei. Die Vertreter der Introspektion waren darin geübt, den Kern ihres psychischen Erlebens zu schildern und sich weitgehend von den äußeren Reizen zu lösen. Das Bewusstsein in Form des (meist eigenen) psychischen Erlebens war also der Hauptgegenstand ihrer Untersuchungen, die sie mit Hilfe einer sehr subjektiven Methode durchführten.

Wundt war der Auffassung, dass die Psychologie noch viel stärker als andere Naturwissenschaften auf das Experiment als Methode angewiesen war. Der Grund dafür, dass eine andere als die experimentelle Zugangsweise methodisch sehr viel unzulänglicher ist, lag für Wundt im Prozesscharakter der Bewusstseinsinhalte. Da Bewusstseinsinhalte niemals konstante Objekte, sondern immer Vorgänge (Bewusstseinsstrom) sind, so dass einzelne Zustände sich als nur vorübergehend (»flüchtig«) herausstellen (wie z. B. die unterschiedlichen Wahrnehmungszustände bei Kippfiguren), müssen experimentelle Bedingungen geschaffen werden, um die Bewusstseinsinhalte in einem bestimmten Zustand festzuhalten und dann untersuchen zu können. Andere Naturphänomene lassen sich im Gegensatz dazu auch einfach während des Geschehens beobachten.

Man kann also festhalten, dass die Anfänge der Psychologie dadurch gekennzeichnet sind, dass sie in recht einseitiger Weise durch die Wahrnehmungslehre dominiert war und den Menschen zunächst als erkennendes Wesen betrachtete.

## Gestaltpsychologische Einflüsse

Eine weitere, für die Wahrnehmungs- und Kognitionsforschung
wichtige historische Entwicklung war die gestaltpsychologische Strö-
mung innerhalb der europäischen Psychologie. In den 30er Jahren
des 20. Jahrhunderts entwickelte sie sich als Gegenströmung zum Behaviorismus. Psychologen wie Wolfgang Köhler und Max Werthei-
mer waren unzufrieden mit der Vernachlässigung von ihrer Meinung
nach ganz entscheidenden Wesensmerkmalen des Menschen, nämlich
seiner Fähigkeit zur Selbstbestimmung und zum intentionalen Verhalten. Sie unterstellten dem Behaviorismus, dass der Mensch als
passives Wesen aufgefasst werde, das lediglich zu einzelnen Reaktionen auf vorgegebene Reize fähig sei. Sie vermissten die Untersuchung des Menschen als aktives, selbstbestimmtes und geistig pro-
duktives Wesen.

Schließlich kritisierten sie das elementaristische Vorgehen bei der
Untersuchung menschlichen Verhaltens (einzelner Reiz) und plädier-
ten für eine ganzheitliche Sichtweise (Gestalt). Es wurde die Auffassung vertreten, dass kognitive Abläufe im Bereich der Wahrnehmung,
des Lernens, des Gedächtnisses und Denkens »mehr«, gemeint war
allerdings »anders«, sind als die Summe ihrer Teile (Elemente), aus
denen sie sich zusammensetzen. An ganzheitlichen Wahrnehmungs-
eindrücken, wie z.B. bei der unten abgebildeten Figur, ließ sich das
am besten veranschaulichen.

Es entstehen »subjektive Konturen« durch mehrere symmetrisch
angeordnete unvollständige Scheiben. Das helle Viereck ist in Wirk-

*Abb. 5.2:* Figur zur subjektiven Konturenbildung

lichkeit nicht vorhanden. Es entsteht wahrnehmungsmäßig ein Eindruck, der anders ist, als man ihn durch Zusammensetzung der ihn
konstituierenden Einzelteile herstellen könnte. Dieser Eindruck lässt
sich also nicht daraus gewinnen, dass man Einzeleindrücke zusam-
menfasst, sondern nur dadurch, dass man die Gesamtanordnung
wahrnimmt.

Zwischen 1920 und 1950 war die Psychologie durch die Auseinandersetzung zwischen Behaviorismus und Gestaltpsychologie gekennzeichnet. Fortschritte der Denkpsychologie blieben daher auf der
Strecke. Entscheidenden Anstoß erhielt die Psychologie durch die
Entwicklung der Nachrichtentechnik und die zugehörige mathemati-
sche Theorie in Form der Informationstheorie (Shannon & Weaver,
1949) und die Wiederentdeckung der Kognition in den 60er Jahren
(Neisser, 1967 »Grundlegung einer Psychologie der kognitiven Prozesse«).

**Kognition**
Sammelname für alle Vorgänge oder Strukturen, die mit dem Ge-
wahrwerden und Erkennen zusammenhängen, wie Wahrnehmung,
Erinnerung (Wiedererkennen), Vorstellung, Begriff, Gedanke,
aber auch Vermutung, Erwartung, Plan und Problemlösen. Dabei
wird der Vorgang des Kognizierens und das Ergebnis dieses Prozesses gleichermaßen mit dem Begriff »Kognition« bezeichnet.

## Psychophysik und kognitive Wahrnehmungsforschung

Die neueren Ansätze der heutigen kognitiven Wahrnehmungsfor-
schung (Prinz, 1983) stellen die Abhängigkeit des Wahrnehmungsin-
halts von den jeweils verfügbaren Gedächtnisinhalten in den Mit-
telpunkt. Diese Gedächtnisinhalte sind Spuren vorausgegangener
Lernprozesse, die in unserem Wissensgedächtnis niedergelegt sind.
Damit haben die untersuchten Gedächtnisinhalte in der neueren
Wahrnehmungspsychologie einen deutlich anderen Ursprung, als zu
Zeiten der Psychophysik angenommen wurde.

Wie die Bezeichnung Psychophysik bereits deutlich macht, wurden
in der psychophysischen Wahrnehmungsforschung solche Aspekte
der Wahrnehmungsinhalte untersucht, die direkt oder indirekt auf
physische Grundlagen, d.h. auf Eigenschaften der Reizinformation

zurückgeführt werden können. Im Falle visueller Wahrnehmung geht es also zum Beispiel um die Form, die Oberflächenstruktur, die Raumlage und ähnliche äußerliche Merkmale von Gegenständen und deren subjektive Repräsentation (vgl. zu den historischen Ansätzen der Psychophysik Prinz, 1983). Es geht also um die psychische Repräsentation der physischen Reizstruktur. Wie durch Kippfiguren und optische Täuschungen schnell klar wird, ist unsere Wahrnehmung nicht immer eindeutig oder führt zu Eindrücken, die »objektiv« falsch sind. Die Länge der unten abgebildeten Linien wird in der Regel unterschiedlich eingeschätzt.

*Abb. 5.3:* Längentäuschung

Wahrnehmung ist aber auch in dem Sinn kein reiner Abbildungsprozess, sondern eine aktive »Leistung« unseres Wahrnehmungssystems, als sie uns Konstanz der Umwelt vorgaukelt, auch wenn diese physikalisch nicht vorhanden ist. Man denke nur an eine rote Rose, die man auch tief in der Nacht noch als rote Rose erkennt, obwohl sich die physikalische Realität des Reizes »rote Rose« mit den äußeren Lichtverhältnissen dramatisch verändert hat. Der Inhalt der Wahrnehmung ist also längst nicht identisch mit dem, was ist, und wir sehen es auch nicht so, wie es ist. Es gibt also objektive (physische) Gegenstände und subjektive (psychische) Gegebenheiten.

Mit dieser Unterscheidung gibt es dann auch die Notwendigkeit, nach der Beziehung zwischen diesen beiden Sachverhalten zu fragen und die Prozesse zu untersuchen, die diese Beziehung vermitteln. Wie sieht die Zuordnungsbeziehung aus? Wie funktionieren Wahrnehmungsprozesse und was leisten sie? Um diese Beziehungen zu klären und allgemeine Gesetzmäßigkeiten zu finden, war es für die Psychophysik ein ganz wesentliches Prinzip, die Bedeutung der Reizgegenstände nach Möglichkeit auszuschalten. Um es noch einmal zu formulieren: In der Psychophysik ging es um die Dinge, so wie sie erscheinen, und nicht um die Dinge, so wie sie sind.

Wenn man berücksichtigt, dass Dinge nicht nur so aussehen, wie sie aussehen, sondern zugleich auch immer das sind, was sie sind, geht man einen entscheidenden Schritt weiter auf dem Wege der psychologischen Analyse von Erkennensprozessen. Man bezieht mit ein,

dass die Dinge auch immer eine bestimmte Bedeutung haben. Diese
Bedeutung ergibt sich nicht als Ergebnis der Abbildung von Reizeigenschaften. Man kann einen Gegenstand in seiner Form, Farbe, Größe und Raumlage beschreiben, ohne ihn als das zu erkennen, was er
ist. Wir behelfen uns dann in der Regel damit, dass wir ihn als »ähnlich« mit beispielsweise einer Zigarettenschachtel oder einer Kaffeetasse beschreiben.

Unter normalen Umständen ist die Bedeutung eines Gegenstandes
untrennbarer Bestandteil des unmittelbaren Wahrnehmungsein-
drucks. Die Bedeutungseigenschaften des Gegenstands können für
den Wahrnehmungseindruck sogar eine gewichtigere Rolle spielen
als die Struktureigenschaften wie Farbe, Form, Oberflächenstruktur
oder Raumlage. Wenn wir eine Kaffeetasse vor uns haben, sehen wir
nicht zunächst einen Gegenstand aus Porzellan, der eine bestimmte
Form und Größe hat und ordnen ihn dann in die Kategorie der Tassen
ein, sondern wir nehmen ihn unmittelbar als Tasse wahr. Für den
Gesamteindruck ist es wahrscheinlich wichtiger, wenn sie beispielsweise keinen Henkel mehr hat, als dass sie einen bestimmten Durch-
messer, eine angemessene Höhe und ein flüssigkeitsundurchlässiges
Material aufweist.

Während sich Struktureigenschaften aus Reizeigenschaften ableiten lassen und zu diesen in einer bestimmten Beziehung stehen, sind
Bedeutungseigenschaften nicht an die Reizeigenschaften gebunden,
sondern gehen auf die in vorausgehenden Lernprozessen erworbenen
Gedächtnisinhalte der wahrnehmenden Person zurück. Ich kann den
Gegenstand nur dann als Tasse erkennen, wenn ich gelernt habe, welche wichtigen Merkmale Gegenstände haben müssen, um zu der Kategorie »Tasse« zu gehören. Wenn ich den Umgang mit Tassen gelernt habe, weiß ich, wozu sie gut sind, wie sie bezeichnet werden
und wie sie aussehen. Man nutzt das Wissen über die Verbindung
zwischen der Struktur des Gegenstandes, dass der Gegenstand bestimmte Merkmale (rundes Gefäß, wasserundurchlässiges Material,
Henkel zum Anfassen) hat, und der Bedeutung (Tasse), um Gegenstände zu erkennen (Gegenstand mit der charakteristischen Merk-
malskonfiguration ist Tasse). Das Wissen über das Aussehen von Tassen kann aber auch verwendet werden, um Vorstellungen zu
entwickeln. Man kann dann diese Vorstellungen zum Beispiel verwenden, um über Tassen nachzudenken oder sich an Tassen zu erinnern, wenn man in einer fremden Wohnung zum Beispiel keinen Be-
cher zum Zähneputzen findet.

Welche Bedeutungseigenschaften im Wahrnehmungsprozess zugänglich sind, hängt also davon ab, welche Lerngeschichte der Wahrnehmende hinter sich hat und welche Spuren diese Lerngeschichte hinterlassen hat. Die jeweils vorhandene Reizinformation ist nur eine der beiden wesentlichen Informationsgrundlagen des Wahrnehmungsprozesses. Daneben geht dauerhaft gespeicherte Information aus dem Wissensgedächtnis des Wahrnehmenden als zweite Grundlage in das Wahrnehmungsgeschehen ein.

Mit der Bezeichnung »kognitive« Wahrnehmungsforschung für die neueren Ansätze soll auf die Einbeziehung dieser im Wissensgedächtnis gespeicherten Informationen – eben kognitiver Anteile – als weitere wichtige Grundlage von Wahrnehmungsprozessen hingewiesen werden. Damit wird die Funktion von Wahrnehmung gleichzeitig erweitert, sie wird zusätzlich als Instrument zum Erkennen von Bedeutung verstanden und nicht nur als Instrument zur Repräsentation von Umgebungsbestandteilen anhand ihrer physischen Merkmale. Die von Neisser (1967) propagierte Auffassung, dass der Wahrnehmungsprozess nicht die eine oder andere Funktion hat, sondern ganz

*Tab. 5.1:* Psychophysik und Wahrnehmungspsychologie

|  | Psychophysik | Kognitive Wahrnehmungspsychologie |
|---|---|---|
| **Historische Einordnung** | seit Beginn der Psychologie (1879) | seit den 50er Jahren des 20. Jahrhunderts |
| Gegenstand | zunächst: Reizeigenschaften → Empfindungen heute: Reize + Reizumgebung → Empfindung | »höhere« Wahrnehmungsleistungen: Erkennen von Objekten (Identifikation und Klassifikation) |
| **Unabhängige Variable** | physikalische Reizmerkmale | Bedeutung von Wahrnehmungsobjekten |
| **Untersuchte Wirkrichtung** | bottom up von Peripherie zum Zentrum | Wechselwirkung von bottom up und top-down |
| **Art der Informationsverarbeitung** | frühe, schnell ablaufende Prozesse ohne willentliche Steuerung (prä-attentive Prozesse) | durch Absichten und Erfahrungen beeinflusste Prozesse (attentive Prozesse) |

wesentlich dadurch gekennzeichnet ist, dass Reizinformation und
Gedächtnisinformation in ständiger Wechselwirkung miteinander stehen, ist damit Grundlage der heutigen Wahrnehmungsforschung geworden.

Allerdings ist die Frage noch offen, ob die psychophysische Repräsentation und die kognitive Interaktion als parallele Prozesse aufzufassen sind oder ob die Interaktionsprozesse nur stattfinden können,
wenn das fertige psychophysische Produkt vorliegt. Darüber gibt es
zumindest noch keine umfassende Theorie (Prinz, 1992).

In der Tabelle 5.1 sind die wichtigsten Unterschiede noch einmal
wiedergegeben.

## Erklärungsansätze für kognitive Leistungen

Grundsätzlich lassen sich die Mechanismen, wie kognitive Leistungen zustande kommen, nicht direkt beobachten, sondern nur indirekt
erschließen. Direkt zu beobachten sind die Reize und die Reaktionen.
Aus den Beziehungen zwischen Reizen und Reaktionen kann auf Zusammenhänge geschlossen werden. Zur Erklärung der Zusammenhänge werden Mechanismen angenommen, die zwischen Reizen und
Reaktionen vermitteln. Diese Mechanismen und ihre Funktionsweise
sowie ihre spezifischen Merkmale können also immer nur indirekt erschlossen werden.

Welche Vermittlungsmechanismen kommen in Betracht? In welcher Sprache oder Metaphorik lassen sich die Mechanismen beschreiben und welche Erklärungsmöglichkeiten bieten sich dadurch
an? Die Erklärungen des Zustandekommens von kognitiven Leistungen lassen sich (nach Prinz, 1996) drei unterschiedlichen Ansätzen
zuordnen.

### 1. Erklärungen durch Bewusstseinsprozesse

Bei diesen Ansätzen wird davon ausgegangen, dass die vermittelnden
Mechanismen, die zur Erklärung von kognitiven Leistungen herangezogen werden, im Bewusstsein zu finden sind oder zumindest bewusstseinsfähig sind. Vor allem in den frühen Tagen der Psychologie
galten Konstrukte wie Empfindungen, innerliches Memorieren, Sich-
Erinnert-Fühlen als Bewusstseinserscheinungen und damit als die eigentlichen psychologischen Erklärungen (vgl. dazu weiter oben die
Ausführungen zur Bewusstseinspsychologie).

Die Schwäche dieser Ansätze aus heutiger Sicht ist, dass es viele kognitive Leistungen gibt, die ohne erkennbare Beteiligung von Bewusstseinsprozessen zustande kommen. Man kann nicht immer Auskunft darüber geben, wieso man eine Person wiedererkannt hat oder warum man einen Buchstaben benennen kann. Einfache bzw. gut geübte kognitive Leistungen zeichnen sich dadurch aus, dass sie der Aktualisierung im Bewusstsein immer weniger bedürfen.

## 2. Erklärungen durch physiologische Prozesse

Lange galt der Rückgriff auf hypothetische Gehirnfunktionen als die einzige Alternative zur Erklärung durch Bewusstseinsprozesse. Die Kenntnisse über die Arbeitsweise des Gehirns galten jedoch als unzulänglich im Hinblick auf psychische Funktionen, so dass ihr Erklärungswert als gering empfunden wurde. Viele physiologische Prozesse sind selbst noch klärungs- bzw. erklärungsbedürftig.

## 3. Erklärungen durch Prozesse dritter Art

Die nüchterne und eher deskriptive Zugangsweise der Informationsverarbeitung wurde als Ausweg in den 60er Jahren aufgegriffen. Die Sprache erschien angemessen und die postulierten Mechanismen erschienen als neutral genug, um sie weder als allzu biologistisch oder psychologistisch deklarieren zu können.

Der »verborgene« Mechanismus, der kognitive Leistungen hervorbringt, wird als ein informationsverarbeitendes System verstanden, das nach bestimmten vorgegebenen Regeln funktioniert. Die Regeln sind teilweise durch die Grundausstattung des Systems festgelegt (ähnlich dem Betriebssystem eines Computers), teilweise funktioniert das System nach den durch die jeweilige Aufgabe festgelegten Instruktionen (vergleichbar mit der Arbeitsweise eines jeweils aktivierten Programms beim Computer). Daraus ergab sich ein nicht unerheblicher Vorteil für die interdisziplinäre Zusammenarbeit von Neurobiologen und Psychologen.

## Modell der Informationsverarbeitung

Gegenstand der Informationstheorie war die Übermittlung von Informationen von einem Sender zu einem Empfänger. Als Grundmodell der Informationstheorie gilt daher das Kanalmodell der Nachrichtentechnik.

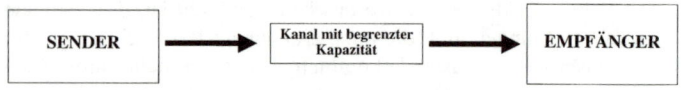

*Abb. 5.4:* Kanalmodell aus der Nachrichtentechnik

Die Metapher eines Übertragungskanals mit begrenzter Kapazität wurde für die Modellbildung zu Wahrnehmungs- und Gedächtnisfragen aufgegriffen (vgl. z.B. die »Filtertheorie« von Broadbent, 1958).

Die Entwicklung der elektronischen Datenverarbeitung in den fünfziger Jahren wirkte sich auf eine Ausdifferenzierung der Modellbildung in der psychologischen Kognitionsforschung aus.

Ein Computer ist ein System, das Informationen in Form von Symbolen aufnimmt und weiterverarbeitet. Informationen werden

- *kodiert:* Zahlen oder Buchstaben werden nach einem binären Code umgewandelt, d.h. jede Ziffer und jeder Buchstabe wird durch eine achtstellige Abfolge der Symbole O und 1 repräsentiert;
- *verarbeitet:* mit Hilfe von Programmen können Berechnungen durchgeführt werden oder Texte bearbeitet werden;
- *gespeichert:* eingegebene Daten können in Dateien angelegt werden, die dann auf der Festplatte des Computers selbst oder externen Speichern abgelegt werden;
- *ausgegeben:* Daten können als Grafik oder Säulendiagramme dargestellt werden. Texte können in unterschiedlichen Varianten ausgedruckt werden.

Das Sternberg-Paradigma gilt als Prototyp der experimentellen Anordnung bei psychologischen Versuchen zum Informationsverarbeitungsansatz. Ziel dieser Versuche war es, die Struktur und die Mechanismen des Zustandekommens von kognitiven Leistungen aufzuklären.

Die typische Versuchssituation bei Experimenten zum Informationsverarbeitungsansatz (IVA) sah folgendermaßen aus. Der Versuchsperson wurde eine (je nach Versuchsbedingung unterschiedliche) Anzahl von Ziffern vorgelegt, die sie sich merken soll, beispielsweise »3, 9, 6«. Dann werden einzelne Ziffern gezeigt und es wird gefragt, ob die Ziffer zu der Menge der vorher gezeigten Ziffern gehört. Die Versuchsperson soll so schnell wie möglich antworten. Die unabhängige Variable bei diesen Experimenten war die Anzahl der anfänglich vorgegebenen Ziffern. Die abhängige Variable war die Reaktionsgeschwindigkeit.

Als Ergebnis bei dieser Art von Experimenten wurde gefunden, dass es eine annähernd lineare Beziehung zwischen dem Umfang der anfänglichen Zahlenmenge und den Reaktionszeiten gibt.

Das gefundene Ergebnis, dass die Reaktionszeit mit der Anzahl der anfänglichen Ziffern linear wächst, wurde folgendermaßen erklärt: Der Reiz muss kodiert werden, dann muss er mit jedem Element der zu behaltenden Zahlenmenge verglichen werden; jeder Vergleich dauert 38 Millisekunden. Die Anzahl der Vergleiche ist also umso höher, je mehr Ziffern anfänglich vorgegeben wurden. Die Zeit, die die Person braucht, um zu einem Urteil zu kommen und das Urteil zu äußern, ist für alle Versuchsbedingungen gleich, d.h. unabhängig von der anfänglichen Ziffernmenge.

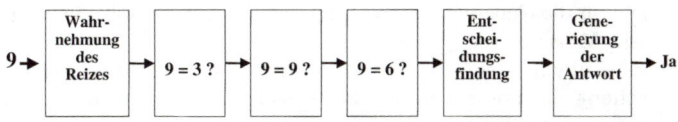

*Abb. 5.5:* Abfolge der Schritte der Informationsverarbeitung nach Sternberg (1966)

Die Abbildung zeigt, wie die Informationsverarbeitung erfolgt, wenn die Versuchsperson sich die Ziffern »3«, »9« und »6« merken sollte und die Ziffer »9« daraufhin überprüfen soll, ob sie zu der ursprünglichen Menge von Ziffern gehört. Die Ergebnisse von Sternberg (1966) unterstützen übrigens den abgebildeten Verlauf der Informationsverarbeitung. Die Versuchspersonen durchmustern die gespeicherten Ziffern »erschöpfend«, d.h. sie beenden den Prozess nicht bereits dann, wenn es eine Übereinstimmung gibt, sondern vergleichen alle gespeicherten Ziffern mit der vorgelegten Ziffer. Das lässt sich dadurch nachweisen, dass die Beziehung zwischen Menge der Anfangsziffern und Reaktionszeit mit der hier gefunden Beziehung vollständig identisch ist, wenn die Versuchspersonen entscheiden sollen, ob die vorgelegte Ziffer <u>nicht</u> zu der Anfangsmenge gehört.

Solche Untersuchungsergebnisse gaben zu der allgemeineren Vermutung Anlass, dass äußere Bedingungen, wie z.B. die Qualität der Reizvorlage, lediglich die erste Stufe der Informationsverarbeitung, nämlich diejenige der Reizwahrnehmung, beeinflussen. Alle anderen Prozesse der Informationsverarbeitung und Urteilsabgabe sind dagegen konstant.

Kennzeichnend für die Analyse kognitiver Prozesse nach dem Modell der Informationsverarbeitung sind die folgenden Merkmale:

1. Die Informationsverarbeitung wird ohne Bezug zu physiologischen Prozessen im Gehirn konzeptualisiert. Mögliche neuronale Repräsentationen dieser Symbole finden keine Beachtung.
2. Die Konzeptualisierung ist symbolisch. Dem System wird beispielsweise zugeschrieben, das Symbol »3« mit dem Symbol »9« zu vergleichen. Die Informationsverarbeitung erfolgt also in abstrakter Form.
3. Zur Rechtfertigung der Theorie wird auf die Analogie zum Computer hingewiesen. Informationsverarbeitung wird verstanden als Durchlaufen eines Kalkulationsprogramms wie beim Rechner.
4. Die für die Generierung des Urteils erforderliche Zeit ist die kritische Variable.
5. Es wird unterstellt, dass die Modellierung der Informationsverarbeitung in Form von unterscheidbaren einzelnen (diskreten) Schritten den Prozess angemessen modelliert.
6. Die Darstellung des Prozesses in Form eines aus der Informatik entlehnten Flussdiagramms stellt ein beliebtes Mittel dar.

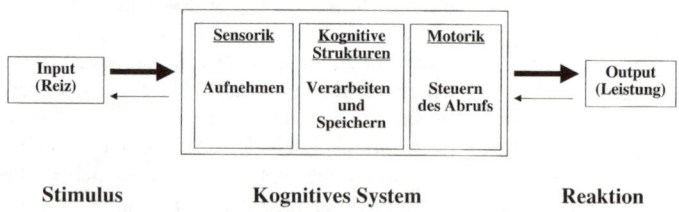

*Abb. 5.6:*  Modell der menschlichen Informationsverarbeitung

## Informationsverarbeitungs-Modelle der visuellen Wahrnehmung

Das Aufnehmen von Informationen aus der Umgebung wird auch als sensorische oder apperzeptive Phase bezeichnet. In dieser Phase werden Formen und Objekte aus der visuellen Szenerie extrahiert. Die Kodierung von Informationen erfolgt in den Zellen des visuellen Systems. Man weiß recht viel über die neuronalen Prozesse, die der visuellen Informationsverarbeitung in dieser frühen Phase zugrunde liegen. Die Lichtenergie wird durch einen photochemischen Prozess in neuronale Aktivität umgewandelt. Die Information wird über verschiedene neuronale Bahnen zur Sehrinde – einem bestimmten Bereich auf der Großhirnrinde – weitergeleitet (vgl. dazu gängige Physiologie-Lehrbücher). In den Nervenzellen des visuellen Bereichs der Großhirnrinde findet man Zellen, die durch ihr spezifisches Zusammenwirken auf Hell/Dunkel-Kanten reagieren. Durch diese auch physiologisch gut erforschten Prozesse findet eine erste Segmentierung des Umweltbereichs statt. Man spricht zu diesem frühen Zeitpunkt auch von objektzentrierter Wahrnehmung.

Die dann folgenden Prozesse beinhalten das Erkennen von Formen und Objekten. Hier geht es um die Wahrnehmung im eigentlichen Sinne, d.h. die Prozesse, die dazu führen, dass wir eine Wahrnehmungserfahrung machen – also beispielsweise einen Buchstaben als Buchstaben erkennen. Die Frage, die es mit den im Folgenden (nach Anderson, 1995) dargestellten Modellen zu beantworten galt, war: Wie werden visuelle Informationen so verarbeitet, dass ein zusammenhängendes Muster erkannt wird, so dass die Identifizierung eines Objektes als Buchstabe möglich ist?

### Schablonenabgleich

Die Wahrnehmungstheorie des Schablonenabgleichs ist ein zunächst naheliegendes Modell der Mustererkennung. Sie beruht auf der Annahme, dass ein getreues Netzhautbild des Objekts an das Gehirn übermittelt wird und dann das Bild mit bereits gespeicherten Mustern verglichen wird. Diese Muster werden hier als Schablonen bezeichnet. Bei einem Buchstaben würde das Wahrnehmungssystem also einen Vergleich mit einer Buchstaben-Schablone durchführen und diejenige auswählen, die mit dem vorliegenden Muster die beste Übereinstimmung zeigt. Beim Schablonenabgleich wird also die exakte Übereinstimmung zwischen einem Muster und einer Reizvorlage bestimmt.

Die einfache Tatsache, dass wir in der Lage sind, Buchstaben auch dann noch zu erkennen, wenn sie auf dem Kopf stehen, in anderen Schrifttypen oder auch nur unvollständig vorliegen, macht schnell klar, dass die Annahme von relativ starren Schablonen als Erklärungsmodell zu unflexibel ist.

*Merkmalsanalyse*

Nach dem Modell der Merkmalsanalyse wird ein Muster dadurch erkannt, dass man die einzelnen Merkmale hinsichtlich der Übereinstimmung mit der Reizvorlage überprüft. Jeder Reiz besteht aus einer Kombination elementarer Merkmale und Regeln der Verknüpfung dieser Merkmale. Die Buchstaben des Alphabets bestehen beispielsweise aus horizontalen, vertikalen Strichen und/oder schrägen und gekrümmten Linien. Das Muster für den Buchstaben L besteht in einer längeren vertikalen Linie und einer kürzeren horizontalen Linie, die in einem rechten Winkel zueinander angeordnet sind. Buchstabenmuster bestehen also im Wesentlichen aus bestimmten Linien und einer Vorschrift, wie diese zu kombinieren sind.

Der Vorteil dieses Modells der Mustererkennung gegenüber dem Modell des Schablonenabgleichs ist zum einen, dass Merkmale und Kombinationsregeln viel sparsamer gespeichert werden können als komplette Schablonen für jede mögliche Form und Gestalt. Die An-

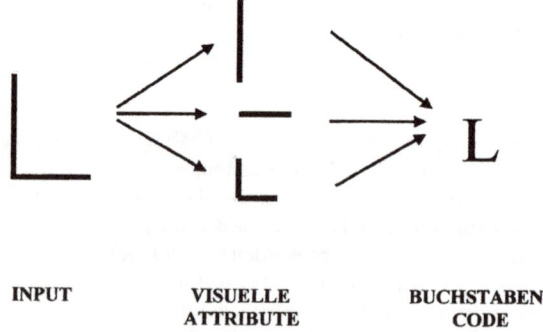

INPUT                    VISUELLE              BUCHSTABEN
                         ATTRIBUTE             CODE

*Abb. 5.7:* Mustererkennung beim Buchstaben »L«

zahl benötigter Informationen über die Reizvorlage wird erheblich reduziert. Da charakteristische Beziehungen zwischen den Merkmalen angegeben werden, sind andere Einzelheiten unwichtig (z.B. ist ein L auch dann noch zu erkennen, wenn die vertikale Linie dünner als die horizontale ist bzw. wenn es in Schreibschrift geschrieben ist).

Experimentelle Ergebnisse zeigen viele Anhaltspunkte für die Passung dieses Modells der Mustererkennung und der dazugehörigen Annahmen. Bei den Buchstaben »C« und »G« werden beispielweise mehr irrtümliche Klassifikationen vorgenommen als bei den Buchstaben »C« und »O«. Das spricht dafür, dass charakteristische Merkmale für das Muster, wie geschlossene und offene Form, entscheidend sind und nicht die mehr oder weniger gute Passung in eine Schablone. Eine Schablone würde wahrscheinlich das »C« und das »O« eher als ähnliche Buchstaben ausweisen als »C« und »G«, da das »G« einen waagerechten Strich hat, der auf jeden Fall in einer »O«-Schablone stören würde.

*Kontextinformation und Mustererkennen*

In den meisten Fällen treten Objekte, die erkannt werden sollen, nicht ohne Kontexte auf. Diese Kontexte werden in der Regel genutzt, um die Mustererkennung zu steuern. Sowohl beim Schablonen-Modell als auch bei der Merkmalsanalyse wird der Kontext als weitere Informationsquelle für das Erkennen von Mustern nicht berücksichtigt. Das folgende Beispiel macht deutlich, dass wir davon in der Regel sehr effizient Gebrauch machen:

# DHS      OHR

*Abb. 5.8:*  Kontextinformation beim Mustererkennen

Wenn der Kontext oder auch unser vorheriges »allgemeines Weltwissen« die Wahrnehmung steuern, bezeichnen wir diese Art der Verarbeitung als Top-down-Verarbeitung. Das allgemeine Wissen einer »höheren Ebene« bestimmt, wie Wahrnehmungseinheiten auf einer niedrigeren Ebene interpretiert werden. Das Beispiel zeigt, dass wir ohne weiteres in der Lage sind, das gleiche Muster im Zusammenhang mit unterschiedlichen Buchstaben, die zusammen genommen ein uns geläufiges Wort ergeben, einmal als »A« und ein anderes Mal als »H« zu erkennen. Der Kontext als Vorabinformation auf einer höheren Ebene erleichtert und steuert die Mustererkennung. Top-down-Kontexteffekte ergeben sich beispielsweise durch Worte und Sätze, indem bei der Buchstabenerkennung Merkmalsinformationen durch den Wortkontext und bei der Worterkennung Merkmalsinformationen durch den Satzkontext ergänzt werden.

In der Wahrnehmungsforschung stellt sich die allgemeine Frage, wie Top-down-Einflüsse mit Bottom-up-Informationen, die der Reiz oder das Reizmuster selbst liefert, kombiniert werden.

*Konnektionistisches Modell der Mustererkennens*

Dieses Modell versucht die Kombination von Stimulus- und Kontextinformation abzubilden. Es stammt ursprünglich von McClelland & Rumelhart (1981) und hat mittlerweile breite Unterstützung gefunden.

In dem Modell sind durchgezogene Linien aktivierende Verbindungen und gestrichelte Linien hemmende Verbindungen. Das Modell zeigt, wie wir die Wortstruktur nutzen, um das Erkennen einzelner

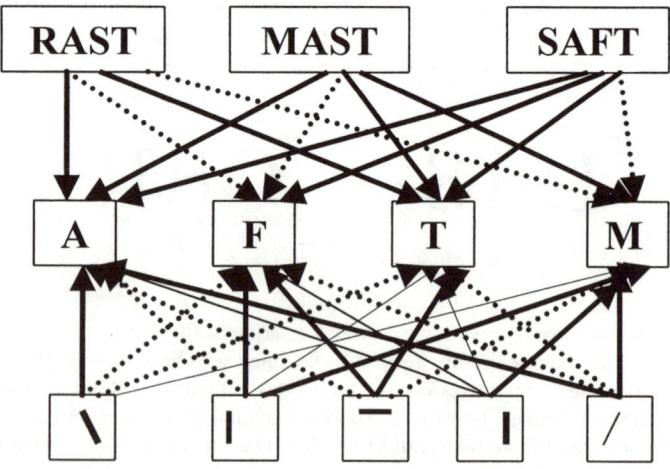

*Abb. 5.9:* Konnektionistisches Netzwerk der Mustererkennung

Buchstaben zu erleichtern. Das Wort »RAST« ist ein Hinweis auf den Buchstaben »A« und »T«, aber nicht auf die Buchstaben »F« und »M«. Aber auch einzelne Merkmale von Buchstaben sind für uns Hinweise auf bestimmte Buchstaben, während andere Buchstaben aufgrund von bestimmten Einzelmerkmalen ausgeschlossen werden können. Die schräge Linie von der Mitte oben nach rechts unten ist ein Hinweis auf ein »A«, aber nicht auf ein »F« oder ein »T«, das »M« kommt eventuell infrage. Das Hinzuziehen weiterer Merkmale oder die Rahmung durch das Wort »MAST« hilft bei der Identifizierung des Musters als Buchstabe »M«. Nach dem Modell helfen einzelne Merkmale (z. B. vertikale und horizontale Linie) und auch der Kontext des Wortes den Buchstaben zu erkennen.

Das Verhalten im Netzwerk hängt von der Aktivationsausbreitung ab. Dieser Mechanismus der Aktivationsausbreitung enthält (in Analogie zu neuronalem Mechanismus) exzitatorische und inhibitorische – also erregende und hemmende – Prozesse. Die Ausbreitung der Aktivation findet von den Merkmalen hin zu den Buchstaben und von den Buchstaben hin zu den Wörtern statt. Alternative Buchstaben und Wörter hemmen einander. Der Aktivationsfluss kann auch von den Wörtern zu den Buchstaben verlaufen. Dadurch kann ein Wort die Aktivation eines Buchstaben unterstützen und dessen Erkennen erleichtern.

## 5.3 Aufmerksamkeit

Der menschliche Organismus ist ein System mit beschränkter Kapazität zur Aufnahme und Verarbeitung von Informationen. Wir können daher nicht allen Gegebenheiten der Umwelt die gleiche Aufmerksamkeit widmen. Eine grundlegende Frage für das Lernen ist daher, wie viel unserer kognitiven Kapazität für welche Art der Informationsaufnahme gebraucht wird und nach welchen Prinzipien die Verteilung der Aufmerksamkeit erfolgt. An der Wahrnehmung bzw. Informationsaufnahme sind unsere Sinnesorgane und Gedächtnisinhalte beteiligt. Wem wir wie viel unserer Aufmerksamkeit zuwenden ist also einerseits von der Leistungsfähigkeit unserer Sinnesorgane abhängig und andererseits von der Art und Weise, wie unsere Gedächtnisinhalte an der Informationsaufnahme beteiligt sind.

## Selektive Aufmerksamkeit

Wenn wir uns in einer größeren Gesellschaft befinden und mit einer einzelnen Person unterhalten, sind wir in der Regel in der Lage, uns auf das Gespräch mit dieser Person zu konzentrieren und die Unterhaltungen der anderen Personen auszublenden. Wir können also offensichtlich unsere Aufmerksamkeit bewusst steuern. Cherry (1953) hat hierfür den Begriff »Cocktailparty-Phänomen« geprägt. Wie uns das gelingt und unter welchen Umständen und nach welchen Gesichtspunkten, die auditive Aufmerksamkeit – also die Aufmerksamkeit auf gesprochene Sprache – gelenkt wird, ist in experimentellen Untersuchungen zum dichotischen Hören untersucht worden.

Bei solchen Versuchen tragen die Versuchspersonen Kopfhörer und erhalten über jeden der beiden Kanäle unterschiedliche Informationen. Sie bekommen eine Aufgabe, die sich auf eine der beiden Informationskanäle bezieht – beispielsweise sollen sie die Geschichte, die über den einen Kanal erzählt wird und durch eine andere Geschichte auf dem anderen Kanal gestört wird, anschließend wiedergeben. Sie sollen also die eine Seite »beschatten« und die andere Seite möglichst ignorieren. Man findet für Aufgaben diesen Typs auch häufig die Bezeichnung »shadowing-Aufgabe«.

Neuere physiologische Erkenntnisse unterstützen die Annahme der Selektivität. Aufmerksamkeit lässt sich mit Hilfe bildgebender Verfahren sichtbar machen. Gehirnregionen, die aktiv sind, werden stärker durchblutet, dafür sind die Regionen, die nicht aktiven Prozessen entsprechen, deutlich weniger durchblutet als vor der Aktivierung. Die Aktivierung bestimmter Hirnregionen geht also ganz offensichtlich mit einer De-Aktivierung anderer Regionen einher (Lassen et al. 1988). So wie wir diesen Vorgang auch erleben, wenn wir uns auf bestimmte Geschehnisse oder auch Tätigkeiten konzentrieren, wird auf der einen Seite die Aufmerksamkeit erhöht und an anderer Stelle verringert. Die Aufmerksamkeit auf bestimmte Reize oder Reaktionen zu lenken, bedeutet also, andere Reize oder Reaktionen zu vernachlässigen. Die Frage ist, wie kann man sich das Verteilungsmodell vorstellen, anhand welcher Kriterien und wann wird entschieden, wohin wir unsere Aufmerksamkeit lenken?

## Filtertheorien

Wenn man sich mit einer Person unterhält, ist die Aufmerksamkeit nicht vollständig durch die Unterhaltung gebunden. Man ist zwar relativ absorbiert, aber dennoch registriert man auch noch andere Reize der Umgebung. Genau das hat man auch in experimentellen Untersuchungen mit den sog. shadowing-Aufgaben gefunden. Die Versuchspersonen können durchaus noch Angaben darüber machen, was sie in der nicht beschatteten Kopfhörer-Hälfte zu hören bekommen. Allerdings sind diese Angaben auf wenige Merkmale beschränkt. In Untersuchungen mit shadowing-Aufgaben wurde herausgefunden, dass nur ganz wenig von den Informationen des unterdrückten Kanals behalten oder verarbeitet wird. Die Frage stellt sich also, welche Art von Informationen unter welchen Umständen eine Chance hat, mit Aufmerksamkeit bedacht und intensiver verarbeitet zu werden.

Broadbent (1958) hat angenommen, dass die Auswahl aufgrund physikalischer Merkmale erfolgt. Sensorische Informationen gelangen zunächst ungehindert in das Informationsverarbeitungssystem (vgl. sensorisches Register der Mehr-Speicher-Modelle). Sie werden wie bei einem Filter weit ausgreifend eingefangen und dann wird wie beim sich verengenden Filter (manchmal auch als Flaschenhals bzw. »bottleneck« bezeichnet) entschieden, welche Information weiterverarbeitet wird und welche herausgefiltert – also vernachlässigt – wird. Die Art der Stimme oder die Zuordnung zu dem einen oder anderen Ohr sind Beispiel für äußere, physikalische Merkmale, die nach die-

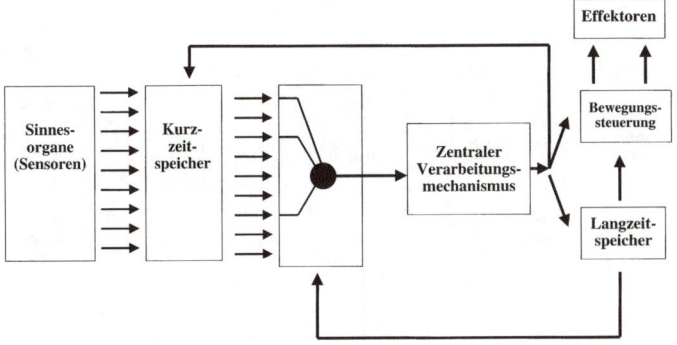

*Abb. 5.10:* Modell der frühen Selektion nach Broadbent (1958)

sem Modell als Filterkriterien verwendet werden. Die Bedeutung der
eintreffenden Information wird nach Auffassung von Broadbent
(1958) in diesem Stadium der Informationsaufnahme nicht berücksichtigt. Man spricht auch von einem *Modell der frühen Selektion*, da
hier angenommen wird, dass bereits zu einem sehr frühen Zeitpunkt
der Informationsverarbeitung die Selektion stattfindet.

Anschließend findet die semantische Verarbeitung der selegierten
Informationen statt. Die Informationen werden genauer analysiert
und ihre Bedeutung wird entschlüsselt. Informationen, die herausgefiltert werden, werden nicht gespeichert und auch nicht weiter verarbeitet. Die herausgefilterten Informationen gehen verloren, sie können also später nicht erinnert werden und sie werden auch nicht
verstanden, da keine Dekodierung der Bedeutung stattfindet.

Gegen die Auffassung von Broadbent (1958) spricht, dass wir
manchmal die Auswahl der weiter zu verarbeitenden Information aufgrund ihrer Bedeutung und nicht aufgrund ihrer physikalischen
Merkmale treffen. Auch aus gleichlauten Gesprächsfetzen anderer
Personen würden wir wahrscheinlich jederzeit unseren Namen he-
raushören und unsere Aufmerksamkeit auf das Gespräch richten, das
offensichtlich die eigene Person zum Inhalt hat. Treisman (1960)
konnte die Steuerung der Aufmerksamkeitszuwendung aufgrund semantischer Merkmale auch experimentell (wiederum mit Beschat-
tungsaufgaben) nachweisen. In ihrem Abschwächungs- oder Dämp-
fungsmodell nimmt sie (Treisman, 1964) an, dass der Filter das nicht

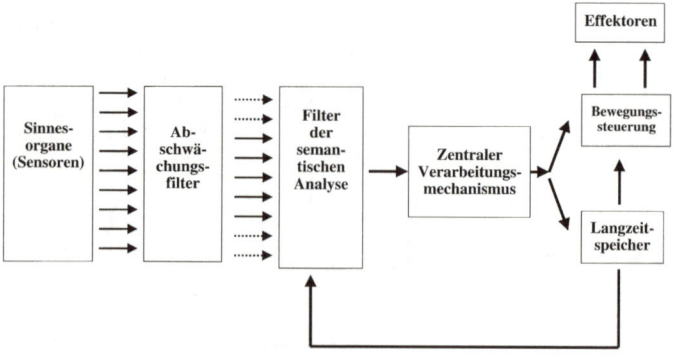

*Abb. 5.11:* Abschwächungsmodell nach Treismann (1964)

zu beachtende Material anhand physikalischer Merkmale nicht vollständig herausfiltert, sondern lediglich die Reizstärke unterhalb einer
bestimmten Schwelle gehalten wird, die von dem selegierten Material bereits überschritten worden ist. Das nicht-selegierte Material hat
dann bei entsprechend hoher Bedeutung durchaus die Chance, diese
Schwelle ebenfalls zu überschreiten und der aufmerksamen Weiterverarbeitung zugeführt zu werden.

Deutsch & Deutsch (1963) lösen das Problem der Aufmerksamkeitszuwendung auf andere Weise. Sie gehen davon aus, dass alle Informationen einer semantischen Analyse zugeführt werden und nach
dieser Analyse erst entschieden wird, welche Inhalte mit bewusster
Aufmerksamkeit bedacht werden. Sie nehmen an, dass man viele
Reize auf die unterschiedlichste Art gleichzeitig wahrnehmen kann,
aber dass man zu einem bestimmten Zeitpunkt nur eine einzige »beschatten«, also aufmerksam weiterverarbeiten kann. Für die Auswahl
können die Versuchspersonen durchaus unterschiedliche Kriterien
heranziehen. Wenn Versuchspersonen die Bedeutung als Kriterium
verwenden, dann wechseln sie die Beschattung des Ortes bei Ge-
schichten, die auf einem Ohr begonnen und auf dem anderen fortge-
setzt werden (Klatzky, 1975 konnte dieses Vorgehen in einem Experiment zeigen). Wenn sie die Aufmerksamkeit danach ausrichten, auf
welchem Ohr die Information ankommt, dann lenken sie die Aufmerksamkeit auf das entsprechende Ohr. Entschieden wird also nicht
zu einem frühen Zeitpunkt – also beim Eintreffen der Information –,
sondern erst später, wenn die erforderliche Reaktion mit einbezogen
wird. Je nachdem wie die <u>Anweisung</u> des Versuchsleiters an die Versuchspersonen lautet, können sie die Bedeutung oder das äußere Kriterium »rechtes oder linkes Ohr« (also den Ort des Inputs) als Selek-
tionskriterium verwenden, um die Informationen aufmerksam weiter
zu verfolgen.

Nach Deutsch & Deutsch (1963) handelt es sich bei der Verteilung
der Aufmerksamkeit um ein Filterproblem im Dienste der Reaktion
und nicht im Dienste der Informationsaufnahme bzw. Wahrnehmung.
Das Modell von Deutsch & Deutsch (1963) enthält die Annahme,
dass eine semantische Analyse von Informationen stattfinden kann,
ohne dass wir unsere Aufmerksamkeit darauf gerichtet haben, d.h.
bewusst daran teilhaben. Das Material wird in diesem Fall »top
down« – also mit Hilfe von Bedeutungszuweisung – identifiziert.
Erst wenn die Information aufgrund ihrer Bedeutung relevant genug
ist, also z.B. einer genaueren Analyse bedarf, weil unsere Reaktionen

darauf basieren, erhält sie Zutritt zu unserer bewussten Aufmerksamkeit. Ein »erster Eindruck« von den Reizen muss also nicht auf Oberflächenmerkmalen beruhen, sondern kann ebenso gut aufgrund von Bedeutungen entstehen. Eine Selektion zum Zwecke der Zuteilung der Ressource »Aufmerksamkeit« findet erst dann statt, wenn es um die anstehende Reaktion geht. Das Modell von Deutsch & Deutsch ist daher auch unter der Bezeichnung *Modell der späten Selektion* bekannt geworden. Das Modell passt zu unserem Alltagserleben. Unsere relativ frei schwebende Aufmerksamkeit in einer Situation mit vielen Verhaltensmöglichkeiten lässt sich sowohl aufgrund äußerer Merkmale – also besonders lauter Stimmen – als auch aufgrund von semantischen Merkmalen – Bedeutung von Worten, wie Filmtitel, Namen von bekannten Sportlern u.ä. – einfangen und fesseln.

Alle drei Ansätze gehen von einem Mehr-Speicher-Modell des Gedächtnisses aus und sind Einkanal-Modelle. Sie beruhen auf der Vorstellung, dass sich die Aufmerksamkeit auf einen Reiz richtet, dieser wird verarbeitet und dann kommt der nächste Reiz an die Reihe. Aufmerksamkeit wird unter dem Gesichtspunkt betrachtet, wie ein bestimmter Reiz aus einem Angebot von Reizen ausgewählt wird und andere Reize ignoriert oder »ausgemustert« werden. Dies nennt man eine serielle Verarbeitung von Informationen (Shiffrin & Schneider, 1977).

Diese Modelle kommen in Schwierigkeiten, wenn erklärt werden soll, dass wir vielfach in der Lage sind, mehrere Reize gleichzeitig aufzunehmen und die Informationen nicht nacheinander, sondern pa-

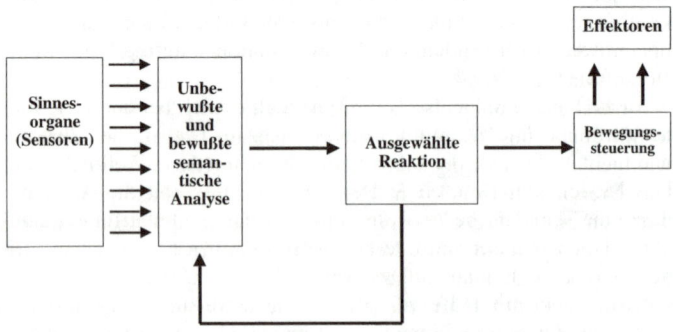

*Abb. 5.12:* Modell der späten Selektion nach Deutsch & Deutsch (1963)

rallel zu verarbeiten. Wir können uns ohne Probleme beim Autofahren unterhalten. Dabei verarbeiten wir Informationen über die Situation auf der Straße und Informationen von unserem Gesprächspartner simultan.

## Eine oder mehrere Aufmerksamkeiten?

Die bisherigen Modelle zur Aufmerksamkeit gehen davon aus, dass wir mit einer festgelegten Aufnahmekapazität ausgestattet sind und die Menge an Informationen, die wir verarbeiten können, eine einfache Funktion dieser Kapazität ist. Weiterhin wird angenommen, dass Kapazität für die Zuwendung von Aufmerksamkeit nicht unbegrenzt zur Verfügung steht und bisweilen ein Engpass auftritt, der geregelt werden muss. Den konkurrierenden Prozessen wird die Kapazität durch die Selektivität der Aufmerksamkeit zugeteilt.

Gegen die Auffassung von einer homogenen Aufmerksamkeitskapazität (sog. Homogenitätsannahme nach Neumann, 1992) lassen sich zumindest zwei gewichtige Einwände erheben. Zum einen ist die Aufnahmekapazität nicht durch die einfache Menge an Informationen begrenzt. Wir können unsere Aufmerksamkeit unter bestimmten Umständen zwei Aufgaben gleichzeitig zuwenden. Zum anderen ist Informationsaufnahme gar nicht immer an Aufmerksamkeit gebunden.

Wenn Aufmerksamkeit homogen und in ihrem Umfang begrenzt wäre, so müssten alle Prozesse, die Aufmerksamkeit benötigen, um den begrenzten Vorrat konkurrieren. »Geistige Tätigkeiten« dürften sich nur in dem Maße gegenseitig stören, wie sie um die Kapazität konkurrieren. D.h. je mehr zwei Aufgaben gleichzeitig von diesem begrenzten Topf benötigen, desto mehr müssten sie sich gegenseitig stören. Man müsste also eine »große« Aufgabe, wie z.B. ein Kreuzworträtsel lösen, und nebenher eine »kleine« Aufgabe, wie z.B. Worte mit einem bestimmten Anfangsbuchstaben finden, einfacher bewältigen als zwei »große« Aufgaben, wie z.B. Kreuzworträtsel lösen und Dreisatzaufgaben lösen. Die aufmerksamkeitsbedingte Interferenz von zwei Tätigkeiten sollte also nur davon abhängen, wie sehr sie um den gemeinsamen Vorrat konkurrieren, d.h. wie hoch der Schwierigkeitsgrad der Aufgabe ist.

Neumann (1992) führt etliche Beispiele an, die bis ins 18. Jahrhundert zurückführen und zeigen, dass die gegenseitige Störung von Aufgaben nicht nur von ihrer Schwierigkeit, sondern in erheblichem Ma-

ße davon abhängt, wie sie inhaltlich beschaffen sind. Der Philosoph
Dugald Stewart soll bereits 1792 beschrieben haben, dass man ohne
gegenseitige Störung zugleich Cembalo spielen und ein Gespräch
führen kann. Seit Anfang der siebziger Jahre ist in einer Vielzahl ex-
perimenteller Untersuchungen (zur sog. strukturellen Interferenz vgl.
den Überblick bei Neumann, 1985) der Befund bestätigt worden,
dass Aufgaben einander umso mehr beeinträchtigen, je strukturell
ähnlicher sie sind (Neumann, 1992).

Das dichotische Hören war zwanzig Jahre lang das gängige experimentelle Paradigma in der Aufmerksamkeitsforschung. Man kann
nicht gleichzeitig zwei unterschiedliche Texte (jeder über ein anderes
Ohr dargeboten) beachten. Die beiden Aufgaben stören sich gegenseitig und das Nachsprechen des einen oder anderen Textes gelingt
um so eher, je besser man in der Lage ist, den einen Text gegen den
anderen abzuschotten, also die Aufmerksamkeit auf einen der beiden
Texte zu konzentrieren. Interferenz – also die gegenseitige Störung
der Informationsaufnahme – findet man nicht, wenn in beiden Texten
bestimmte Zielwörter entdeckt werden müssen. Interferenz hängt also von der Art der Aufgabe ab. Interferenz ist außerdem modalitäts-
spezifisch. Sie verschwindet auch, wenn einer der beiden Texte visuell statt auditiv dargeboten wird. Die Auffassung, dass es sich bei
Aufmerksamkeit um eine inhaltsunspezifische homogene Komponente der Verarbeitung handelt, wurde damit fallen gelassen.

In der *Theorie der multiplen Ressourcen* wird der Tatsache Rechnung getragen, dass Begrenzungen der Aufnahmekapazität durch Beteiligung unterschiedlicher Sinnesmodalitäten leicht überwunden
werden können. Es hängt vom Ausmaß der Interferenz ab, ob die beiden Aufgaben dieselbe Ressource beanspruchen. Aufmerksamkeit ist
also nicht eine in sich geschlossene Ressource, die sich die unterschiedlichen kognitiven Prozesse teilen müssen, sondern es stehen je
nach Sinnesmodalität vielfältige Ressourcen zur Verfügung. Vertreter
dieser Theorie sind Navon & Gopher (1979) und Wickens (1992).
Die Schwierigkeit dieses Ansatzes liegt darin, dass er kaum empirisch zu widerlegen ist. Für jede Art von Interferenz kann eine neue
Art von Ressourcenkombination postuliert werden. Notwendig wäre
hier eine plausible Theorie, die eine begrenzte Anzahl unterschiedlicher Modalitäten annimmt. Gestützt auf Erkenntnisse über kognitive
Leistungen von Patienten mit Gehirnverletzungen verfolgt man auch
in der kognitiven Neuropsychologie einen solchen modularen Ansatz
(Fodor, 1983). Diesem Ansatz liegt die Auffassung zugrunde, dass In-

formationsverarbeitung über unabhängige, anatomisch eindeutig unterscheidbare Prozessoren oder Module läuft. Mit Hilfe eines solchen Ansatzes ist eine parallele Verarbeitung von Informationen modellierbar, also die gleichzeitige Aufnahme und Verarbeitung mehrerer Reize beispielsweise über unterschiedliche Sinnesmodalitäten, die mit je spezifischen Prozessoren gekoppelt sind. Das Prinzip der Modularität wird in jüngerer Zeit durch Untersuchungen der kognitiven Neurowissenschaft deutlich gestützt (Posner & Raichle, 1996). Derzeit richten sich die Forschungsbemühungen darauf, den Grad der Modularität, die Struktur der Module und die Art der Zusammenarbeit zu klären (Kosslyn & König, 1992).

Bislang fehlt nach Auffassung von Neumann (1992) allerdings der Entwurf eines mit den Ergebnissen zur Modalitätsspezifität kompatiblen Aufmerksamkeitsmodells. Es sei bislang nicht gelungen, eine überschaubare Anzahl von Ressourcen zu postulieren. Andererseits mache es keinen Sinn, das Raster der Ressourcen so feinkörnig zu machen, dass es von einer Beschreibung der empirischen Realität nicht zu unterscheiden ist.

## Erkennen ohne Aufmerksamkeit

Bereits William James hat in einem der ersten Bücher über Psychologie, das 1890 erschienen ist, das Phänomen der automatisierten Ausführung von Verhalten beschrieben (Band I, Kap. 5 »Automationtheory« → Automatentheorie). Wir wären in unserem Alltag sehr viel eingeschränkter, müssten wir jeder unserer Tätigkeiten dasselbe Ausmaß an Aufmerksamkeit zuwenden. Dass wir in der Lage sind, mehrere Dinge auf einmal zu tun, hat offensichtlich nicht nur damit zu tun, dass unterschiedliche Sinnesmodalitäten beteiligt sein können, die möglicherweise alle ihr eigenes Reservoir an Aufmerksamkeitskapazität haben, sondern auch damit, dass bestimmte Prozesse im Laufe der Zeit – mit zunehmender Übung – immer weniger unserer Aufmerksamkeit beanspruchen.

So wie wir Tätigkeiten ausführen können, ohne unsere Aufmerksamkeit darauf zu fokussieren, können wir auch Informationen aufnehmen und sogar »verarbeiten« (vgl. dazu ausführlicher Kapitel 8), ohne diesen Vorgang bewusst zu kontrollieren. Das automatisierte Ausführen von Verhalten ist ein Vorgang, der die automatisierte Aufnahme von Informationen und ihre Verarbeitung impliziert, da die

Ausführung von Verhaltensweisen auf höchst differenzierte Art und Weise auf Reize der Umwelt abgestimmt wird. Die Menge an Informationen, die wir verarbeiten können, ist also nicht nur von der Anzahl beanspruchter Sinnesmodalitäten abhängig, sondern auch eine Funktion des Automatisiertheitsgrades der verarbeitenden Prozesse.

Stark geübte Prozesse, die keine Aufmerksamkeit beanspruchen, werden als automatisiert bezeichnet, während Prozesse, die Aufmerksamkeit erfordern, als kontrolliert bezeichnet werden (LaBerge & Samuels, 1974; Shiffrin & Schneider, 1977). Automatische Prozesse laufen ohne bewusste Kontrolle ab. Autofahren, aber auch Sprachverstehen sind Beispiele für weitgehend automatisch ablaufende Prozesse. Kontrollierte Prozesse sind dadurch charakterisiert, dass ihr Ablauf von uns bewusst kontrolliert wird. Kopfrechnen oder auch das Rezitieren eines Gedichtes, solange es mit bedeutungsgerechter Intonation geschieht, sind Beispiele für »höhere« kognitive Prozesse, die wir kognitiv kontrollieren; sie stehen unter unserer bewussten Kontrolle; wir steuern sie entsprechend unserer intendierten Ziele.

Wie immer am Beginn einer Theorienbildung werden *automatische und kontrollierte Prozesse* zunächst einmal in ihrer Unterschiedlichkeit untersucht und daher als zwei distinkte Prozessarten aufgefasst. Es ist allerdings anzunehmen, dass kognitive Prozesse mehr oder weniger automatisiert bzw. kontrolliert ablaufen. Dass es fließende Übergänge zwischen beiden Prozessarten gibt, wird bereits dadurch nahegelegt, dass bei vielen Verhaltensweisen mit zunehmender Übung die bewusste Kontrolle zugunsten einer automatisierten Ausführung allmählich entfällt. Der Grad an Automatisiertheit steigt also mit zunehmender Übung. Das ist besonders offensichtlich im Bereich motorischer Fertigkeiten, die uns mit zunehmender Übung immer stärker »in Fleisch und Blut übergehen«. Das lässt sich aber auch im Bereich kognitiver Fertigkeiten verdeutlichen, wenn man an das Lernen einer Fremdsprache denkt, in der man im Laufe der Zeit die Sätze nicht mehr anhand grammatischer Regeln bildet, sondern sich zunehmend auf sein sich neu entwickelndes »Sprachgefühl« verlassen kann.

Automatisierte Prozesse sind nicht nur dadurch charakterisiert, dass sie wenig oder keine Aufmerksamkeit erfordern, sondern es scheint auch so zu sein, dass sie, wie die Bezeichnung bereits andeutet, nur schwer unterbrochen werden können. Der Vorgang läuft ab und lässt sich durch willentliche Einflussnahme nur relativ schwer verändern. Wenn man ein Wort kennt, ist es fast unmöglich, es nicht zu lesen bzw. sich vom Erkennen des Wortes zu lösen, und seine Aufmerksamkeit beispielsweise auf die Farbe der Buchstaben oder des Hintergrunds zu lenken. Diese starke Tendenz von Wörtern, eine bestimmte Art der Verarbeitung zu evozieren, wurde mit Hilfe von Aufgaben zum sog. *Stroop-Effekt* (Stroop, 1935) untersucht. Bei diesen Aufgaben soll die Versuchsperson die Farbe nennen, in der Wörter gedruckt sind. Das Wort ist entweder ein Farbwort (z. B. rot) oder ein in Bezug auf Farben neutrales Wort (z. B. Lob). Farbworte sind entweder in derselben Farbe gedruckt, wie durch sie bezeichnet wird, oder in einer anderen Farbe. Bei solchen Untersuchungen zeigt sich regelmäßig, dass die Reaktionszeiten erheblich verlängert sind, wenn sie erkennen müssen, dass das Wort »rot« in der Farbe grün gedruckt ist. Das Lesen der Worte ist durch eine andersartige Druckfarbe nicht beeinträchtigt. Außerdem erfolgt das Lesen der Worte unter allen Bedingungen deutlich schneller als das Erkennen der Farbe. Das Benennen der Farbe ist nicht nur langsamer, wenn das Wort eine andere Farbe bezeichnet, sondern die Anzahl der Fehler ist auch deutlich gegenüber den anderen Bedingungen erhöht. Zum Teil setzt sich das Farbwort gegen die Druckfarbe durch. Offensichtlich ist das Lesen eine derartig automatisierte Reaktion, dass es schwer fällt, das Lesen des Wortes zu unterdrücken. Wir erleben diesen Effekt, wenn wir nach Telefon- oder PI-Nummern gefragt werden, die wir häufig wählen, aber selten aussprechen. Manchmal muss man sich das Tastenfeld erst vorstellen, um rekapitulieren zu können, wie die Nummer lautet. Das Lesen eines Wortes bzw. das Wählen einer häufig gewählten Nummer kann kaum unterdrückt werden. Werden wir nach anderen Informationen gefragt, die sich auf den Reiz beziehen, erleben wir Interferenz. Ein Hinweis darauf, dass automatisierte Prozesse durch bewusste Prozesse schwer beeinflussbar sind.

## Aufmerksamkeit und Bewusstsein

Gehirnprozesse sind notwendige, aber nicht hinreichende Bedingung, um Bewusstseinserscheinungen zu erklären. Bewusstsein ist an neurobiologische Prozesse als notwendige Voraussetzung gebunden. Bewusstseinserscheinungen – unsere Gedanken, Gefühle, Absichten – spiegeln nicht direkt die ihnen zugrunde liegenden kognitiven Prozesse wieder. Der Zugang zu unseren Bewusstseinserscheinungen ist ebenso durch Abbildungs- und Transformationsvorgänge vermittelt

wie die Wahrnehmung der Außenwelt. Was wir über unsere psychischen Vorgänge wissen, ist nicht notwendigerweise wahrer als das,
was wir über die Gegebenheiten außerhalb von uns wissen können.
Sie sind nicht ursprünglicher in ihrem Erkenntniswert als andere Erkenntnisse (Prinz, 1996).

Das kategoriale Gerüst zur Interpretation von Bewusstseinserscheinungen wird nicht von jedem Individuum neu erfunden, sondern aus
der kulturellen Umgebung übernommen. Es müssen also gesell-
schaftlich-kulturelle Faktoren in Theorien über die Konstitution von
Bewusstsein einbezogen werden. Die Entstehung von Bewusstsein zu
erklären, erfordert eine Verbindung von naturgeschichtlichen und
kulturgeschichtlichen Erklärungsansätzen.

## 5.4 Erkennen

### Physische und psychische Voraussetzungen

Wir können nur solche Zustände der Umwelt unterscheiden, für die
wir auch die physischen und psychischen Voraussetzungen mitbringen. Verglichen mit anderen Organismen (z. B. dem Hund und erst
recht der Fledermaus) ist unser Wahrnehmungsapparat zum Beispiel
für höhere Frequenzbereiche deutlich schlechter geeignet. Ob jemand
seinen Hund mit der Hundeflöte zu sich gerufen hat oder nicht, kann
unser Gehör nicht unterscheiden. Selbst wenn wir in diesen Fre-
quenzbereichen noch Töne hören könnten, würden wir allerdings die
Töne auch nicht als die einer Hundeflöte erkennen, wenn wir nicht
wüssten, dass es spezielle Flöten gibt, die Töne in solchen Frequenz-
bereichen abgeben, die auf den Hörbereich von Hunden abgestimmt
sind. Wenn man Hundebesitzer ist, verschafft man sich schnell die
psychischen Voraussetzungen für das Erkennen von Hundeflöten.
Dennoch wird das Erkennen immer noch durch die physischen Möglichkeiten eingeschränkt. Man wird die Hundeflöten am Aussehen erkennen und nicht an den Tönen, da die Töne nicht hörbar sind.

Von Uexküll (1921) bezeichnet das als »Merkwelten«. Das, was
ein Organismus wahrnehmen kann, wird durch die Leistungsfähigkeit seiner Sinnesorgane begrenzt. Luftdruckschwankungen bis zu einer Frequenz von 20 kHz sind für Menschen unterscheidbare Reizeinwirkungen; bei Hunden liegt die Grenze bei 80 bis 100 kHz und

bei der Fledermaus im Ultraschallbereich bei 175 kHz. Eine für Fledermäuse erkennbare Geräuschquelle »gibt« es für Hunde und Menschen gar nicht – sie existiert für diese Lebewesen nicht, weil die Sensibilität ihrer Sinnesorgane dafür nicht hinreichend ist.

Organismen sind also für bestimmte Reizeinwirkungen in jeweils besonderer Weise empfänglich – einige Reize werden besonders sensibel wahrgenommen, sind in feinsten Abstufungen unterscheidbar, andere werden völlig ignoriert. Der Zweck der Reizverarbeitung scheint also nicht darin zu liegen, Gegebenheiten der Umwelt möglichst vollständig in inneren Zuständen des Organismus abzubilden. Vielmehr kann man annehmen, dass das Wahrnehmen und Erkennen auf eine möglichst günstige Anpassung des Organismus an die Umweltgegebenheiten und die Überlebensnotwendigkeiten ausgerichtet ist.

## Modell perzeptiver Erkennensprozesse

Nach Prinz (1992) sind an dem Erkennensprozess mehrere »hypothetische« Instanzen und Prozesse beteiligt. Er fasst diese Instanzen und Prozesse in einem Modell der internen Abläufe bei der Wahrnehmung zusammen. Prinz (1983) hat dieses Modell ursprünglich für das Erkennen visueller Reize in Wahrnehmungsexperimenten erstellt. Es wird hier zur besseren Erläuterung auf Alltagsverhalten übertragen. In dem Modell werden

- Reizrepräsentation (RR)
- Merkmalsadresse (MA)
- Objektrepräsentation (OR)
- Exekutionsbedingungen (EB)

unterschieden.

Wenn man an der Fußgängerampel die Straße überqueren will und entscheiden muss, ob und wann dies gefahrlos möglich ist, finden die folgenden Prozesse statt:

Von der Fußgängerampel wird eine interne Repräsentation (Reizrepräsentation, RR) erstellt, die einige Merkmale der Ampel enthält. Um zu erkennen, ob die Ampel nun die kritischen Merkmale hat, die die Reaktion »Straße überqueren« auslösen, muss die aktuelle Reizrepräsentation mit den gespeicherten Gedächtnisrepräsentationen verglichen werden. Vergleichen kann man aber nur Vergleichbares.

Die Ampel ist als visueller Reiz gegeben, also sind in der Repräsentation der Ampel auch nur visuelle Merkmale enthalten. In der Gedächtnisrepräsentation kommen daher zunächst auch nur solche Anteile der gesamten Gedächtnisrepräsentation als Gegenstück für den Vergleichsprozess in Betracht, die ebenfalls visuelle Merkmale enthalten. Diese Anteile werden als Merkmalsadressen (MA) bezeichnet. Sie sind gewissermaßen der erste Ansprechpartner für die (hier: visuelle) Reizrepräsentation. Dieser Ansprechpartner steht in engem Kontakt mit den entsprechenden Teilen im Wissensgedächtnis, die das gesamte Objekt repräsentieren (Objektrepräsentation, OR). Hier ist zum Beispiel auch abgelegt, dass rote Ampeln ein Warnsignal sind und grüne Ampeln bedeuten, dass man gefahrlos die Straße überqueren kann, weil andere Verkehrsteilnehmer dann eine rote Ampel sehen. Im Wissensgedächtnis sind zusätzlich Exekutionsbedingungen (EB) gespeichert, also Bedingungen für die Ausführung von bestimmten Reaktionen im Zusammenhang mit Ampeln. Beispiele für Exekutionsbedingungen sind: »Wenn die Ampel grün ist, gehe über die Straße«; besser ist allerdings, wenn gespeichert ist: »Wenn die Ampel grün ist, vergewissere Dich, dass alle Verkehrsteilnehmer sich an die Bedeutung der Ampelfarben halten, und gehe dann über die Straße«.

Verglichen werden Objektrepräsentation (OR) und Exekutionsbedingungen (EB), die beide Bestandteile des Wissensgedächtnisses sind. Der Vergleich findet auf der Ebene der Wissenskomponenten statt und nicht etwa auf der Ebene sensorischer Merkmale. Man vergleicht also »kognitiv«. Die Objektrepräsentation ist eng mit der Merkmalsadresse verbunden. Der eigentliche Erkennensprozess besteht in dem Vergleich zwischen der Objektrepräsentation und den Exekutionsbedingungen der beteiligten Reaktionen.

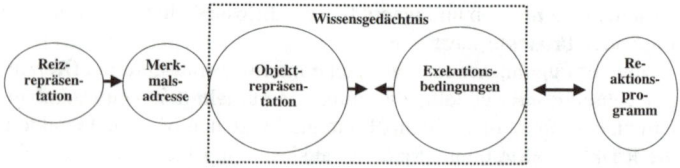

*Abb. 5.13:* Modell perzeptiver Erkennensprozesse nach Prinz (1983)

Mit diesem Modell wird deutlich, wie Erkennen und Verhalten zusammenhängen und wie man sich die Selektivität der Wahrnehmung im Dienste der Verhaltensausführung vorstellen kann.

## Erkennen und Verhaltenssteuerung

Was für einen Organismus als Nachricht gilt, wird durch den Bezug von Informationen zu Verhaltensmöglichkeiten des Organismus bestimmt. Nur Informationen über diejenigen Umgebungseigenschaften sind eine Nachricht, auf die der Organismus in spezifischer Weise reagieren kann und reagieren muss, wenn seine Aktionen Erfolg haben sollen. Das, was für einen Organismus als Nachricht gilt, ist in gleicher Weise von den Gegebenheiten abhängig wie durch seine Verhaltensmöglichkeiten bestimmt. Nicht die Umwelt, sondern der erkennende Organismus erzeugt die Nachrichten, indem er diejenigen Gegebenheiten als Objekte der Erkenntnis auswählt, die für eine erfolgreiche Kontrolle seines Verhaltens unterschieden werden müssen.

Dadurch ergibt sich eine grundsätzlich andere Definition des Inhalts von Erkennensprozessen. Wenn die entscheidende Funktion von Erkennen nicht darin besteht, die Umwelt möglichst zutreffend abzubilden, sondern darin, Zustände der Umwelt zu unterscheiden, die für die Verhaltenskontrolle des Organismus wichtig sind, dann interessieren nicht die Mechanismen, die dazu dienen, die in den Reizen enthaltenen Informationen zu dekodieren. Die Bedeutung des Reizes ist nicht durch die Gegebenheiten bestimmt, auf die er in der Umwelt verweist, sondern durch den Verhaltensakt, den er spezifiziert. Erst die Gegebenheiten der Umwelt, die für den Verhaltensakt relevant sind, machen diese zu einer Nachricht für den Organismus. Die Identifikation der Bedeutung von Reizen ist nicht mehr Voraussetzung für eine angemessene Reaktion auf ihn. Vielmehr wird die Einbeziehung des Reizes in die Aktionen des Organismus entscheidend für die Identität des Reizes. Nur wenn die dem Erkennen zugrunde liegenden Prozesse der erfolgreichen Steuerung des Verhaltens dienen, vermitteln sie Erkenntnisse über Eigenschaften der Umwelt. Wenn das richtig ist, sind kognitive Prozesse immer an Verhaltenssteuerung gebunden. Dann sind auch Wahrnehmung, Identifikation von Objekten, selektive Aufmerksamkeit oder Begriffsbildung nicht als eigenständige Erkennensleistungen zu betrachten. Erkenntnisse vermitteln sie nur in den für sie relevanten Verhaltensbezügen. Daraus ergibt sich die vielfach (Dörner, Hoffmann, Neumann, Prinz) vertretene Forderung nach Verhaltensorientierung der kognitiven Wahrnehmungspsychologie. Die Funktion kognitiver Prozesse ist nicht der Aufbau eines adäquaten Umweltmodells, sondern Erkenntnisse über die Umwelt zu erlangen, die eine effektive Verhaltenssteuerung erlauben.

## Basisliteratur

Anderson, J.R. (1996), Kognitive Psychologie (2. Aufl.). Heidelberg: Spektrum Akademischer Verlag.
Prinz, W. (1992), Wahrnehmung. In: H. Spada (Hrsg.), Lehrbuch Allgemeine Psychologie (2. Aufl., 25–114). Bern: Huber.

## Weiterführende Literatur

Neumann, O. (1992), Theorien der Aufmerksamkeit: von Metaphern zu Mechanismen. Psychologische Rundschau 43, 83–101.
Prinz, W. (1983), Wahrnehmung und Tätigkeitssteuerung. Berlin: Springer.
Roth, G. & Prinz, W. (Hrsg.) (1996), Kopf-Arbeit. Gehirnfunktion und kognitive Leistung. Heidelberg: Spektrum Akademischer Verlag.

# 6 Behalten

Wir verfügen wie alle Lebewesen über ein artgeschichtliches Gedächtnis, in dem die Erfahrungen vergangener Generationen abgelegt sind. Diese in genetisch kodierter Form vorliegenden Spuren unserer Vorfahren erlauben uns die Anpassung an stabile, invariante Umweltbedingungen mit Hilfe von artspezifischen, angeborenen Verhaltensdispositionen.

Darüber hinaus sind wir mit einem Nervensystem ausgestattet, das im Verlaufe des jeweils eigenen Lebens mehr oder weniger dauerhaft modifiziert werden kann. Dieses individuelle Gedächtnis ermöglicht uns die Anpassung an Umweltbedingungen, die vergleichsweise neuartig sind – zum Beispiel auch deshalb, weil wir sie zusammen mit unseren Artgenossen ständig und teilweise tiefgreifend verändern. Auf solche neuen Umweltbedingungen sind wir dann unter Umständen nicht mehr oder nicht mehr hinreichend gut durch unsere angeborenen Verhaltensmöglichkeiten vorbereitet.

Wir können unser Gedächtnis nutzen, um Verhaltensdispositionen, die wir aufgrund von Erfahrungen verändert haben, auch über längere Zeiträume hinweg noch zur Verfügung zu haben. Im Bedarfsfall können wir dann darauf zurückgreifen und müssen nicht jedes mal wieder völlig neu lernen. Wir nutzen dieses Gedächtnis aber nicht nur, um bereits Gelerntes und Aufbewahrtes zu aktualisieren, sondern es dient uns auch dazu, zumindest einen vagen Blick in die Zukunft zu werfen, wenn wir mögliche zukünftige Ereignisse, wie zum Beispiel zu erwartende Konsequenzen des eigenen Verhaltens, antizipieren und unser aktuelles Verhalten vorausschauend darauf einstellen.

Erfahrungsabhängige Veränderungen umfassen eine sehr große Spannbreite von Phänomenen, angefangen von einfachen Assoziationen zwischen Reizen über Reiz-Reaktions-Verbindungen bis hin zu hochkomplexen Fertigkeiten, wie z.B. das Komponieren einer Sinfonie. Sich an den Zugangscode für das eigene Konto oder an den Namen des Goldmedaillengewinners im Marathonlauf zu erinnern, ist ebenso von unseren Erfahrungen abhängig und im Gedächtnis abge-

legt wie die Angewohnheit, sich an den Kopf zu fassen, wenn man
nicht mehr weiter weiß, Autofahren zu können oder sich über die wis-
senschaftstheoretischen Grundlagen der Biologie oder Soziologie
Gedanken machen zu können. Gemeinsam ist allen diesen Phänomenen, dass sie aufgrund von Erfahrungen zu relativ dauerhaften Veränderungen in unserem kognitiven System geführt haben, d.h. die
Wahrnehmung, das Erleben und die Verhaltensdispositionen sind
nach dem Lernprozess anders als vorher.

## 6.1 Kognitives System

Während man den Prozess des Erwerbs von Wissen und Fertigkeiten
als Lernen bezeichnet, wird das Gedächtnis als der Ort verstanden, an
dem die Produkte des Lernens abgelegt sind. Als übergeordnete Bezeichnung für ein System, das durch Erfahrungen verändert wird und
diese Veränderungen aufzubewahren imstande ist, findet man neuerdings auch häufiger die Bezeichnung kognitives System.

Darüber, wie das kognitive System aufgebaut ist und funktioniert,
sind in den letzten 30 Jahren unterschiedliche Modelle erstellt worden. Solche Modelle als kognitive Architekturen zu bezeichnen, geht
auf die Arbeiten von Newell zu Computerarchitekturen (Bell & Newell, 1971) zurück und ist von Anderson 1983 ebenfalls als Titel seines Hauptwerks (»The architecture of cognition«) verwendet worden.
Durch die Analogie wird nahegelegt, dass die kognitiven Architekturen zunächst umfassende Beschreibungen des Gesamtsystems liefern
und die konkrete Ausgestaltung damit noch nicht festgelegt ist, sie
bleibt dem »Bauherrn« überlassen, d.h., die Vorgaben des Modells
sollten es ermöglichen, dass Erkenntnisse über z.B. modalitätsspezi-
fische Repräsentationen oder besondere Ablagesysteme für Fakten-
und Handlungswissen integrierbar sind.

Der für die frühen Modelle auch häufig verwendete Begriff des
Gedächtnis- oder Speichermodells hat sich in der Zwischenzeit als zu
eng herausgestellt. Die Modelle umfassen in der Regel weit mehr Annahmen, als die Bezeichnung »Speicher« suggeriert. Neben den Annahmen darüber, wo Informationen abgelegt sind, finden sich in den
meisten Modellen auch Aussagen über die Art der Informationsverarbeitung, über die Repräsentation von Informationen und den Wieder-
abruf gespeicherter Inhalte.

Da das, was wir behalten und wie wir es behalten, von der Aufnahme und Verarbeitung der Informationen abhängt, gehen mit der Beschreibung unterschiedlicher Strukturen unseres Gedächtnisses immer auch Annahmen über Lernprozesse einher. Wenn wir also Modelle über die Struktur und Funktionsweise des Gedächtnisses vor uns haben, umfassen sie in der Regel zumindest die

- Art und Weise, wie unser kognitives System Eindrücke von außen aufnimmt,
- wie Wissen im Gedächtnis repräsentiert ist und
- wie es wieder abgerufen wird.

Neuere Modelle gehen auch darüber noch hinaus und enthalten Annahmen über die dem kognitiven System selbst mögliche Produktion neuer kognitiver Inhalte sowie über die Ausbildung und Speicherung dabei entstehender kognitiver Fertigkeiten.

In psychologischen Theorien über das kognitive System wird zwischen einer Wissensbasis und damit arbeitenden Prozessen unterschieden. Dies entspricht einer Unterscheidung von Struktur und Prozess, wie sie auch in dem in der Kognitionspsychologie derzeit vorherrschenden Modell von Anderson seit 1983 mit dem Begriffspaar deklarativ und prozedural getroffen wird. Die nachfolgenden Modelle über das kognitive System legen unterschiedlich starkes Gewicht auf strukturelle oder prozessuale Aspekte. Beispielsweise sind in den Mehr-Speicher-Modellen genauere Aussagen über die Struktur des kognitiven Systems enthalten, indem deutlich wird, welche Art von Information an welcher Stelle abgelegt ist. Im Gegensatz dazu legen beispielsweise die Ansätze zu Ein-Speicher-Modellen stärkeres Gewicht auf die Prozeduren und machen über die Art und Weise der Verarbeitung von Informationen genauere Angaben.

## 6.2 Mehr-Speicher-Modelle

### Allgemeines Modell

Die Mehr-Speicher-Modelle basieren auf dem Ansatz von Theorien zur Informationsverarbeitung und sind in Analogie zur Struktur und Arbeitsweise von Computern konzipiert worden. Es wird also davon ausgegangen, dass Menschen interne Repräsentationen von Sachverhalten, Ereignissen, Personen und Situationen ihrer Umwelt bilden. Diese Information ist dann Gegenstand einer Folge von internen Verarbeitungsschritten.

Ein System zur Verarbeitung von Informationen benötigt geeignete Strukturen und Prozesse zur Aufnahme und zur Kodierung von Informationen sowie zur Speicherung. Weiterhin müssen Operationen zur Verfügung stehen, die geeignet sind, sowohl die neu aufgenommenen als auch die bereits vorhandenen – also gespeicherten – Informationen zu verarbeiten. Schließlich ist eine Kontroll- oder Steuerinstanz erforderlich, die die Verarbeitungsschritte überwacht und organisiert. Die verschiedenen Komponenten in einem System zur Informationsverarbeitung müssen zweierlei leisten. Zum einen muss Wissen über die wahrgenommenen Sachverhalte aus der Umwelt bereitgestellt werden können, wobei die Sachverhalte in unterschiedlichster Form repräsentiert sein können. Zum anderen muss es eine Möglichkeit geben, dass Information aus der Umwelt und bereits gespeicherte Information (also Wissen), wenn sie zu einem bestimmten Zeitpunkt benötigt wird, gleichzeitig präsent ist.

In allen Mehr-Speicher-Modellen werden zumindest zwei separate – also voneinander getrennte – und in ihrer Funktion unterschiedliche Speicher als permanente Strukturen angenommen. Es gibt einen Speicher, in dem Informationen für kürzere Dauer zur Verfügung gehalten werden, und einen Speicher, der für eine langfristige Lagerung zuständig ist. Eine solche Unterscheidung hat eine lange Tradition, die bis zu William James zurückverfolgt werden kann.

James (1890) spricht von einem primären und einem sekundären Gedächtnis und bezeichnet das sekundäre Gedächtnis als das eigentliche Gedächtnis, nämlich das Wissen um einen früheren Zustand, nachdem dieser Zustand bereits aus dem Bewusstsein verschwunden war. Das eigentliche Gedächtnis betrifft nach James (1890) Gedächtnisinhalte, von denen man weiß, dass man sie bereits vorher erlebt oder gedacht hat.

Wie bei einem Computer wird angenommen, dass es zwei Speicherarten gibt: ein Speicher, der wie beim Arbeitsspeicher des Computers Gedächtnisinhalte im Moment der Verarbeitung für relativ kurze Zeit zur Verfügung hält, und ein Speicher, der für die langfristige Speicherung von Informationen, wie sie auf der Festplatte oder einem externen Speichermedium (Diskette, CD-ROM) des Computers erfolgt, zuständig ist. Erste Hinweise auf kurzzeitige Speicherprozesse waren bereits in den Anfängen der experimentellen Psychologie etwa zeitgleich mit den Veröffentlichungen von William James in den USA im Labor von Wilhelm Wundt in Untersuchungen zur Gedächtnisspanne (Dietze, 1884) gefunden worden.

Das zweite Kennzeichen der Mehr-Speicher-Modelle ist die Annahme, dass sowohl zum Einprägen als auch zum Erinnern willentlich steuerbare »geistige Operationen« eingesetzt werden können. Diese Gedächtnisprozesse oder -strategien werden von Atkinson & Shiffrin (1968) als Kontrollprozesse bezeichnet. Die Regelung des Informationsflusses zwischen den Speichern ist von uns kontrollierbar, insbesondere die langfristige Speicherung steht unter unserem Einfluss. Mehr noch, diese kognitive Aktivität selbst ist veränderbar, d.h. sie kann durch Lernen verbessert werden. Ohne eine solche willentliche Anstrengung ist das Abspeichern von Informationen wie auch infolge von Ermüdung deutlich weniger effektiv. Auch diese Überlegung findet sich bereits bei William James (1890), wenn er darauf hinweist, dass die Gedächtnisleistung durch Verbesserung der gewohnheitsmäßigen Methoden zum Einprägen von Fakten steigerbar ist.

Entscheidende Anregungen für das Mehr-Speicher-Modell des Gedächtnisses kamen von Hebb (1949), von Broadbent (1958) und durch das Buch zur Grundlegung kognitiver Prozesse von Neisser (1967).

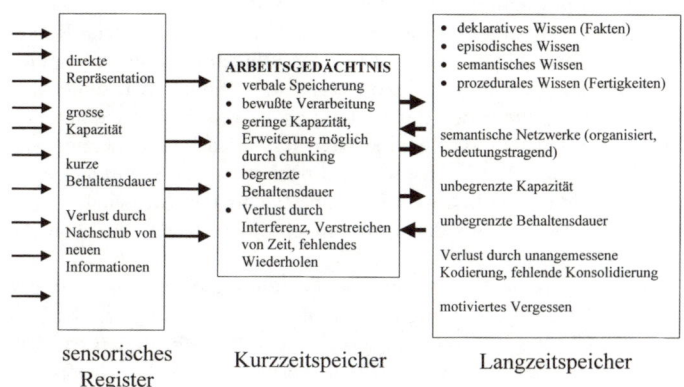

*Abb. 6.1:* Mehr-Speicher-Modell

Die angenommenen Speicher sind als permanente Strukturen gedacht. Sie sind also immer vorhanden, werden aber bei der Informationsaufnahme unterschiedlich stark in Anspruch genommen. Ankommende Reize durchlaufen die unterschiedlichen Speicher in einer festen Abfolge – vom Arbeitsspeicher zum Langzeitspeicher.

Es sei hier ausdrücklich darauf hingewiesen, dass man auf der Suche nach allgemeinen Gesetzmäßigkeiten des Erlebens und Verhaltens auch bei den Speichermodellen davon ausging, dass sie in gleicher Weise für jegliche Art von Information gelten, d. h. Aufbau und Funktionsweise des Gedächtnisses und von Gedächtnisprozessen wurden als allgemeine Prinzipien formuliert, die unabhängig von spezifischen Inhalten Geltung beanspruchten.

Im Mehr-Speicher-Modell von Atkinson & Shiffrin (1968) werden drei separate Speicher angenommen, das sensorische Register, der Kurzzeitspeicher und der Langzeitspeicher.

## Sensorisches Register

Die über die Sinnesorgane aufgenommenen Reizmuster gelangen zunächst in das sensorische Register. Hier stehen sie für ganz kurze Zeit (eine halbe bis vier Sekunden je nach Modalität) in Rohform, d. h. in ihrer den jeweiligen Sinnesorganen entsprechenden Modalität zur Verfügung. Sie werden »reiznah« kodiert. Visuelle Eindrücke werden ikonisch repräsentiert und stehen etwa eine halbe Sekunde »wie ein Bild« zur Verfügung, für auditive Reize wird eine echoische Repräsentationsform angenommen, d. h. Töne klingen innerlich über einen Zeitraum von drei bis vier Sekunden nach. Es findet noch keine Analyse der Bedeutung der Reize statt. Es ist die unterste, einfachste Stufe der Informationsaufnahme. Man spricht auch von präkategorialer Speicherung. Ein Buchstabe wird noch nicht als Buchstabe registriert, sondern lediglich in seinen oberflächlichen Merkmalen, also dem Bild, das sich aus den Hell-dunkel-Unterschieden auf dem Papier ergibt.

Das sensorische Register hat die Funktion, die Reizeinwirkungen auf den Organismus für begrenzte Zeit verfügbar zu halten. Der Prozess des Übertragens aus dem sensorischen Register in den nachfolgenden Speicher erfordert Zeit und diese ist durch das kurzfristige Festhalten in den sensorischen Registern gegeben. Die Kapazität des Registers (Umfang) gilt als sehr groß; der Verlust von Informationen ist jedoch sehr hoch und beginnt sehr schnell. Innerhalb weniger hundert Millisekunden sind Eindrücke bereits wieder verschwunden. Angenommen wird, dass der Verlust hauptsächlich auf das Nachdrängen neuer Informationen zurückzuführen ist.

Es werden manchmal für die unterschiedlichen Sinnesmodalitäten spezifische Register angenommen:

- Gesichtssinn → ikonisches Register
- Gehör          → echoisches Register
- Geruch        → olfaktorisches Register
- Tastsinn      → haptisches Register

Die visuelle und auditive Wahrnehmung ist bei weitem besser erforscht als beispielsweise die Wahrnehmung über den Geruchs- und den Tastsinn.


## Kurzzeitspeicher

Der Kurzzeitspeicher erhält Informationen aus dem sensorischen Register und dem Langzeitspeicher. Er gilt als die zentrale Speichereinheit. Die Informationen stehen hier länger zur Verfügung als im sensorischen Speicher. Sie stehen auch dann noch wenige Sekunden zur Verfügung, wenn die Aufmerksamkeit für kurze Zeit abgezogen und anderen Inhalten zugewandt wird. Die überwiegende Kodierungsform ist die verbale.

Die Informationen müssen in den Kurzzeitspeicher, wenn sie bewusst verarbeitet werden sollen. Dieser Speicher hat mehr als reine Aufbewahrungsfunktion. Er ist gleichzeitig auch das *Arbeitsgedächtnis* – vergleichbar mit dem Arbeitsspeicher beim Computer. Begrenzte Informationsmengen werden hier zur bewussten Weiterverarbeitung festgehalten.

Sofern die Aufmerksamkeit auf sie gerichtet ist, können die Informationen hier sehr lange festgehalten werden. Ohne Aufmerksamkeitslenkung ist die Haltedauer auf 20 Sekunden beschränkt. Die Kapazität des Kurzzeitspeichers bezogen auf den Umfang an Informationen ist ungefähr sieben Einheiten (sieben plus/minus zwei). Ebbinghaus hatte bereits 1885 von einer auf sechs bis sieben Einheiten begrenzten Aufnahmekapazität berichtet. Miller (1956) hat diese Beobachtungen bestätigt und in seinem klassischen Aufsatz »The magical number seven, plus or minus two« entsprechende Ergebnisse zusammengestellt. Eine Erweiterung der Kapazität ist indirekt über die Bildung von Verarbeitungseinheiten sog. chunks möglich, d.h. die Unterteilung von Informationen in sinnvolle Einheiten höherer Ordnung (Miller, 1956).

Als hauptsächliche Quellen für den Verlust von Informationen im Arbeitsgedächtnis gelten

• Interferenz durch ähnliches Material
• fehlendes Wiederholen
• Verstreichen von Zeit.

## Langzeitspeicher

Der Langzeitspeicher erhält in der Regel Informationen aus dem Kurzzeitspeicher. Er gilt als Speicher, der im Umfang unbegrenzt aufnahmefähig ist und dauerhaft – im Prinzip über die gesamte Lebensspanne – seine Inhalte behält. Er enthält das gesamte Wissen einer Person und ist daher vergleichbar mit der Festplatte eines Computers. Die Übertragung vom Kurzzeitspeicher in den Langzeitspeicher kann bewusst oder unbewusst erfolgen.

Es gibt verschiedene Kodierungsformate für Informationen im Langzeitspeicher. Die Inhalte können prozedural (Fertigkeiten), deklarativ (Fakten), episodisch (Scripts) oder semantisch (Bedeutung) vorliegen. Durch das Langzeitgedächtnis sind wir in der Lage, uns mit Vergangenem und Gegenwärtigem gleichzeitig zu beschäftigen. Wir können also neu auftretende Probleme mit Hilfe vergangener Erfahrungen überdenken, da im Arbeitsgedächtnis neue Informationen von außen und Inhalte aus dem Langzeitgedächtnis zusammenkommen können.

Die wichtigsten Quellen für den Verlust von Informationen sind
• unangemessene Kodierung
• Interferenz
• ungenügende Konsolidierung
• motiviertes Vergessen
  • Misslingen des Abrufs.

Das Mehr-Speicher-Modell hat lange Zeit die empirischen Ergebnisse zum Behalten und Erinnern erklären können. Mittlerweile gibt es eine Reihe von Ergebnissen, die durch andersartige Modelle besser erklärt werden können.

## Produktionssystem

Unter strukturellen Gesichtspunkten ist auch das ACT*-Modell von Anderson (1983) ein Mehr-Speicher-Modell. Es geht allerdings über rein strukturelle Annahmen weit hinaus und gilt als umfassendes Modell zur Repräsentation kognitiver Prozesse. Da die wichtigste Funktion dieses Modells darin besteht, zu beschreiben wie kognitive Prozesse ablaufen, und nicht, wo welche Art von Informationsablage stattfindet, werden die unterschiedlichen Bereiche nicht als Speicher, sondern als kognitive Komponenten bezeichnet.

Anderson (1983) hat das ACT*-Modell aus früheren Varianten seiner von ihm selbst als psychologische Theorie kognitiver Prozesse bezeichneten Annahmen zur »adaptive control of thought« entwickelt.

Er unterscheidet ein Arbeitsgedächtnis, das in den Grundzügen der bisherigen Darstellung über ein System entspricht, in dem Informationen aus der Außenwelt (als Abfolge von Symbolen) und dem Wissensgedächtnis zusammenkommen und dort verarbeitet werden. Daneben nimmt er zwei Arten von Langzeitgedächtnis an, ein deklaratives Gedächtnis, in dem Faktenwissen (»Wissen, dass ...«) gespeichert ist, und ein prozedurales Gedächtnis, in dem Wissen über kognitive Operationen und Umgangsweisen mit deklarativem Wissen

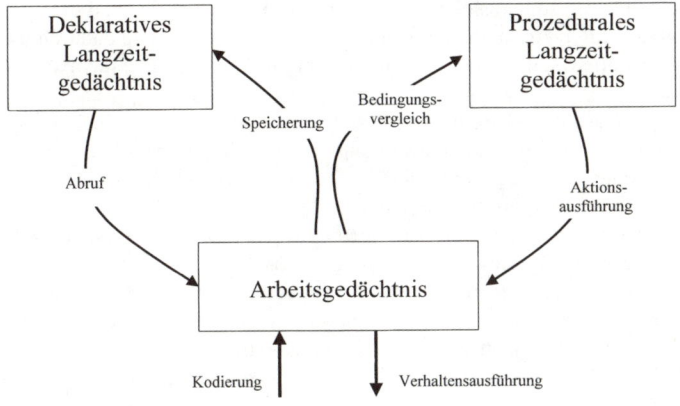

*Abb. 6.2:* ACT*-Modell nach Anderson (1983)

(»Wissen, wie...« oder »Wenn ... dann-Wissen«) lagert. Das deklarative Langzeitgedächtnis hat die Form eines semantischen Netzes. Es besteht aus miteinander verbundenen Wissenseinheiten, die jeweils aus bis zu fünf Elementen zusammengesetzt sein können. Jedes der einzelnen Elemente kann wiederum eine Wissenseinheit darstellen, die man bei noch größerer Auflösung der Betrachtung wiederum als aus mehreren Elementen zusammengesetzt erkennen kann.

Auf diese Weise entsteht ein netzwerkartiger Aufbau mit einer hierarchischen Struktur. Die einzelnen Wissenseinheiten entsprechen Knoten im Netz und haben eine veränderliche Stärke und ein variables Aktivierungsniveau. Ein bestimmtes Ereignis kann mit großer Stärke im Langzeitgedächtnis verankert sein. Das Ereignis muss aber nicht jederzeit präsent sein, es kann also mehr oder weniger aktuell erinnert werden – dieser aktuellen Präsenz entspricht die Aktivierung.

Je häufiger die Wissenseinheit aktiviert wird – also im Arbeitsgedächtnis verwendet wird – , desto größer ist die Stärke, mit der sie im langfristigen Gedächtnis abgelegt ist. Das Element im Arbeitsgedächtnis stellt eine Aktivierungsquelle für den entsprechenden Knoten im semantischen Netz des Langzeitgedächtnisses dar. Die Aktivierung breitet sich im Langzeitgedächtnis über benachbarte Knoten aus. Die Aktivierungsausbreitung ist wiederum von der Stärke der Knoten abhängig. Ein gegenläufiger zeitabhängiger Abschwächungsprozess sorgt dafür, dass die Aktivierung nicht ständig zunimmt und eine Überlastung des Systems auftritt. Anderson (1983) hat diese Vorgänge durch ein mathematisches Modell beschrieben und dadurch die Annahmen seines Modells in Simulationsstudien untersuchbar gemacht.

Das System ist in der Lage, sich selbst zu verändern, indem prozedurales Wissen zur Anwendung kommt. Die Anwendung der im prozeduralen Gedächtnis abgelegten sog. Produktionen wird durch mehrere Mechanismen gesteuert. Ähnlich wie die Stärke der Wissenseinheiten mit jeder Aktivierung wächst, werden Produktionen mit jeder erfolgreichen Anwendung gestärkt.

Auf die Annahmen über das Erlernen kognitiver Fertigkeiten und die Automatisierung dieser Fertigkeiten (Prozeduralisierung) wird im Kapitel 8 über »Denken« näher eingegangen.

## 6.3  Kurzzeitspeicher und Arbeitsgedächtnis

### Kurzzeitspeicher als Aufbewahrungsstation

Da das Vergessen zunächst sehr schnell und dann langsamer erfolgt, wurde angenommen, dass es zwei deutlich unterschiedliche Gedächtnissysteme – ein Kurzzeitgedächtnis und das Langzeitgedächtnis – gibt.

Ebbinghaus (1885) stellte bei seinen Gedächtnisexperimenten fest, dass er für Listen von dreizehn unterschiedlichen sinnlosen Silben wie DAX, BUP, LOC bei Wiederholung der Lerndurchgänge – hiermit sind die Versuche gemeint, sich die Silben einzuprägen – mit der Anzahl der Wiederholungen immer weniger Zeit brauchte, bis er die Liste fehlerfrei aufsagen konnte. Solche Lern- oder Vergessenskurven haben immer einen typischen Verlauf, der deutlich macht, dass Lern- bzw. Gedächtnisfortschritte zwei unterschiedliche Qualitäten haben.

Ein weiterer Grund, ein Kurzzeitgedächtnis anzunehmen, war der Befund, dass längeres Memorieren die Menge an Informationen erhöht, die ins Langzeitgedächtnis überführt werden. Daraus wurde geschlossen, dass ein Speicher mit geringerer Kapazität, aber längerer Behaltensleistung als das sensorische Register eine notwendige Durchgangsstation für Informationen ist, um in den Langzeitspeicher zu gelangen. Es stellte sich heraus, dass die Erinnerungsleistung umso besser ist, je länger die Verweildauer der Informationen im Kurzzeitspeicher ist.

Das Mehr-Speicher-Modell war Ende der sechziger Jahre zunächst sehr gut geeignet, zahlreiche Befunde aus der Gedächtnisforschung zu integrieren. Der Haupteinwand setzte dann an der Annahme eines spezifischen Kurzzeitspeichers an, der hauptsächlich die Funktion hat, die Verweildauer von Informationen zu erhöhen. Die reine Verweildauer von Informationen trägt offensichtlich nichts oder doch zumindest nicht ausschlaggebend zur Erinnerungsleistung bei. Craik & Lockhart (1972) haben mit einem einflussreichen Artikel entscheidend dazu beigetragen, dass die These von der Notwendigkeit einer aktiven Verarbeitung von Informationen – also eines möglichst tiefen und bedeutungshaltigen Memorierens – weite Verbreitung fand (manchmal auch als »Theorie der Verarbeitungstiefe« bezeichnet, vgl. Anderson, 1996). Gegenstände des alltäglichen Gebrauchs, die sehr häufig und damit insgesamt auch über eine beträchtliche Dauer in unserem Kurzzeitspeicher landen, müssen nicht unbedingt von uns gut erinnert werden können. Wenn man sich das Bild vergegenwärtigen soll, das man jeden Abend sieht, wenn die Nachrichten im Fernsehen verlesen werden, oder wenn man die erste Seite seiner täglichen Zeitung liest, so wird man feststellen, dass man dieses »hundert Mal«, aber nie »richtig« gesehen hat. Ganz offensichtlich ist es wichtiger, was mit der Information geschieht, während sie sich im Kurzzeitgedächtnis befindet, als wie häufig oder lange sie dort verweilt.

## Dauer des passiven Memorierens hat keinen Einfluss auf die Gedächtnisleistung

Glenberg, Smith & Green (1977) veranlassten ihre Probanden, sich eine vierstellige Zahl zwei Sekunden lang einzuprägen. Danach hatten sie je nach Versuchsbedingung zwei, sechs oder achtzehn Sekunden Zeit, sich ein Wort einzuprägen. Im Anschluss sollten sie das Wort wiedergeben. Die Probanden glaubten, dass die eigentliche Aufgabe in der Wiedergabe der Ziffern der Zahl bestand und das Memorieren der Worte nur eine Füllaufgabe war, um Zeit zwischen Einprägen und Wiedergabe zu überbrücken. Die Probanden haben also dem Einprägen des Wortes keine besondere Aufmerksamkeit geschenkt. Es zeigte sich entsprechend, dass die Wiedergabeleistung der Worte in allen Versuchsbedingungen gleich war. Die Wiedergabeleistung von Informationen, denen bei der Einprägung keine besondere Aufmerksamkeit zuteil wird, ist also offensichtlich nicht von der Präsentationsdauer der Worte abhängig.

Ergebnisse wie das von Glenberg et al. (1977) zeigen, dass die Verweildauer allein keine hinreichende Bedingung für eine Langzeitspeicherung ist. Das Material muss während der Lagerung im Kurzzeitspeicher in irgendeiner Weise vernetzt werden. Es kann tiefer gehend verarbeitet oder angereichert werden (vgl. weiter unten den Abschnitt über Tiefe und Reichhaltigkeit der Verarbeitung).

Bei Mehr-Speicher-Modellen ist darüber hinaus ungeklärt, wie man sich die drastischen Unterschiede in der Art der Enkodierung von Speicher zu Speicher vorstellen soll. Wie kann sich während des Übergangs vom sensorischen in den Kurzzeitspeicher die relativ rohe und unspezifische Information in eine Information über phonetische

Merkmale verwandeln, und wie findet dann die Umwandlung in die semantische Bedeutung zur endgültigen Ablagerung im Langzeitspeicher statt?

Zusätzlich kamen Zweifel auf, das Kurzzeitgedächtnis als ein einheitliches System aufzufassen, das unabhängig von der jeweiligen Art der Informationen – also modalitätsunspezifisch – eine begrenzte Kapazität hat (vgl. auch die entsprechenden Abschnitte über Zweifel an einer modalitätsunspezifischen Aufmerksamkeitskapazität weiter oben). Goschke (1996) berichtet über den klinisch auffällig gewordenen Fall einer Person, die sich akustisch dargebotene Buchstaben und Zahlen deutlich schlechter merken konnte als geschriebene Buchstaben und Zahlen. Untersuchungsergebnisse von Baddeley (zusammenfassend 1990) und seinen Mitarbeitern zeigen ebenfalls, dass die Annahme eines einheitlichen kapazitätsbegrenzten Kurzzeitspeichers nicht haltbar ist. Probanden, die mit dem Einprägen und Memorieren beschäftigt waren, waren durch das Lösen einfacher Aufgaben nicht sonderlich beeinträchtigt.

---

**Kein einheitlicher kapazitätsbegrenzter Kurzzeitspeicher**
Baddeley (1990) berichtet von einer Untersuchung, bei der Probanden bis zu acht Ziffern behalten und kontinuierlich laut wiederholen sollten. Gleichzeitig sollten sie eine logische Denkaufgabe lösen, für die sie ebenfalls die kurzzeitige Speicherung von Informationen brauchten. Das Ergebnis zeigte lediglich eine leichte Erhöhung der Reaktionszeiten, wenn die Denkaufgabe gleichzeitig bearbeitet wurde. Die Lösung der Denkaufgabe war den Probanden trotz der Inanspruchnahme des Kurzzeitgedächtnisses durch die Memorieraufgabe fehlerfrei möglich.

---

Statt verschiedene Speicher zu unterscheiden, wurde Anfang der achtziger Jahre das Hauptaugenmerk darauf gerichtet, die Prozesse des Einprägens und Erinnerns in den Vordergrund zu stellen, und entsprechend dominierten Gedächtnismodelle, die die Prozesse und Funktionen des Gedächtnisses in den Vordergrund rückten.

## Arbeitsgedächtnis mit Hilfssystemen

Trotz aller Einwände gegen einen Kurzzeitspeicher war der Befund, dass es eine Beschränkung der Informationsmenge gibt, die man aktuell verfügbar halten kann, allerdings nach wie vor erklärungsbedürftig. Die wichtigste Funktion des Kurzzeitgedächtnisses, nämlich Informationen aktuell zur Verfügung zu halten und damit weitere kognitive Operationen zu vollziehen, wurde damit verstärkt Gegenstand von Untersuchungen.

Die Arbeiten von Baddeley und seinen Mitarbeitern können als Weiterentwicklung und Ergänzung des traditionellen Mehr-Speicher-Modells angesehen werden, da er mit seinen Vorschlägen die wichtigste Funktion des Kurzzeitgedächtnisses, nämlich Informationen unterschiedlicher Herkunft zu verarbeiten, durch die Modellierung und experimentelle Untersuchung verschiedener Hilfssysteme zum Memorieren spezifiziert hat.

Baddeley (1986) nimmt an, dass das Arbeitsgedächtnis nach einer Grundkonzeption arbeitet, die aus mehreren Hilfssystemen und einer zentralen Kontrollinstanz besteht. Zwei dieser Hilfssysteme hat er bereits näher untersucht. Um zu erklären, wie sprachliche Informationen präsent gehalten werden, nimmt er ein Subsystem an, das er artikulatorische Schleife nennt. Das zweite von ihm beschriebene Subsystem dient der Aufrechterhaltung visueller Vorstellungen; er bezeichnet es als visuell-räumliche Komponente. Die modalitätsun-

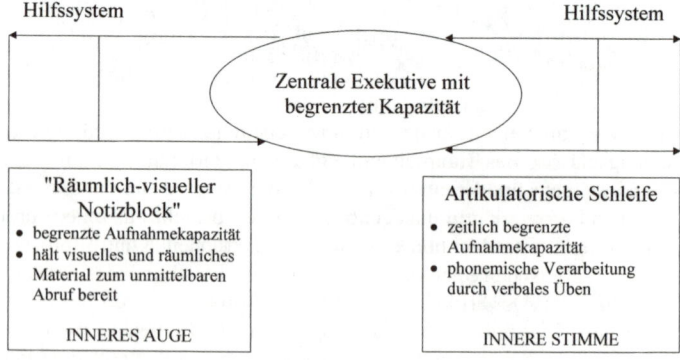

*Abb. 6.3:* Modell des Arbeitsgedächtnisses nach Baddeley (1986)

spezifische Komponente, die für die Kontrolle der beiden Subsysteme zuständig ist, nennt er »zentrale Exekutive«.

Baddeley (1986) hält an der Auffassung fest, dass die Hauptfunktion des Arbeitsgedächtnisses darin besteht, die Informationen für weitere mentale Operationen bereitzuhalten. Der Inhalt zuvor gelesener Sätze und Abschnitte muss beispielsweise präsent gehalten bleiben, will man den Gang einer Argumentation verstehen. Seine Annahme, dass es mehrere Systeme in diesem Arbeitsgedächtnis gibt, die jeweils für die unterschiedlichen Sinnesmodalitäten zuständig sind, ist mittlerweile durch zahlreiche Experimente bestätigt worden (vgl. Baddeley, 1990).

Für die *artikulatorische Schleife* spricht, dass ähnlich klingende Worte wie z.B. Haube, Taube, Laute schlechter behalten werden als unähnliche wie z.B. Haube, Tisch, Pferd. Man bezeichnet das Phänomen als phonemischen Ähnlichkeitseffekt (vgl. Goschke, 1996). Der sog. Effekt unbeachteter Sprache ist ein weiteres Beispiel für die artikulatorische Schleife: Personen können weniger Worte kurzzeitig behalten, wenn man ihnen gleichzeitig Sprachlaute vorspielt, die sie ignorieren sollen, als wenn man ihnen Lärm vorspielt, der keine sprachlichen Laute enthält. Auch der Wortlängeneffekt ist ein Hinweis auf das von Baddeley (1986) postulierte Subsystem für die artikulatorische Verarbeitung von Sprache. Er beinhaltet, dass die Behaltensleistung von Worten durch die Länge der Worte beeinflusst ist. Sowohl der Effekt der phonemischen Ähnlichkeit als auch der Wortlängeneffekt verschwinden, wenn das innere Sprechen der Worte verhindert wird, indem man die Probanden anweist, andauernd ein bestimmtes Wort (z.B. »das«) laut zu sprechen. Das weist darauf hin, dass bei Blockierung des phonologischen Speichers durch das andauernde Artikulieren die zu behaltende sprachliche Information in einem anderen Format, also einer andersartigen Kodierung – möglicherweise als visuelle Information (also durch innere Repräsentation des geschriebenen Buchstabens) – die Behaltensleistung nicht mehr vom inneren Sprechen abhängt.

Das System der artikulatorischen Schleife besteht aus einem phonologischen Speicher und einem artikulatorischen Kontrollprozess. Im phonologischen Speicher werden Sprachlaute aktualisiert und aufrechterhalten. Der artikulatorische Kontrollprozess steuert das innere Sprechen. Es können so viele Worte aufrechterhalten werden, wie man in etwa zwei Sekunden sprechen kann. Schnell sprechende Personen haben daher auch oft eine größere Gedächtniskapazität für

Worte. Goschke (1996) berichtet von Studien mit bildgebenden Verfahren (Positronen-Emmissions-Tomographie, PET), die Hinweise auf die mögliche anatomische Lokalisation der phonologischen Schleife mit ihren beiden Teilkomponenten erbracht haben (vgl. dazu den Überblick von Frackowiak, 1994).

Das zweite von Baddeley (1986) beschriebene Subsystem des Arbeitsgedächtnisses ist der *räumlich-visuelle Notizblock*. Darunter versteht er ein Hilfssystem zum Memorieren von Bildern. Auch dieses System konnte in PET-Studien als separate Komponente nachgewiesen werden. Beim kurzzeitigen Behalten räumlicher Positionen wurden nach Berichten von Goschke (1996) andere Hirnregionen aktiviert als beim Behalten gesprochener Sprache.

Die *zentrale Exekutive* kann Informationen in die Hilfssysteme einspeisen oder Informationen aus den Hilfssystemen abrufen. Weiterhin ist sie in der Lage, Informationen des einen Systems für die Einspeisung in das jeweils andere System zu übersetzen. In der zentralen Exekutive können also Klangbilder von Worten (»innere Stimme«) in die jeweilige sprachlich-visuelle Repräsentationsform des Wortes transformiert werden, so dass man das geschriebene Wort vor dem inneren Auge hat und damit weiter operieren kann. Man denke nur an die beliebten Anagramm-Aufgaben, bei denen man mit den Buchstaben eines Wortes neue Worte bilden soll. Wir neigen spontan dazu, uns das Wort aufzuschreiben, wenn man es uns nur nennt. Offensichtlich fällt uns die Aufgabe leichter, wenn wir die Buchstaben bildlich vor uns haben. Ist uns das Aufschreiben nicht möglich, sind wir aber auch in der Lage, uns die Buchstaben innerlich vor Augen zu führen und die visuell vorgestellten Buchstaben umzustellen. Diese kognitive Fähigkeit, Informationen von einer in eine andere Repräsentationsform zu überführen, ist durch das Modell von Baddeley (1986) in Form der zentralen Exekutive mit bedacht.

### Artikulatorische Schleife

Der Umfang der Informationen im Arbeitsgedächtnis ist abhängig von der Zeit, die zur Aussprache benötigt wird. Man kann ungefähr 1,5 Sekunden lang das Gedächtnis mit Material anfüllen, um es in der artikulatorischen Schleife zu memorieren. Die Befunde zur artikulatorischen Schleife belegen, dass die gesprochene Sprache an der Gedächtnisspanne beteiligt ist.

## 6.4  Ein-Speicher-Modelle

### Netzwerkstruktur

Das Gedächtnissystem in Ein-Speicher-Modellen wird als vielfältig verknüpftes dreidimensionales Netzwerk aufgefasst. Die Knoten des Netzes sind die elementaren Informationseinheiten. Sachverhalte der Realität können als einzelne Informationselemente oder komplexe, verdichtete Strukturen repräsentiert sein. Die eng verknüpften Elemente entsprechen den zu Bedeutungseinheiten zusammengefassten sog. chunks, die aufgrund der Enge der Beziehung zueinander ebenfalls jeweils als eine zusammenhängende Einheit wahrgenommen und gespeichert werden.

Die Netzwerkstruktur sollte man sich zumindest funktional nach unterschiedlichen Ebenen untergliedert vorstellen. Gedächtnisinhalte sind über verschiedene Ebenen hinweg miteinander verknüpft. Das entspricht der Vorstellung, dass wir Oberflächenmerkmale und Bedeutungsgehalte von Gegenständen relativ problemlos bzw. sogar ohne bewusste Aufmerksamkeitssteuerung gleichzeitig aktivieren können.

In Ein-Speicher-Modellen wird ein kontinuierlicher Prozess der Informationsverarbeitung angenommen, und es werden keine qualitativen Sprünge mehr wie zwischen dem sensorischem Register und dem Kurzzeitspeicher einerseits und dem Kurzzeitspeicher und dem Langzeitspeicher andererseits postuliert. Die ersten Kodierungsschritte werden als Merkmale unterer oder früher Stufen der Informationsaufnahme und -verarbeitung angesehen. Die Besonderheiten der verschiedenen Speicher bleiben als kennzeichnende Merkmale der Verarbeitungsebenen erhalten. Für die frühe Verarbeitungsebene gilt daher wie im sensorischen Speicher der Mehr-Speicher-Modelle, dass hier zunächst eine erste »reiznahe« Kodierung, ein kurzfristiges Andauern der Reizeinwirkung (kurze Verfügbarkeit) und eine hohe Verlustrate an Informationen festgestellt werden kann.

Kurz- und Langzeitgedächtnis sind keine strukturell unterschiedlichen Teile des Gedächtnissystems, sondern lediglich funktional unterschiedliche. Das Kurzzeit- bzw. Arbeitsgedächtnis wird als temporärer Zustand der Aktivierung einer Teilmenge von Informationselementen im gesamten Netzwerk verstanden. Aktivierung bedeutet, dass eine Verarbeitung von neuen Informationen zusammen mit älteren Inhalten des kognitiven Systems möglich ist.

Das Langzeitgedächtnis gilt nach wie vor als passives, permanentes Reservoir von Kenntnissen über Sachverhalte, Ereignisse, Personen und Handlungen. Die Struktur des Langzeitgedächtnisses ist praktisch die Struktur, die für das gesamte kognitive System angenommen wird. Kurz- und Langzeitgedächtnis sind lediglich unterschiedliche Zustände des Systems bzw. von Teilen des Systems.

Da die Inhalte des Langzeitgedächtnisses als passiv gelten, müssen sie erst aufgerufen werden, damit kognitive Prozesse stattfinden können. Wenn man sich z.B. an etwas erinnert oder erinnern soll, wird durch das Wort oder den Satz mindestens einer der Knotenpunkte des Netzes aktiviert. Die Knotenpunkte des Netzwerks bedürfen also der Aktivierung. Die Stärke der Verknüpfung zwischen den einzelnen Informationseinheiten ist bedeutsam für die Geschwindigkeit und Reichweite der Ausbreitung der Aktivierung innerhalb des Netzwerks. Die Stärke der Verknüpfung entspricht der Stärke der Assoziation zwischen zwei Dingen oder Sachverhalten.

Aktivierung von Gedächtnisinhalten ist also auf zweierlei Art möglich:

a) durch Informationen über die sensorischen Kanäle und
b) durch Informationen, die im Verlaufe geistiger Prozesse erzeugt werden.

Der Zustand der Aktivierung bedeutet, dass repräsentiertes Wissen der bewussten Verarbeitung zugänglich ist. Die Aktivierung dauert in der Regel kurz an, kann aber durch gezielt eingesetzte geeignete Operationen (Kontrollprozesse) für längere Zeit aufrecht erhalten bleiben. Der Inhalt des Gedächtnisses bleibt aktiviert, solange wir die Aufmerksamkeit darauf richten.

Das Kurzzeitgedächtnis ist also in diesem Modell ein bestimmter Zustand des Langzeitgedächtnisses und kein eigener Speicher. Die temporäre Aktivierung eines Teils der Informationselemente im Langzeitgedächtnis wird als Kurzzeitgedächtnis bezeichnet. Der Wechsel vom passiven zum aktiven Zustand bestimmter Knoten und Verbindungen des Netzwerks entspricht der Aktualisierung von Gedächtnisinhalten. Vergessen bedeutet in diesem Modell, dass man nicht in der Lage ist, Inhalte des Gedächtnisses zu aktivieren. Die Nutzung von Wissen bei geistiger Aktivität ist gleichbedeutend mit der gezielten, fortlaufenden Aktivierung immer neuer Strukturen des Netzwerks. Strukturen, die nicht mehr Gegenstand der bewussten Be- oder Verarbeitung sind, werden wieder inaktiv.

Selektive Aufmerksamkeit bedeutet in diesem Modell nicht mehr ein Wegfiltern von Informationen aufgrund eines unzureichenden Übertragungsprozesses von einem in den nächsten Speicher, sondern entsteht durch einen vom Individuum eingesetzten (kontrollierten) Prozess, in dem über die Menge gerade aktivierter Inhalte im Gedächtnis entschieden wird. Selektive Aufmerksamkeit besteht darin, dass Kontrollprozesse im Kurzzeitgedächtnis wirksam sind. Durch diese Kontrollprozesse werden automatisch kodierte Inputs für die weitere Informationsverarbeitung ausgewählt.

Die Vorstellung vom Langzeitgedächtnis als inaktive und dem Kurzzeitgedächtnis als aktivierte Struktur desselben Netzwerks bedeutet, dass die Verknüpfungsstruktur des Gedächtnisses im Prinzip jederzeit vollständig zur Verfügung steht. Allein die jeweils aktivierten Knoten und die Stärke der Verbindung zwischen den Knoten entscheidet, welcher Teil davon aktualisiert wird.

## Ebenen der Verarbeitung

Die Entwicklung von Mehr-Speicher- zu Ein-Speicher-Modellen ist wesentlich durch die Forschungen von Schiffrin, Schneider und ihren Mitarbeitern in der Mitte der siebziger Jahre voran getrieben worden. Diese Entwicklung steht in engem Zusammenhang mit der Annahme verschiedener Ebenen und verschiedener Arten – einer automatischen und einer kontrollierten – der Informationsverarbeitung.

Anstelle des Durchlaufens unterschiedlicher Speicher wird in Ein-Speicher-Modellen angenommen, dass Informationen in einer spezifischen Abfolge von Kodierungsarten unterschiedlich repräsentiert werden. Diese Sequenz von Kodierungsarten beginnt mit oberflächlichen Merkmalen des Reizes (niedrige Ebene) und schreitet zu immer höheren (manchmal auch als tiefer im Sinne von »zu tieferen Bedeutungen vordringen« bezeichneten) Ebenen fort. Bei der Verarbeitung des Reizes »L« beispielsweise (vgl. den Abschnitt über das Modell der Informationsverarbeitung im vierten Kapitel) werden auf der untersten Ebene die visuellen Merkmale als Kontraste wahrgenommen. Auf der nächsten Ebene wird die Bedeutung dieser hell/dunkel-Kontraste als Linien und die Form und Beziehung der Linien zueinander als Buchstabe erkannt. Eine weitere Verarbeitungsebene repräsentiert beispielsweise den Reiz in seiner Lautbildung und symbolisiert ihn als Phonem. Schließlich ist eine Verarbeitung des Buchstabens in sei-

ner Beziehung zu relevanten Gedächtnisinhalten denkbar, beispielsweise als Anfangsbuchstabe des eigenen Familiennamens.

Shiffrin & Schneider (1977) nehmen an, dass die Aufnahme und
Kodierung von Informationen auf frühen Stufen oder unteren Ebenen
der Informationsverarbeitung automatisch abläuft. Der sensorische
Input wird aufgrund eines nicht bewusst kontrollierbaren Prozesses
zunächst bis zu einer bestimmten Ebene kodiert. Diese erste automatische Kodierung stellt eine Art Aufbereitung für die weitere bewusst
kontrollierte Verarbeitung dar. Die zweite Welle der Aktivierungsausbreitung geht dann mit einer deutlich mehr Zeit und Aufmerksamkeitskapazität verbrauchenden Verarbeitungsform einher. Hier werden dann weitergehende Gedächtnisinhalte höherer Ebenen hinzu-
gezogen (vgl. die Unterscheidung von zwei Arten der Informationsaufnahme in den Abschnitten über Aufmerksamkeit in Kapitel 5).

Anderson (1996) trägt Befunde zusammen, die zeigen, dass neben
der Tiefe der Verarbeitung auch die Reichhaltigkeit der Informationsverarbeitung für die Gedächtnisleistung bedeutsam sein kann. Wenn
man davon ausgeht, dass kognitive Verarbeitung auf allen Ebenen be-
ginnen kann und von da aus in alle Richtungen fortschreitet, sind
auch Behaltensleistungen für flachere Ebenen modellierbar. Man
kann sich beispielsweise oftmals an die Titelgestaltung eines Buches

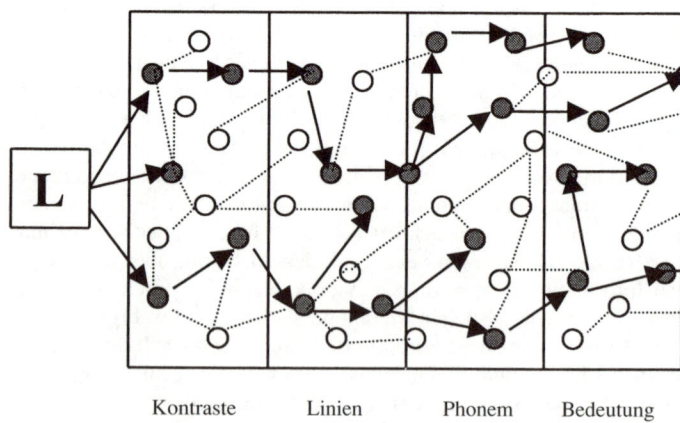

|     |     |     |     |
| --- | --- | --- | --- |
| Kontraste | Linien | Phonem | Bedeutung |

*Abb. 6.4:* Ein-Speicher-Modell nach Shiffrin (1976)

erinnern und den Inhalt bereits weitgehend vergessen haben, obwohl man den Sinn des Buches beim Lesen durchaus verstanden hat. Obwohl man den Inhalt tiefer verarbeitet hat, gelingt die Erinnerung an weniger bedeutungshaltige Aspekte des Buches besser. Solche Erfahrungen sprechen dafür, dass man die äußeren Merkmale wie die Farbe und das Layout des Buches reichhaltiger verankern konnte als den Inhalt. Die Behaltensleistung ist also höher, obwohl die Tiefe der Verarbeitung flacher ist.

Die Verarbeitung kann also vertikal (im Sinne von Craik & Lockhart, 1972) erfolgen, indem anhand immer abstrakterer Begriffe kodiert wird, oder sie erfolgt assoziativ-netzartig, indem sie mit immer weiteren ähnlichen Reizen auf derselben Verarbeitungsebene verknüpft wird.

## Konnektionistische Netze

Es gibt eine Vielfalt von Architekturen, die unter dem Ansatz des Konnektionismus entworfen wurden. Ziel dieses Ansatzes ist es herauszufinden, wie sich höhere kognitive Funktionen dadurch erklären lassen, dass man Grundelemente von der Art der Neuronen miteinander verknüpft. Gemeinsam ist diesen Architekturen, dass sie eine hochvernetzte Struktur aus vielen gleichartigen (gegenüber den tatsächlichen Nervenfasern im Gehirn extrem vereinfachten) Elementen oder »Knoten« und Verknüpfungen – den Konnektionen – zwischen diesen Knoten aufweisen.

In den späten 80er bzw. frühen 90er Jahren wurde – angestoßen durch die Arbeiten der PDP-Forschergruppe (Rumelhart, McClelland & PDP Research Group, 1986) – nach gemeinsamen Prinzipien von biologischen und kognitiven Funktionen gesucht. Neurobiologische Modelle und KI-Forschung bewegten sich wieder aufeinander zu. Designer von Maschinen, die kognitive Funktionen simulieren sollen, zeigen erneutes Interesse daran, wie das Gehirn solche Aufgaben ausführt. Maschinen (Rechner mit parallel arbeitenden Prozessoren) werden in Analogie zur Funktionsweise des Gehirns entworfen. Vorher konzentrierte man sich darauf, die Funktionsweise des Gehirns in Analogie zu den (begrenzten) Möglichkeiten digitaler und sequentieller Datenverarbeitung zu untersuchen. Nun entdeckte man, dass die Funktionsweise des Gehirns durch solche Modelle nicht angemessen wiedergegeben wird.

Mit Hilfe neuerer methodischer Möglichkeiten in der Neurophysiologie konnte gezeigt werden, dass sich bei kognitiven Leistungen Gehirnaktivitäten netzartig von mehreren Zentren aus ausbreiten. Weiterhin wurde sichtbar, dass das gesamte Gehirn sowohl Informationen aufnehmen und verarbeiten als auch speichern kann. Eine funktionale Spezialisierung im Sinne einer Zuständigkeit bestimmter Hirnregionen für die Verarbeitung und anderer Regionen für die Speicherung war mit diesen Befunden nicht kompatibel. Das Mehr-Speicher-Modell erwies sich damit in diesem Punkt als unzutreffend.

Die Spezialisierung unterschiedlicher Regionen des Kortex für Wahrnehmungsleistungen der unterschiedlichen Sinnesorgane und auch die Steuerung von motorischen Leistungen wie z. B. das sensorische und motorische Sprachzentrum ließen sich mit Hilfe dieser Verfahren noch genauer bestimmen (vgl. Babinsky & Markowitsch, 1996).

Die Beschaffenheit und Funktionsweise der *Knoten* geht auf das Modell eines Neurons von McCullogh & Pitts (1943) zurück. Nach diesem Modell wird die dem Neuron von außen oder von anderen Neuronen über Verbindungen, die den neuronalen synaptischen Verbindungen entsprechen, zugeführte Aktivierung aufsummiert. Die Stärke der Aktivierung, die ein Neuron weitergeben kann, nimmt mit zunehmender Entfernung ab. Die Stärke der Verbindung geht bei der Berechnung der weiterzugebenden Aktivierung als Gewichtungsfaktor ein. Es gibt hemmende und erregende Neuronen. Entsprechend haben die Gewichtungsfaktoren positive oder negative Vorzeichen. Die gesamte Aktivierung muss einen bestimmten Schwellenwert überschreiten, um an nachgeschaltete Neuronen weitergegeben werden zu können. Nach diesem Summierungsmodell breitet sich die Aktivierung von Knoten zu Knoten aus.

## Neuronale Netzwerke mit Zwischenschichten

Es hat sich gezeigt, dass die Annahme von mindestens einer Zwischenschicht in neuronalen Netzwerkmodellen notwendig ist, um Abstraktionsleistungen bzw. die Fähigkeit des Menschen, Konzepte bilden zu können, zu erklären (vgl. dazu Goschke, 1996, und Spitzer, 2000). Spitzer weist darauf hin, dass beim Menschen 99,9 % der Neuronen ihren Input von anderen Neuronen im Gehirn erhalten und wiederum ihren Output zu anderen Neuronen innerhalb des Gehirns senden. Die meiste neuronale Aktivität findet also offensichtlich innerhalb des Zentralnervensystems statt und nicht aufgrund von Informationen, die von außen kommen oder der Abgabe von Informationen nach außen.

Die Simulation neuronaler Netzwerke hat gezeigt, dass man sich die Informationsverarbeitung innerhalb der Großhirnrinde als einen Prozess der »Kommunikation« zwischen verschiedenen Schichten des Großhirns vorstellen muss. Verborgene Einheiten tieferer Schichten können durch ein bestimmtes Eingabemuster aktiviert werden. Dadurch werden gewissermaßen Interpretationsangebote gemacht, indem ein in einem Aktivierungsmuster repräsentierter Prototyp zugänglich wird. Dass ein spezifischer Verbund von Neuronen als eng verknüpftes Netz aktivierbar ist, ist eine Leistung, zu der unser Gehirn aufgrund seiner speziellen Eigenschaften in der Lage ist. Durch die Annahme von Zwischenschichten ist also erklärbar, dass aufgrund wiederholter Aktivierung bestimmter Neuronenverbände Generalisierungen möglich sind, d.h. Aktivierungsmuster (z. B. ein Wort oder ein Gesicht) verfügbar werden, die über das Herstellen einfacher Zusammenhänge von Input- und Outputmustern hinausgehen. Das »Wissen«, das ein Netz erwirbt, wird damit also nicht an einem bestimmten Ort abgelegt, sondern ist in dem Muster der Verbindungsgewichte zwischen den Neuronen repräsentiert.

**Eingabeeinheiten**　　**interne Einheiten**　　**Ausgabeeinheiten**

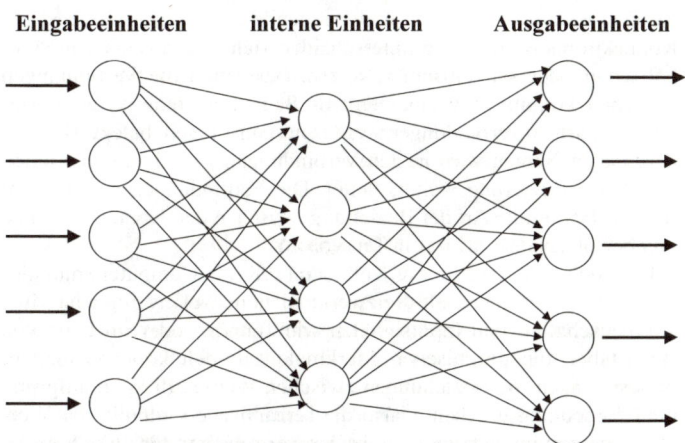

*Abb. 6.5:* Mehrschichtiges Netz nach Rumelhart & McClelland (1986)

## Konnektionistische Netze und neuronale Zellverbände

Der Konnektionismus knüpft an die Erkenntnisse in den Neurowissenschaften an, dennoch sind neuronale Netze lediglich Modelle der Funktionsweise von Neuronen, die für die Weitergabe von Informationen von Bedeutung sind. Neuronale Netze sind keine detailgetreuen Modelle des Gehirns oder von Teilen des Gehirns. Selbst die Modellierung der Aktivität stellt eine drastische Vergröberung neuronaler Verhältnisse dar. Die Größenordnung der betrachteten Netze bewegt sich im Rahmen von wenigen, meist unter hundert Elementen und bleibt damit deutlich hinter derjenigen von bei Menschen vorkommenden Zellverbänden zurück. Völlig vernachlässigt wird die Beeinflussung der Aktivierung auf hormonellem Wege. Modelliert wird praktisch lediglich die elektrische Erregungsleitung. Es wird auch nicht berücksichtigt, dass das Zentralnervensystem aus zahlreichen anatomisch und funktionell unterschiedlichen Systemen aufgebaut ist. Es besteht allerdings ein hohes Maß an biologischer Plausibilität und die konnektionistischen Modelle stehen dem neuronalen Substrat deutlich näher als die sog. Symbolverarbeitungsmodelle (vgl. dazu ausführlicher: Strube, 1990).

## Konnektionistische und semantische Netze

Konnektionistische Netze unterscheiden sich andererseits von symbolischen oder semantischen Netzen, bei denen die Verbindungen zwischen kognitiven Elementen mit Bedeutung (sog. is a-, has-a- oder is-part-of-Verbindungen; vgl. Quillian, 1968) belegt sind. In neuronalen Netzen wird in den Verbindungen zwischen den Knoten lediglich Aktivierung weitergeleitet. Die Verbindungen stehen nicht für eine bestimmte Art der Beziehung zwischen den Knoten im Sinne von beispielsweise X »ist ein Teil von« Y.

Dennoch konnten Ritter & Kohonen (1989) in Computersimulationen zeigen, dass neuronale Netzwerke nicht nur relativ einfache Mustereigenschaften von Inputsignalen wie Tonhöhe oder im Falle von Buchstaben die graphischen Merkmale abbilden können, sondern dass sich auch die Beziehungen zwischen Worten, die sich aufgrund ihrer Bedeutung ergeben – also die semantische Ordnung der Wörter –, spontan im Netzwerk ergibt. Sie verwendeten für diese Simulation sechzehn Namen von Tieren, die durch dreizehn Eigenschaften charakterisiert waren. Die Bearbeitung dieser Informationen nach einem Netzwerkmodell, das durch ein Computerprogramm simuliert wurde und der Arbeitsweise des menschlichen Kortex nachempfunden war, ergab in mehreren Lernschritten eine sinnvolle räumliche Verteilung von Gedächtnisspuren nach den Prinzipien der Ähnlichkeit und Häufigkeit. Diese Karte entsprach einem direkten Abbild der Hierarchie der wichtigsten Beziehungen zwischen den Tierarten. Die Spuren für Falke und Wolf lagen z.B. dichter als diejenigen von Falke und Ente (vgl. dazu die Abbildung in Spitzer, 2000, S. 250).

In weiteren Versuchen gelang es Ritter & Kohonen (1989) auch zu zeigen, dass sich die grammatische Struktur von Sätzen mit Hilfe dieser selbstorganisierenden Eigenschaftskarten räumlich repräsentieren lässt. Damit war gezeigt, dass das Modell der selbstorganisierenden Netze auch auf höhere Ebenen der Informationsverarbeitung übertragbar war und die aufgrund psychologischer Experimente angenommenen semantischen Netze hatten zusätzliche Unterstützung durch Modelle der Computersimulation, die auf den Annahmen der neuronalen Netze beruhten.

*Basisliteratur*

Anderson, J.R. (1996), Kognitive Psychologie (2. Aufl.). Heidelberg: Spektrum Akademischer Verlag.
Kluwe, R.W. (1992), Gedächtnis und Wissen. In: H. Spada (Hrsg.), Lehrbuch Allgemeine Psychologie (2. Aufl., S. 115–187). Bern: Huber.
Schermer, F.F. (1998), Lernen und Gedächtnis (2. Aufl.). Stuttgart: Kohlhammer.

*Weiterführende Literatur*

Goschke, T. (1996), Lernen und Gedächtnis: Mentale Prozesse und Gehirnstrukturen. In: G. Roth & W. Prinz (Hrsg.), Kopf-Arbeit. Gehirnfunktion und kognitive Leistung (S. 359–410). Heidelberg: Spektrum Akademischer Verlag.
Spitzer, M. (2000), Geist im Netz. Heidelberg: Spektrum Akademischer Verlag.
Strube, G. (1992), Neokonnektionismus: Eine neue Basis für die Theorie und Modellierung menschlicher Kognition. Psychologische Rundschau, 41, 129–143.

# 7 Verstehen

In diesem Kapitel sollen Ansätze dargestellt und erläutert werden, die weiteren Aufschluss darüber geben, wie kognitives Lernen stattfindet. Das kognitive System muss Wahrgenommenes einordnen und Zusammenhänge erkennen können. Wahrgenommenes einzuordnen bedeutet, es aufgrund äußerer oder abstrakter Merkmale Kategorien zuzuordnen. Dadurch wird das Wahrgenommene auf eine oder mehrere Arten verstehbar und kann auf dieser Grundlage intern repräsentiert werden.

Den Prozess der Änderung der vorhandenen Kategorien durch Erfahrungen mit Gegenständen und Ereignissen bezeichnet man als Lernen. Von dem Wahrgenommenen und seinen Zusammenhängen mit anderen Dingen, Sachverhalten und Ereignissen entsteht dadurch ein allmählich immer besseres Verständnis.

Weitergehende Verknüpfungen setzen also Gedächtnisinhalte und bereits vorhandene interne Strukturen voraus. Die Inhalte des Gedächtnisses können unterschiedlich repräsentiert sein. Im zweiten Abschnitt wird auf Vorstellungen über verschiedene Arten der Repräsentation eingegangen. Kategorien bzw. Begriffe können als Strukturen des Verstehens betrachtet werden. Der Prozess der Kategorisierung ist in unterschiedlichen Bereichen der Psychologie relevant und ein zentraler Prozess des Verstehens. Im Anschluss daran wird auf Schemata als komplexere Verstehensstrukturen eingegangen.

Schließlich wird sich auch bei der Erklärung von Verstehensprozessen zeigen, dass zwei Traditionen der Erforschung kognitiven Lernens zu unterscheiden sind: die symbolverarbeitenden und die konnektionistischen Ansätze.

## 7.1 Verarbeitung

### Enkodierung und Elaboration

Verstehen ist das Ergebnis von weiteren Verarbeitungsprozessen. Die Verarbeitung besteht in einem Prozess der Enkodierung und in einem Prozess der Elaboration.

Mit Enkodierung ist die »Übersetzung« der wahrgenommenen Reize in eine Form gemeint, welche kognitive Verarbeitung ermöglicht. Ein Reiz kann auf unterschiedliche Arten enkodiert werden. Das Ergebnis der Enkodierung ist die interne Repräsentation des Reizes bzw. von Merkmalen des Reizes.

Es können äußere Merkmale der Reize oder nicht sichtbare »innere« Merkmale von Reizen enkodiert werden. Nach der Theorie der Verarbeitungstiefe wird die Verarbeitung von »inneren« Merkmalen eines Reizes auch als tiefer gehende Reizverarbeitung bezeichnet, und die Tiefe der Reizverarbeitung geht mit zunehmender Bedeutungshaltigkeit einher. Es wird häufig angenommen, dass die Repräsentationsform der Reizmerkmale mit der Bedeutungshaltigkeit auch von einer bildhaften in eine sprachliche Form übergeht. Dazu gibt es allerdings unterschiedliche Auffassungen.

Die Enkodierung von Reizen dient der Ökonomisierung bei der Speicherung von Informationen und der Verbesserung der Zugriffsmöglichkeit bei Abruf oder Wiederverwendung der Information bzw. des Wissens. Die Verbesserung der Zugriffsmöglichkeit ist wahrscheinlich wichtiger als das möglichst sparsame Abspeichern, da die menschliche Gedächtniskapazität sehr hoch ist. Die bei der Enkodierung ablaufenden Prozesse sind also bedeutsam für die Art und Weise, wie der Reiz bzw. die Information gespeichert ist, also für die Art der Repräsentation. Die Art und Weise, wie wir etwas enkodieren, ist abhängig von den uns zur Verfügung stehenden Strukturen, wie z.B. den Begriffen, die wir kennen, den Beziehungen zwischen Begriffen oder ganzen Verstehensstrukturen wie Schemata oder mentalen Modellen.

Der Prozess der Elaboration bezieht sich auf die Intensität der Reizverarbeitung, im Sinne einer vielfältigen und häufig aktualisierten Verknüpfung mit anderen Gedächtnisinhalten. Intensität bedeutet also das Ausmaß der Verknüpfung der kodierten Information in jeglicher Richtung innerhalb eines als dreidimensional vorstellbaren Netzwerks des menschlichen Gedächtnissystems. Mit Elaboration

sind damit kognitive Prozesse gemeint, die sich auf die Reichhaltigkeit der Informationsverarbeitung beziehen.

## Serielle und parallele Verarbeitung

Serielle Verarbeitung von Informationen meint die unumkehrbare
Aufeinanderfolge von einzelnen Schritten der Verarbeitung. Die Vorstellung von nacheinander ablaufenden Verarbeitungsschritten war zu
Beginn der Verwendung des Informationsverarbeitungsmodells in der
kognitiven Psychologie gängig. Dabei war die Vorstellung von
»Schleifenbildungen«, also Rückgriffe auf bereits vorgekommene
Schritte der Problemlösung, eingeschlossen. Parallele Verarbeitung
bedeutet, dass mehrere unterschiedliche kognitive Prozesse zeitlich
parallel ablaufen.

Die gegenwärtige Entwicklung neuer Rechnerarchitekturen hat die
Vorstellung von der Informationsverarbeitung als zielgerichtete Suche nach einer adäquaten kognitiven Einheit zum Erkennen eines
Reizes verändert. Vorstellbar – und mit Hilfe solcher Modelle auch in
Simulationsstudien überprüfbar – ist nun auch, dass die Suche von
Anfang an mehrspurig erfolgt. Mehrere Prozessoren mit unterschiedlich guter Leistung und auch unterschiedlicher Herangehensweise
fangen gleichzeitig an und stellen eine Lösung zusammen, die aus
unterschiedlichen Facetten besteht. Die verschiedenen Prozesse tragen in unterschiedlichem Maße zum Wahrnehmungsprozess bei.

Es wird angenommen, dass die Informationsverarbeitung in den
neuronalen Netzwerken parallel in einer Vielzahl von Neuronen
gleichzeitig erfolgt und dass die verarbeitenden Neuronen entsprechend ihrer Entfernung vom Zentrum der Aktivierung an der Stärke
des Eingangsreizes beteiligt sind. In diesem Sinne wird die Aktivierung auf die Neuronen verteilt – also distribuiert. Es wird in
diesem Zusammenhang auch von parallel distribuierter Verarbeitung gesprochen (Rumelhart, McClelland & PDP Research Group,
1986).

Die Verarbeitung erfolgt also arbeitsteilig unter Beteiligung mehrerer von einander unabhängiger Neuronen bzw. Neuronenverbände.
Bei komplexen Mustern können auf diese Weise vom menschlichen
Kortex bis zu 10 000 Signale gleichzeitig verarbeitet werden. Obwohl
die Weiterleitung der Aktivierung, die man mit Spitzer (2000) als »biologische Informationsverarbeitung« bezeichnen kann, innerhalb der

Zelle relativ langsam abläuft, können durch dieses Vorgehen auch hochkomplexe Umwelttatbestände sehr rasch erkannt werden. Da nur ein einziger Verarbeitungsschritt erfolgt, lässt sich mit paralleler Verarbeitung besser als mit serieller Verarbeitung erklären, wieso wir in der Lage sind, auch komplexe Reizkonfigurationen (wie z.B. Gesichter) auf Anhieb zu erkennen.

Mit PDP-Modellen lässt sich in Computersimulationen berechnen, wie Reizinformation und Kontextinformation kombiniert werden, um die Mustererkennung zu vollziehen. Es ist also mit Hilfe dieser Modellierung beispielsweise simulierbar, wie das Erkennen eines Buchstaben im Kontext anderer Buchstaben erfolgt.

Lernen bedeutet in konnektionistischen Modellen, dass die Verbindungsgewichte zwischen den Knoten gemäß bestimmter Lernregeln modifiziert werden. Eine der bekanntesten und einfachsten Lernregeln geht auf einen Vorschlag von D.O. Hebb (1949) zurück und besagt, dass die Verbindung zwischen zwei Verarbeitungselementen in dem Maß verstärkt wird, in dem die beiden Elemente gleichzeitig erregt werden. Mit Hilfe dieser einfachen Lernregel können bereits Assoziationen zwischen Mustern und die Extraktion von Regularitäten in Rechenprogrammen simuliert werden.

## Zeitkodierungsmodell statt »Großmutter«-Zellen

Für das visuelle System gilt mittlerweile als nachgewiesen, dass Objekte zu einer Aktivierung von zahlreichen kortikalen Arealen führen. Objekte werden also wahrscheinlich nicht durch das Feuern einzelner oder sehr weniger Neurone in der Hirnrinde repräsentiert, sondern durch ausgedehnte und über sehr weite Bereiche verteilte Neuronenverbände (sog. Assemblies). Dabei stellt sich die Frage, wie das Gehirn es schafft, die Aktivitäten in den verschiedenen parallel angeregten Neuronenverbände so zu integrieren, dass eine kohärente Repräsentation des Objekts entstehen kann.

Zur Lösung dieser als Bindungsproblem in der Sinnesphysiologie diskutierten Frage wurden in den sechziger und siebziger Jahren sog. Großmutter-Zellen postuliert. Das sind Neurone, die auf höheren Ebenen der Verarbeitung als spezifische Detektoren für ganze Objekte dienen. Grundlage war ein Modell der zunehmenden Konvergenz. Es wurde angenommen, dass Detektoren zur Erkennung von bestimmten Merkmalen des Reizes auf mehreren Ebenen miteinander verknüpft oder verschaltet sind. Detektoren auf niedrigen Verarbeitungsebenen erfassen zunächst elementare Objektmerkmale, wie z.B. die Konturen. Die Verschaltung der Merkmalsdetektoren wurde als progressiv konvergierend, d.h. mit jeder Verarbeitungsebene wurden Zellen mit immer spezifischeren Antworteigenschaften angenommen. Man ging davon aus, dass dann an der Spitze der Hierarchie Neuronen (»Großmutter-Zellen«) stehen, die zur Erkennung ganzer Objekte in der Lage sind. Diese Vorstellung gilt mittlerweile als relativ unwahrscheinlich, da diese Objektdetektoren sehr spezifisch sein müssten.

Neuere Vorschläge zur Lösung des Bindungsproblems bieten einen zeitlichen Integrations-Mechanismus an. Es wird angenommen, dass die im Kortex verteilten Neuronen durch eine Synchronisation ihrer Entladung zu Neuronenverbänden zusammengeschlossen werden. Die zeitliche Korrelation der Aktivierung bildet die Zusammengehörigkeit der Merkmale eines Objekts ab. Neuronen, die sich auf die Merkmale unterschiedlicher Objekte beziehen, feuern dagegen nicht zeitgleich. Der entscheidende Vorteil eines solchen Modells besteht darin, dass die angenommene Desynchronisation bei Merkmalen unterschiedlicher Objekte auch das Problem löst, dass jedes wahrgenommene Objekt auch immer von seinem Hintergrund unterschieden werden muss. Auch hierbei ist durch die zeitlichen Beziehungen eindeutig festgelegt, welche Teilmenge der aktiven Neuronen zu welchem Neuronenverband gehört. Genauere Ausführungen dazu finden sich bei Engel (1996).

## Hippocampus als Trainer des Kortex

Mit konnektionistischen Netzwerkmodellen hat man Probleme zu erklären, wie Einzelereignisse behalten werden und wie Interferenzen beim Lernen vermieden werden können. Beide Probleme scheinen dadurch plausibel lösbar zu werden, dass man den Hippocampus und den Kortex (Großhirnrinde) als zwei unterschiedliche Strukturen auffasst, denen beim Lernen verschiedene Aufgaben zukommen, die aber in systematischer Weise zusammenarbeiten. McClelland und seine Mitarbeiter (1995) haben hierzu umfassende Untersuchungen vorgelegt. Die Überzeugungskraft dieser Ergebnisse ist beachtlich, da sowohl neurobiologische Befunde als auch Computersimulationen übereinstimmend die Annahmen unterstützen.

Netzwerke sind bestens geeignet abzubilden, wie der Mensch lernt, wenn es darum geht, allgemeine Strukturen aus einer Vielzahl von einzelnen Eingangssignalen herauszufinden. Das langsame Verändern der Synapsengewichtungen bei der Verarbeitung jedes einzelnen Eingangssignals ist dafür eine günstige Voraussetzung. Um einzelne Ereignisse zu behalten, braucht man dagegen eine Struktur, die in der Lage ist, Synapsengewichte sofort und schnell zu verändern. Wie kann ein und dieselbe Struktur diese Vorgehensweisen, die sich wechselseitig ausschließen, leisten?

Das Problem der Interferenz ist jedem Menschen aus dem Alltag bekannt. Wir haben Schwierigkeiten, zwei Fremdsprachen gleichzeitig zu lernen, da die zu lernenden Inhalte sich gegenseitig stören. Solche Interferenzerscheinungen kann man in neuronalen Netzwerken häufig beobachten. Hat ein Netzwerk eine bestimmte Regelhaftigkeit gelernt, also ein Muster erkannt, so kann es beim Lernen neuer Informationen zu Störungen kommen. In Computersimulationen kann man diese Interferenz dadurch verhindern, dass der neu zu lernende Inhalt im Wechsel mit den bereits gelernten Inhalten vorgegeben wird. Das Netzwerk lernt bei diesem abwechselnden Lernen die neuen Inhalte und behält gleichzeitig die bereits gespeicherten Strukturen in einer Art Altgedächtnis.

Im Gegensatz zum Kortex ist der Hippocampus in der Lage, Synapsengewichte schnell zu verändern. Untersuchungen von Wilson & McNaughton (1993) hatten gezeigt, dass Neuronen des Hippocampus innerhalb weniger Minuten neue Repräsentationen ausbilden können. Diese besondere Fähigkeit des Hippocampus steht im Gegensatz zu den sonstigen Befunden, der Informationsverarbeitung in Neuronen, die gezeigt haben, dass für die Stärkung der Verbindungen zwischen den Neuronen das Lernen langsam erfolgen muss, um überschießende Reaktionen und Oszillationen zu vermeiden. Dieses Zusammenspiel von Hippocampus und Hirnrinde hat neuerdings zu einer Wiederbelebung der Annahme von zwei auch strukturell unterschiedlichen Gedächtnissystemen geführt.

## Symbolische und subsymbolische Verarbeitung

Symboltheoretische Erklärungsansätze befassen sich mit dem Denken als Umgang mit abstrakten Symbolen und nicht mit dem Problem der neuronalen Realisierung dieser Symbole. Die erste Generation

der »funktionalen Modelle menschlichen Geistes« sind parallel zur
Entwicklung elektronischer Rechner, die auf der Basis eines binären
Systems funktionieren, entwickelt worden. Die Analogie von Neuronen, die erregt oder unerregt sein können, zu binären Schaltelemen-
ten war offensichtlich. Der Mathematiker John von Neumann (1952)
beschrieb die Konsequenzen dieser Analogie in seinem einflussreichen Buch »The computer and the brain« (1952). Er machte auch auf
die Grenzen der Analogie zu den damals verfügbaren Rechnern aufmerksam.

In den computeranalogen Modellen wird davon ausgegangen, dass
die strukturelle Grundlage für Intelligenz die Fähigkeit ist, Symbole
zu speichern und mit diesen Symbolen umzugehen. Dieses von Newell & Simon (1976) »physical symbol system« genannte System
von Symbolen entspricht physikalischen Einheiten. Symbole lassen
sich zu Symbolstrukturen oder Ausdrücken zusammensetzen. Dabei
sind die Symbole völlig frei zu beliebig komplexen Symbolstrukturen kombinierbar. Ähnlich können die Symbole von Sprache zu beliebig komplexen Wörtern, Sätzen und Texten kombiniert werden. Da
es eine Entsprechung zu physikalischen Einheiten gibt, lassen sich
Symbolstrukturen oder Ausdrücke maschinell herstellen.

Ein solches System hat nach Auffassung von Newell & Simon
(1976) die notwendigen und hinreichenden Bedingungen für intelligentes Verhalten. Diese Annahme liegt der traditionellen Forschung
zu künstlicher Intelligenz (KI-Forschung) zugrunde, die dadurch gekennzeichnet ist, dass »intelligentes« Verhalten mit der Methode der
Computersimulation untersucht wird.

Modelle und entsprechende Computerprogramme im Rahmen der
Künstlichen Intelligenz lösen »geistige« Probleme so, dass sie abstrakte Konzepte, z.B.: »Ehefrau«, verwenden und Regeln, mit denen
man über dieses Konzept nachdenken kann. Eine Regel wäre z.B.
»Wenn X die Ehefrau von Y ist, und X ist die Mutter von Z, dann ist
Y wahrscheinlich der Vater von Z«. Es wird stillschweigend davon
ausgegangen, dass das Gehirn so ähnlich wie ein (aus heutiger Sicht
»einfacher«) Computer arbeitet und Informationen in Form von Symbolen verarbeitet.

Konnektionistische Modelle beziehen die Leistungen und neuen
Möglichkeiten moderner Computer, wie z.B. die Parallelverarbei-
tung, mit ein und betonen die Bedeutung sog. subsymbolischer Verarbeitung (Florey, 1996). Mit subsymbolischer Verarbeitung sind
Prozesse gemeint, die sich beispielsweise in frühen Stadien der Ver-

arbeitung visueller Reize beobachten lassen. Die allmähliche Kontrastverschärfung, die man selbst erleben kann, wenn man z. B. eingebettete Zahlen oder Figuren betrachtet, lässt sich durch die neuronale Verschaltung in schichtweiser Architektur von konnektionistischen Modellen erklären. Dabei ist es nicht erforderlich, dass man der Erregung einzelner Neuronen oder dem Aktivitätsmuster ganzer Neuronenverbände den Charakter von Symbolen zuschreibt. Subsymbolisch wird die Verarbeitung genannt, die direkt an die Wahrnehmung anknüpft oder in motorische Steuerung mündet. Nach Strube (1990) gibt es bislang wenig Modelle, die im Subsymbolischen ansetzen und »höhere Prozesse« wie Denken und Sprache mit umfassen. Diese Auffassung wird allerdings von Vertretern der konnektionistischen Ansätze nicht geteilt. Gegenbeispiele finden sich bei Spitzer (2000, S. 219).

## Tiefe, reichhaltige oder adäquate Verarbeitung

Die Frage, wie Informationen verarbeitet werden sollten, damit sie gut und lange behalten werden und auch wieder abgerufen werden können, wenn sie gebraucht werden, ist die zentrale Frage für jegliches Lernen. Die im Arbeitsgedächtnis ablaufenden Prozesse in der Enkodierungsphase sind offenbar entscheidend dafür, wie gut wir von einmal gelernten Informationen profitieren. Dagegen stehen Auffassungen, die davon ausgehen, dass Informationen im Langzeitgedächtnis überhaupt nicht mehr gelöscht werden können. Sie seien nur deshalb nicht mehr abrufbar, weil keine geeigneten Abrufhilfen zur Verfügung stehen. Nach dieser Auffassung ist es also hauptsächlich ein Problem der Bedingungen des Erinnerns, wenn uns vermeintliche Lernerfolge wieder abhanden kommen.

### Tiefe und Adäquatheit

Die These von Craik & Lockhart (1972), dass Reize auf verschiedenen aufeinander aufbauenden Ebenen (oberflächlich strukturell – phonemisch – semantisch) analysiert werden können und die tiefere Verarbeitung zu besserem Behalten führt, ist vielfach experimentell überprüft worden.

Dabei stellten sich vor allem Probleme mit der Annahme einer hierarchischen Abfolge der Verarbeitung ein. Es zeigte sich, dass oberflächlich strukturelle und semantische Aspekte von Reizen gleichzeitig verarbeitet werden können. Sollten die Probanden einen Reiz lediglich nach oberflächlichen Merkmalen absuchen, ging damit oftmals eine automatische semantische Verarbeitung einher. So war es häufig schwierig, eine strikte Abfolge der Verarbeitung im Experiment herzustellen und eine solche sequentielle Verarbeitung schien auch nicht dem üblichen Vorgehen zu entsprechen.

Schließlich konnte auch noch gezeigt werden, dass der entscheidende Unterschied der Gedächtnisleistung nicht durch die Unterschiede in der Verarbeitungsphase zustande kam, sondern von der Ähnlichkeit der Anforderungen in der Enkodierungs- und Abrufphase abhing. Sollten die Probanden in der Abrufphase entscheiden, ob sich die gelernten Worte auf bestimmte dargebotene Worte reimten, war es günstig, wenn sie vorher die Worte überwiegend aufgrund der phonologischen Merkmale verarbeitet hatten. Die Gedächtnisleistung war deutlich besser, als wenn sie beim Enkodieren auf die Bedeutung der Worte hatten achten sollen. Also trotz einer deutlich tieferen Verarbeitung waren die Leistungen der oberflächlichen Verarbeitung besser, wenn es beim Abrufen auch wieder um diese Merkmale geht. Das dahinter liegende Prinzip wird als transfer-adäquate Verarbeitung bezeichnet (vgl. Goschke, 1996).

*Parallel-verteilte Verarbeitung und Veränderung*
*der Verbindungsgewichte*

Es scheint ein besonderes Merkmal unseres Gedächtnisses zu sein, dass wir uns an vergangene Ereignisse anhand beliebiger Aspekte dieses Ereignisses erinnern können. Ein entsprechender Geruch, der Anblick eines Hundes oder auch eine bestimmte Melodie können bei uns die Erinnerung an ein und dieselbe Episode unseres Urlaubs wachrufen. Der umgekehrte Prozess läuft ab, wenn wir beispielsweise nach dem Namen eines bestimmten Schauspielers suchen. Wir erinnern uns an Filme, in denen er mitgespielt hat, an Preise, die er bekommen hat, an Details seines Aussehens, bis uns endlich ein Merkmal einfällt, das uns zu seinem Namen führt. Diese Art des Abrufs von Inhalten aus dem Gedächtnis nennt man inhaltsadressierten Abruf. Der Zugriff zu den einzelnen Informationen erfolgt aufgrund der Ähnlichkeit bzw. Assoziiertheit zwischen einem oder mehreren Abrufhinweisen und der gespeicherten Information.

Der inhaltsadressierte Abruf und weitere Merkmale unseres Gedächtnisabrufs (wie z.B. Musterergänzung, Fehlertoleranz, spontane

Generalisierung, Prototypenbildung, Goschke, 1996) weisen darauf hin, dass die in den konnektionistischen Netzen modellierten Annahmen über die Art der Informationsverarbeitung gegenwärtig am meisten Aufschluss darüber geben, wie Informationen verarbeitet und abgerufen werden. Die Verarbeitung erfolgt dabei in Form einer Aktivierung eines Musters von einzelnen Elementen einer Eingabeschicht, dieses Muster führt zu einer inneren Repräsentation in den »verborgenen Einheiten« auf der Grundlage des Eingabemusters und den im Netz vorhandenen geeigneten Zwischenelementen (vgl. das Modell der Zwischenschichten in Kapitel 6), wobei dieses innere Abbild eine Art individueller Konstruktion dessen ist, was wahrgenommen wurde. Der Abruf erfolgt dann anhand dieser inneren Konstruktion, aber auch mit Hilfe der Abrufhinweise, die in der Situation des Erinnerns gegeben sind. Jede Aktivierung der Muster im Netz geht mit einer Veränderung der Verbindungsgewichte zwischen den Elementen gemäß bestimmter Lernregeln einher (vgl. dazu Hinton, 1992).

Die laufende Aktivierung von immer wieder anderen Teilen des gesamten Netzes kann zur Veränderung von Verbindungsgewichten zwischen einzelnen Elementen eines bestimmten Netzes führen, auch wenn genau dieses Netz in der Zwischenzeit nicht aktiviert wurde. Dies kann sich unterstützend oder auch hinderlich auswirken. Entsprechend den Regeln der neuronalen Aktivierung (vgl. z.B. Spitzer, 2000) werden die das »gewinnende Neuron« umgebenden Neuronen leichter aktivierbar und alle anderen Neuronen gehemmt. Dadurch wird dafür Sorge getragen, dass bei gegebenem Input von den umgebenden Neuronen wiederum genügend Erregung an dem spezifischen Neuron zusammenkommt und »nur es selbst aktiv wird« (Spitzer, 200, S. 105). Dies bedeutet, dass Netzaktivierungen sich für einige Verbindungen anderer Netze stärkend und für andere Teile schwächend auswirken können.

Die Kunst des Lernens neuer Inhalte dürfte danach darin bestehen, zwar für eine vielfältige Vernetzung von Lerninhalten zu sorgen, diese aber so zu gestalten, dass gegenseitig hemmende Prozesse überwunden werden können. In der Forschung zum Lerntransfer werden zur Zeit Modelle untersucht, die darauf abheben, bei neuen Lerninhalten »Superverknüpfungen zu lernen«. Diese bestehen darin, dass Abstrahierungen gelernt werden, die eine Verknüpfung mit ganz anderen Lerngegenständen erlauben (vgl. z.B. die Untersuchungen von Stern, 1996, zum Mathematiklernen).

## 7.2 Repräsentation

Wie repräsentieren wir Wissen? Offensichtlich ist es nicht so, dass
wir Informationen einfach aufnehmen und planlos speichern. Wir erstellen mentale Repräsentationen. Etwas repräsentieren heißt, einem
Objekt ein anderes Objekt als Zeichen zuordnen: z.B. einem Objekt
mit einem Holzgriff und einem massiven speziell geformten Eisen-
stück an einem Ende das Sprachzeichen Hammer zuordnen.

### Repräsentationsarten

Die Frage ist, in welcher Modalität – in welchem Zeichensystem –
wird das Wissen gespeichert?

Einige Arten der Wissensrepräsentation enthalten viel von der
Struktur der ursprünglichen Wahrnehmungserfahrung, sie sind moda-
litätsspezifisch, z.B. visuell-bildlich oder auditiv-klanglich. Andere
Arten der Repräsentation sind weiter von der Art der sinnlichen Erfahrung entfernt, wie z.B. sprachlich-semantische Repräsentationen.
Anderson (1995) unterscheidet als zwei grundlegende Repräsentati-
onsarten die wahrnehmungsbasierte (imaginal) und die bedeutungs-
bezogene (semantische) Wissensrepräsentation.

> **Interne Repräsentation**
> Interne Repräsentationen sind Zustände eines Systems, die sich
> auf externe Zustände beziehen. Damit ist jeglicher kognitiver Zu-
> stand gemeint, der sich auf äußere Gegenstände bezieht und als
> Träger von Bedeutung auftreten kann. Gemeint sind damit solche
> Wissens- oder Gedächtnisinhalte, die wir im Kopf haben, die sich
> auf sinnliche Erkenntnisse beziehen (Scheerer, 1996).

### Theorie der dualen Kodierung

Paivio (1971, 1977) ging davon aus, dass es zwei grundsätzlich unterschiedliche Repräsentationssysteme gibt: ein imaginales System
und ein verbales System.

Die interne Repräsentation im imaginalen System ist visuell. Die
Reize werden in Form von Abbildern entsprechend dem Wahrneh-

mungssystem als Bild, Klang, Geruch, Druck, Bewegung gespeichert. Die kodierten Informationen sind im kognitiven System räumlich-parallel angeordnet, d.h. einlaufende Informationen werden so, wie sie über die Wahrnehmungskanäle ankommen, gespeichert. Die Speicherung ist also als analog oder simultan zu kennzeichnen. Es handelt sich also um Repräsentationen, die räumlichen Vorstellungen entsprechen.

Die interne Repräsentation im verbalen System ist eine in sprachlicher Form kodierte Information. Die linguistische Information wird herausgefiltert. Die Informationen liegen in linearer Abfolge vor. Sie werden hintereinander entsprechend der zeitlichen Reihenfolge ihrer sprachlichen Verarbeitung abgelegt.

Paivio nimmt an, dass es sich dabei um zwei unabhängige, aber miteinander verknüpfte und die Behaltensleistung gegenseitig unterstützende Kodiersysteme handelt.

Eine Reihe von Ergebnissen unterstützt die Annahmen von Paivio (1971), dass es sich bei den beiden Kodiersystemen um einander unterstützende Kodierungen handelt. Ein häufiger Befund ist, dass verbales Material besser behalten wird, wenn man bildhafte Vorstellungen dazu entwickeln kann. Der Satz »Der Hund jagte das Fahrrad« wird in der Regel länger und korrekter behalten als der Satz »Hunde sind treu«.

Mit einer immer wieder zitierten Untersuchung von Santa (1977) konnte eindrucksvoll gezeigt werden, dass wir verbale Reize anders verarbeiten als bildliche Reize. Santa (1977) verwendete für dieses Experiment als Reizvorlage geometrische Figuren, die er in einer Bedingung als Abbildungen darbot und in einer anderen Bedingung mit ihren verbalen Bezeichnungen.

Die drei geometrischen Objekte waren so angeordnet, dass die Vorlage mit etwas Fantasie an ein Gesicht erinnerte. Die Probanden in dem Versuch hatten die Aufgabe, bei unterschiedlichen Prüfreizen zu

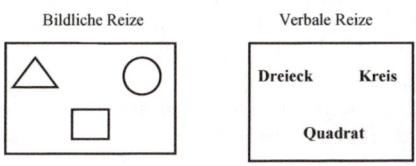

*Abb. 7.1:* Reizvorlagen von Santa (1977)

erkennen, ob dieselben Elemente enthalten waren. Die Prüfreize enthielten geometrische Objekte in derselben bildlichen Anordnung und in linearer Anordnung. Bei Vorlage der bildlichen Reize war die Wiedererkennung der in der Vorlage enthaltenen Elemente am schnellstens, wenn die räumliche Anordnung beibehalten wurde. Von den folgenden Vorlagen wurde also die erste am schnellsten als diejenige mit denselben Elementen identifiziert.

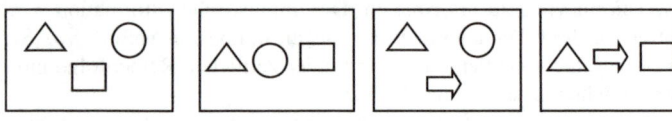

*Abb. 7.2:* Prüfreize der bildlichen Vorgabe bei Santa (1977)

Die räumliche Anordnung hat also offensichtlich die Merkfähigkeit unterstützt.

Bei Vorgabe der verbalen Bezeichnungen für die geometrischen Figuren waren die Reaktionszeiten dagegen bei der linearen Anordnung der Worte deutlich kürzer als bei Beibehalten der ursprünglichen Anordnung. Von den folgenden Prüfreizen wurde also der zweite schneller als derjenige erkannt, der dieselben Elemente enthielt.

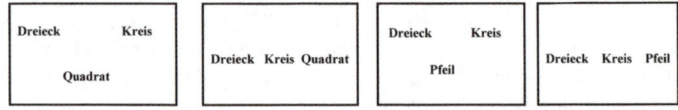

*Abb. 7.3:* Prüfreize der verbalen Vorgabe bei Santa (1977)

Die Vorgabe von verbalen Bezeichnungen für geometrische Figuren wird wie beim Lesen von links oben nach rechts unten enkodiert und in dieser Abfolge eingeprägt. Die räumliche Anordnung spielt für die Wiedergabeleistung keine Rolle, sondern erschwert offensichtlich eher die Wiedererkennung.

Die Beschaffenheit von Kodierungen des imaginalen Systems ist allerdings unklar. Es gibt eine nicht gelöste Kontroverse darüber, ob es sich bei räumlichen Repräsentationen um bildhafte Vorstellungen handelt, die den Charakter visueller Reize haben. In der Alltagssprache wird das oft nahegelegt durch Formulierungen wie »Ich sehe Peter vor mir, wie er Fußball spielt«. Diese »Bild-im-Kopf«-Vorstellung wird aber von Vertretern der dualen Theorie (Kosslyn & Pomeratz, 1977) abgelehnt. Sie können aber auch keine Angaben darüber machen, wodurch sich räumlich-bildhafte Vorstellungen von verbalen (linguistischen) unterscheiden. Andererseits ist die Annahme, dass man sich physikalische Objekte vorstellen kann, die nicht präsent sind, unbestritten nützlich.

Als Ergänzung zu einer dualen Kodierung wird ein abstrakter Code für erforderlich gehalten (z.B. von Anderson & Bower, 1973). Weil der Mensch von bildhaften Vorstellungen zu verbalen Begriffen übergehen kann, muss man eine interne Repräsentation annehmen, die beide Repräsentationsformen umfasst. Anderson & Bower (1973) haben die *propositionale Kodierung* als solch ein umfassendes Format vorgeschlagen.

Bei der propositionalen Kodierung wird die Bedeutung von Ereignissen, Sachverhalten und Abläufen intern repräsentiert. Äußerliche Details werden nicht mit gespeichert. Begriffe und Schemata, in denen Klassen von Ereignissen und Gegenständen an Hand ihrer typischen Eigenschaften und Merkmale repräsentiert sind, sind Beispiele für propositionale Kodierungen.

Eine Reihe von experimentellen Belegen (vgl. Anderson, 1996) zeigt die Vorteile der Repräsentation von Bedeutung gegenüber wortwörtlicher oder detaillierter visueller Repräsentation:

• Die Bedeutung von Sätzen wird besser behalten als der Wortlaut der Sätze.
• Die Behaltensleistung bei Bildern ist deutlich besser, wenn der Bedeutungsgehalt der Bilder bekannt war.
• Änderungen bei Bildern, die den Bedeutungsgehalt betrafen, wurden leichter identifiziert als Änderungen, die für die Bedeutung irrelevant waren.

Die Ergebnisse verweisen auf eine Repräsentation in abstrakter, modalitätsunabhängiger Form. Die Repräsentation erfasst die Bedeutung oder die Essenz eines Sachverhalts oder Ereignisses.

## Lokale und verteilte Repräsentation

Damit neuronale Netze als Modelle menschlicher Kognition gelten
können, müssen sie irgendetwas repräsentieren. Die Vorstellungen
über *Repräsentation* sind unterschiedlich. In den Modellen der sog.
symboltheoretischen Ansätze wird davon ausgegangen, dass der
einzelne Knoten für das zu Repräsentierende steht. Dieses Modell
wird auch lokale Repräsentation genannt. Vertreter dieses Modells
sind z.B. Feldmann (1982) und Dell (1985). In konnektionistischen
Netzwerkmodellen wird dagegen angenommen, dass die einzelnen
Verbindungseinheiten zwischen den Knoten für relativ einfache elementare Merkmale von Reizen, wie z.B. Kanten und Bögen bei
Buchstaben, stehen, während komplexere Reize, wie z.B. ein Gesicht
oder ein Wort, als Muster an Aktivität über eine größere Zahl von
Einheiten dargestellt wird. Das Aktivierungsmuster einer ganzen Reihe von Knoten repräsentiert einen Reiz oder ein Reizmuster.

Das Wissen wird also nicht an einem bestimmten Ort abgelegt,
sondern ist in dem Muster der Verbindungsgewichte repräsentiert. Es
wird davon ausgegangen, dass in den gleichen Verbindungseinheiten
simultan zahlreiche Assoziationen gespeichert werden können.

## Repräsentations- und Operationskodierung

Nach Prinz (1983) kann man eine Repräsentations- und eine Operationskodierung unterscheiden. Kodierung von Informationen in Form
von Repräsentationen führt zu Gedächtnisinhalten, die einem Wissen
über Sachverhalte entsprechen, also einem Wissensgedächtnis, in
dem deklaratives Wissen abgelegt ist. Kodierung von Informationen
in Form von Operatoren führt zu einem Gedächtnis darüber, wie etwas geht, also einem Operatorgedächtnis, in dem prozedurales Wissen abgelegt ist.

Das Wissensgedächtnis oder auch semantische Gedächtnis enthält
das Gesamtsystem der uns zur Verfügung stehenden Begriffe. Die
Begriffe gründen auf denjenigen Merkmalen oder Attributen eines
Gegenstandes, die für den Gegenstand wesentlich sind. Es besteht also eine Repräsentation von bestimmten Objekten oder Gruppen von
Objekten im Wissensgedächtnis. Für diese interne Repräsentation
sind die Objekte in zweifacher Hinsicht kodiert, und zwar in Form einer Primär- und einer Sekundärkodierung.

Die *Primärkodierung* führt unmittelbar zu einer Objektrepräsentation oder Informationsauswertung im Sinne von »Sehen-und-Erkennen«. Vorhandene Gedächtnisspuren sind zunächst nichts anderes als »rezeptiv-adaptive Felder« für die Aufzeichnung der in sinnlicher Anschauung erschlossenen Merkmale von Gegenständen. Jede Gedächtnisspur enthält eine Menge sensorischer Merkmale, die als »Adressen« fungieren. Wenn Merkmale unmittelbar mit den Adressen einer Spur assoziiert sind, werden sie zwangsläufig (automatisch) aktiviert, sobald eine Entsprechung zwischen den Adressen und den wahrgenommenen Merkmalen eines Gegenstandes vorliegt. Diese Primärkodierung ist ein ungerichteter, obligatorischer Prozess, der auf direkter Aktivierung aller Merkmale in definierten Spuren zielt, die den Reizmerkmalen entsprechen. Das Ergebnis dieser Primärkodierung ist die Objektrepräsentation, die die Grundlage für die phänomenale Repräsentanz »Gesehener-und-Erkannter« Gegenstände bildet. Die Reizvorlage wird spontan als Würfel, Schachtel, Paket oder rechtwinklige Figur erkannt.

Die Primärkodierung erfolgt implizit, entspricht der spontanen Wahrnehmung der physikalischen Merkmale von Objekten und setzt kein Bewusstsein voraus.

Mit dem Begriff *Sekundärkodierung* bezeichnet Prinz (1983) einen zweiten Schritt der Informationsauswertung, der über das »Sehen-und-Erkennen« hinausgeht. Dieser Schritt setzt eine inhaltliche Fokussierung auf kritische Eigenschaften der Reizmerkmale voraus. Auf Seiten des Gedächtnisses sind dies die sekundären Merkmale von Objekten, z. B. zum Einfüllen von Gegenständen geeignet, wiederverschließbar, transportabel etc. Die Sekundärkodierung ist ein

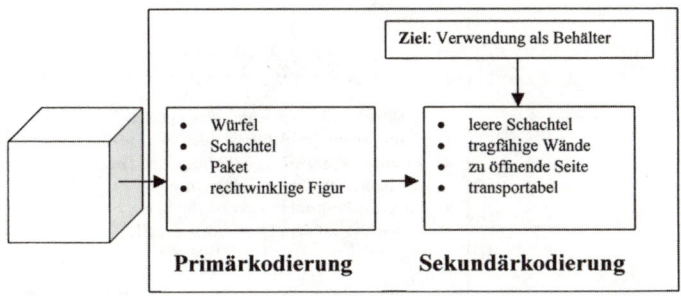

*Abb. 7.4:* Repräsentationskodierung nach Prinz (1983)

optionaler Prozess, d.h. eine willentlich ausgeführte weitere Kodierung. Vorrangig ist dabei eine bewusste und kontrollierte Informationsverarbeitung. Es wird selektiv auf vorhandenes Wissen zugegriffen, um neues Wissen zu konstruieren. Dieser Prozess wird von den Zielen und Erwartungen der Person gesteuert. Zum Beispiel hatte die Person, die nach Hinweisen auf die Öffnung und Wiederverschließbarkeit des dreidimensionalen Gegenstands suchte, das Ziel vor Augen, den Gegenstand als Behälter zu verwenden.

In Gedächtnisspuren werden darüber hinaus Operationen gespeichert, die wie die Merkmale durch spezifische Reize der Außenwelt aktiviert werden können. Dies geschieht durch die Operationskodierung. Sie bezieht sich auf die Aktivierung kognitiver Operationen, die zum Inhalt haben, wie, unter welchen Bedingungen und mit welchen Folgen in das Geschehen in einem Realitätsbereich handelnd eingegriffen werden kann. Operationen sind verinnerlichte Handlungen.

Die Aktivierung von Operationen ist immer mit einer indirekten Aktivierung von Spuren im Wissensgedächtnis verknüpft. Da Operationen aus der Spezifizierung bestimmter Bedingungen für die Ausführung von (verinnerlichten) Handlungen bestehen, müssen auch Spuren im Wissensgedächtnis aktiviert werden. Es muss aktiviert werden können, wie man den Gegenstand so herrichtet, dass man ihn als Behälter nutzen kann, wie man Gegenstände in ihn hineinfüllen kann und wie man ihn verschließt, damit der Inhalt auch beim Transport auf den Dachboden nicht entweichen kann.

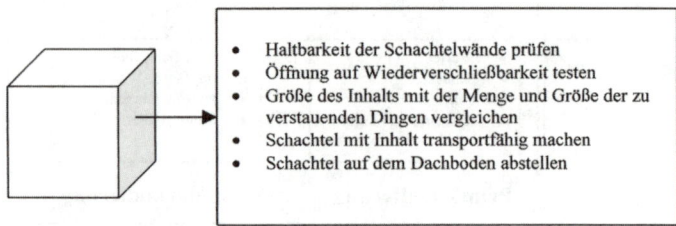

*Abb. 7.5:* Operationskodierung nach Prinz (1983)

## 7.3 Strukturen des Verstehens

### Begriffe als Träger von Bedeutung

Es gibt konkrete und abstrakte Begriffe. Konkrete Begriffe lassen sich durch Objekte der wahrnehmbaren Welt veranschaulichen, z.B. Baum, Apfel, Vogel, Blume. Abstrakte Begriffe sind das Ergebnis von Abstraktionen und lassen sich nur durch nachträgliche Veranschaulichungen »sichtbar« machen, z.B. Wirtschaftskreislauf, Staat, Vermögenskonto, Quadrat, Viereck. Für beide Arten von Begriffen gilt, dass sich das Gemeinte durch bestimmte Merkmale kennzeichnen lässt.

Man unterscheidet zwischen der denotativen und konnotativen Bedeutung von Begriffen. Die denotative Bedeutung bezieht sich auf die Merkmale von Objekten und Ereignissen, die durch den Namen des Begriffs designiert werden. Mit Begriffen können starke Emotionen verbunden sein (z.B. Weihnachten, Verbrechen), die nicht immer zur denotativen Bedeutung gerechnet werden, da sie von Person zu Person (interindividuell) unterschiedlich stark erlebt werden. Begriffe haben also oftmals individuumspezifische Anteile und können erfahrungsabhängige Affekte und Bewertungen auslösen. Die Subjektbezogenheit von Begriffen bewirkt auch eine intraindividuelle Variabilität der Begriffe. Die Bedeutung der Begriffe Lesen, Schule, Zeit variiert bei ein und derselben Person z.B. altersabhängig.

Die Bedeutung von Begriffen und die zwischen verschiedenen Begriffen bestehenden Beziehungen müssen gelernt werden. Dasselbe gilt für die Worte, die wir bestimmten Begriffen zuordnen. Begriffe und Wörter sind eng aufeinander bezogen, da sich ein Großteil des Begriffslernens im Gebrauch von Wörtern vollzieht. Begriffe und Wörter sind auch deshalb aufeinander bezogen, weil Menschen aufgrund physischer und sozialer Nähe viele ähnliche Erfahrungen mit Objekten und Ereignissen machen, die sie mit Hilfe derselben sprachlichen Ausdrücke benennen. Der enge Bezug von Begriffen und Wörtern garantiert die Übereinstimmung in der Referentialität der Begriffe. Wenn wir etwas sagen, wissen wir und andere in der Regel, was wir damit meinen.

Wir haben häufig einen Begriff von etwas, ohne das Wort zur Verfügung zu haben: z.B. Kinder können Eifersucht empfinden, aber das Gefühl noch nicht benennen. Gelernt wird das Wort durch die Verwendung von Sprache in spezifischen Kontexten. In der Regel werden Begriffe durch Wörter sprachlich fixiert. Ergebnisse zum impliziten Lernen (Perrig, 1996) zeigen, dass man sich auf der Grundlage erkannter Bedeutungen verhalten kann, ohne diese benennen zu können.

Die Grenzen zwischen Wissenserwerb und Begriffsbildung sind fließend. Begriffe werden auch als Bausteine unseres Wissens bezeichnet. Prinz (1983) versteht unter dem Wissensgedächtnis das Gesamtsystem der Begriffe. Kognitive Aktivitäten wie Erinnern, Schlussfolgern, Problemlösen, Sprachverstehen, Urteilen setzen ein im Wissensgedächtnis vorhandenes System von Begriffen voraus.

**Begriff**
Ein Begriff ist eine mentale Repräsentation einer Kategorie von Entitäten. Entitäten sind Gegenstände der Wahrnehmung, wie z.B. konkrete Objekte, Ereignisse oder Personen; eine Kategorie ist eine Menge von Entitäten (Eckes, 1996).

## Struktur und Funktion von Begriffen

Ausgangspunkt für die Begriffsbildung ist die Feststellung gemeinsamer Merkmale bei Dingen oder Ereignissen. Aufgrund der Ähnlichkeit ihrer Merkmale werden sie zu einer semantischen Kategorie zusammengefasst. Die klassenstiftenden Attribute können hinsichtlich ihrer Anzahl und Qualität variieren. Beim »Viereck« sind drei Merkmale relevant: geschlossene Gestalt, ebene Fläche, vier Seiten. Übergang zum Quadrat erfolgt durch Hinzunahme von »gleich große Winkel« und »gleich lange Seiten«.

Begriffe sind anhand ihrer Merkmale nicht immer gut unterscheidbar: Strom und Fluss. Die Grenzen von Begriffen sind oft unscharf. Man sagt auch, die semantische Kontur eines Begriffs verschwimmt. Der Übergang von Säugetieren und Vögeln ist bei Betrachtung der Fledermaus nicht mehr ganz so klar wie bei der Unterscheidung von Kühen und Schwalben. Die Grenzlinien von Begriffen sind häufig kontextabhängig variabel. Eine Tasse ist im Zusammenhang mit dem Kaffeetrinken sehr viel enger definiert als im Zusammenhang mit dem Teetrinken. Tee trinkt man auch aus Schalen oder Gläsern, so dass die Teetasse ein vieldeutiger Begriff ist. Die Begriffsbildung wird in dem Maße schwieriger, wie die Unterscheidbarkeit der Merkmale abnimmt. Wenn die Merkmale von Begriffen nicht kategorial, sondern kontinuierlich sind, wird die Unterscheidung der Begriffe schwierig. Ist das noch eine Ellipse oder bereits ein Kreis? Ist das noch ein Mädchen oder bereits eine junge Frau?

Der Erwerb von Begriffen beinhaltet den Erwerb von Kenntnissen über die Beziehungen zwischen den Merkmalen eines Begriffs. Die Merkmale können unterschiedlich miteinander verknüpft sein. Bruner et al. (1956) unterscheiden z.B. die konjunktive von der disjunktiven Verknüpfung. Die konjunktive Verknüpfung ist eine »Sowohl-als-auch«-Verknüpfung. Ein Tier ist z.B. durch die konjunktive Verknüpfung der Merkmale »warmblütig«, »verfügt über Milchdrüsen« und »Geburt von lebenden Nachkommen« als Säugetier definiert. Die Merkmale sind notwendig und hinreichend zur Bestimmung von Säugetieren. Nur das gemeinsame Auftreten dieser drei Merkmale bei einem Tier garantiert, dass es sich um ein Säugetier und nicht um ein Reptil oder einen Vogel handelt.

Eine disjunktive Verknüpfung von definierenden Merkmalen ist eine »Entweder-oder«-Verknüpfung. Ein Verlustpunkt beim Baseballspielen ist z.B. dadurch definiert, dass der Ball ins »Aus« geschlagen wird, dadurch, dass der Wurf verunglückt, oder dadurch, dass ein »Foul« gemacht wird. Bereits das Zutreffen eines dieser Merkmale ist hinreichend, um von einem Verlustpunkt zu sprechen.

Begriffe sind häufig untereinander hierarchisch angeordnet. Bei hierarchischen Beziehungen zwischen Begriffen werden die Merkmale von den Oberbegriffen zu den Unterbegriffen »vererbt«. Das bedeutet, dass jeder untergeordnete Begriff durch die relevanten Merkmale des übergeordneten Begriffs und zusätzliche Merkmale, nämlich solche Merkmale, die ihn charakterisieren, indem sie Unterschiede zu anderen nebengeordneten Begriffen markieren, definiert ist. Mit jedem untergeordneten Begriff nimmt damit die Anzahl der definierenden Merkmale zu. Die Oberbegriffe werden durch Verdichtung der Merkmale der Unterbegriffe gebildet. Die Bildung eines Oberbegriffs geschieht durch die konjunktive Verknüpfung der gemeinsamen Merkmale der jeweiligen Unterbegriffe.

Das kleinste gemeinsame Vielfache der anschaulichen Merkmale von Objekten wird auch als Primärbegriff bezeichnet. Die Primärbegriffe sind gleichbedeutend mit den spontanen Benennungen von Objekten und werden zur Primärkodierung (s.o.) verwendet. Wenn man beispielsweise Segelboote, Ruderboote, Motorboote und Autos verschiedener Hersteller vor sich hat, ist die gängigste Kodierung diejenige von Booten und Autos. Weniger wahrscheinlich ist die Benennung der Objekte mit der gemeinsamen Objektklasse »Fahrzeuge« und weniger wahrscheinlich ist auch der Zugriff auf die untere Ebene der Sortierung nach Autos verschiedener Hersteller und der Boote nach den unterschiedlichen Antriebsarten.

Begriffe sind semantische Kategorien von Elementen, die unterschiedlich viele Elemente enthalten können. Beispielsweise haben die Kategorien »Erde«, »Bundespräsident« und »Nacht« nur ein einziges Exemplar, während die Kategorie »Singvogel« sehr viele und teilweise sehr unterschiedliche Exemplare enthält. Die Elemente einer Kategorie müssen nicht alle gleichartige Vertreter ihrer Kategorie sein. Häufig werden diejenigen Objekte zusammengefasst, die einander ähnlich sind, ohne deshalb gleich alle oder sehr viele Merkmale zu teilen. Das berühmteste Beispiel dafür stammt von Wittgenstein (1971), von dem auch der Begriff Familienähnlichkeit geprägt wurde. Die Definition des Begriffs »Spiel« funktioniert nicht sehr gut über Merkmale, da es sehr viele unterschiedliche Arten von Spielen gibt. Ein Fußballspiel ist etwas anderes als ein Kartenspiel, und das Spielen von Kindern im Sandkasten wird von uns ebenfalls als Spiel bezeichnet. Anstelle von Merkmalsähnlichkeit zwischen den verschiedenen Elementen der Kategorie »Spiel« würde man in diesem Fall daher von Familienähnlichkeit sprechen.

Rosch (1975) konnte zeigen, dass nicht alle Elemente von natürlichen Kategorien gleich »gute« Vertreter der Kategorie sind. Die Merkmale von Elementen einer Kategorie können ein unterschiedliches Ausmaß an Ähnlichkeit mit den die Kategorie charakterisierenden Merkmalen aufweisen. Beispielsweise sind Karotten typischere Vertreter von Gemüse als Kürbis. Typische Exemplare sind dadurch gekennzeichnet, dass sie viele Merkmale mit den Elementen der eigenen Kategorie, aber nur wenige mit den Merkmalen anderer Kategorien gemeinsam haben. Diese typischen Exemplare einer Kategorie werden seit Rosch (1975) als Prototypen bezeichnet. Ein Prototyp einer Kategorie steht im Zentrum, atypische Exemplare stehen am Rande. Der Prototyp gilt als Bezugspunkt für die Einordnung von Elementen in die Kategorie.

Die wichtigste Funktion von Begriffen ist die Kategorisierung, d.h. die Zuordnung einer Entität zu einer Kategorie oder Klasse. Begriffe oder Kategorien sind Klassifikationsmöglichkeiten für Reize, die zur Kodierung verwendet werden. Sie dienen der Vereinfachung, indem entschieden wird: Gehört der Reiz dazu oder nicht? Der ankommende Reiz wird dadurch einem System von Begriffen oder Kategorien zugeordnet, die ein bestimmtes Begriffssystem darstellen.

Die Kategorisierung dient dem Zugriff auf Wissen, das mit dem angesprochenen Begriff assoziiert ist. Dieses Wissen kann dann für unterschiedliche Inferenzen genutzt werden. Man zieht aufgrund der Kategorienzugehörigkeit Schlussfolgerungen auf nicht beobachtete Merkmale, wie z.B. Erklärungen beobachteter Verhaltensweisen oder Zustände, Vorhersagen künftiger Verhaltensweisen bzw. Zustandsänderungen oder auch Verallgemeinerungen über eine Menge ähnlicher Entitäten. Kategorisieren heißt, über Wissen zu verfügen, insbesondere über mehr Wissen zu verfügen, als mit der unmittelbaren Beobachtung gegeben ist. Das Inferenzpotential eines Begriffs ist eng mit seiner Nützlichkeit verknüpft: Ein Begriff ist um so nützlicher, je mehr Inferenzen, Erklärungen oder Vorhersagen die Kenntnis der Begriffszugehörigkeit einer Entität erlaubt.

Erst auf der Grundlage eines Systems hinreichend stabiler Begriffe (intra- und interindividuell) kann über einen wahrgenommenen oder vorgestellten Ausschnitt der Welt sinnvoll kommuniziert werden. Stabilität bedeutet nicht Starrheit: Begriffe als kognitive Orientierungsinstrumente müssen flexibel sein, damit sie an veränderte Zielsetzungen und Umweltbedingungen angepasst werden können.

## Schemata

Das, was uns jeweils aktuell verfügbar ist, um als Verhaltensgrundlage zu dienen, ist das Produkt eines konstruktiven Prozesses. Das Gedächtnis umfasst das gesamte Wissen einer Person, das aus vergangenen Erfahrungen resultiert. Eine vielfach untersuchte angenommene Strukturierungshilfe unserer Wissensbestände sind kognitive Schemata. Das zum Verstehen notwendige allgemeine Weltwissen ist möglicherweise in Form von kognitiven Schemata gespeichert.

Zur Darstellung unseres kategorialen Wissens – also des Wissens über ganze Klassen von Sachverhalten – braucht man ein Modell eines Repräsentationssystems, in dem einerseits modelliert ist, dass vorhersagbare Informationen über einzelne Elemente einer Kategorie abgelegt sind, und in dem Annahmen über die Struktur der Beziehungen zwischen diesen Elementen enthalten sind.

**Schema**
Schemata beziehen sich auf umfangreiche Datenstrukturen, die eine kritische Rolle bei der Interpretation neuer Informationen, der Regulierung von Verhaltensweisen und der Konstruktion und gedächtnisseitigen Organisation von Wissen spielen.

Kognitive Schemata sind interne Strukturen, in denen Erfahrungen verallgemeinert sind und die typische Sachverhalte bzw. zu erwartende Zusammenhänge aus einem bestimmten Realitätsbereich repräsentieren. Erfahrungen mit unseren eigenen Verhaltensweisen und die Generalisierungen daraus im Hinblick auf die Definition der eigenen Person sind im Selbst-Schema gespeichert. Wissen ist über die Knoten und Verbindungen eines Netzwerks verteilt, und nichts Gespeichertes entspricht unmittelbar einem Schema. Schemata sind mit der Idee konnektionistischer Netzwerke vereinbar, da sie als Eigenschaften komplexer Netzwerke verstanden werden können. Der Aufbau einer mentalen Repräsentation besteht in der Aktivierung solcher Schemata.

*Erkennen als Selbstevaluation kognitiver Schemata*

Einen Sachverhalt erkennen, heißt, ihn unter ein passendes kognitives Schema oder eine Schemakonfiguration zu subsumieren. Dabei kann die Passung eines kognitiven Schemas gegenüber vorliegenden Informationen mehr oder weniger treffend sein.

Ein Schema enthält Leerstellen, die jeweils als Platzhalter für spezifischere Daten dienen, sog. Ersatzannahmen. Das Schema Essen enthält Leerstellen über den Agenten, das Objekt und das Instrument dieser Tätigkeit. Das Verstehen des Satzes

*»Otto isst Suppe«*

ist ohne weiteres möglich, da er den Erwartungen entspricht, dass es sich bei dem Agenten um ein Lebewesen handeln muss, und als Objekt nur essbare Dinge in Frage kommen. Deshalb wird der Satz

*»Schränke essen abends Stehlampen«*

als sinnlos zurückgewiesen. Beim Ausfüllen von Schema-Leerstellen müssen also bestimmte Bedingungen erfüllt sein. Das Ausfüllen von Schema-Leerstellen kann von der bereits erfolgten Ausfüllung anderer Leerstellen abhängen. Wenn z.B. die Objekt-Leerstelle des Schemas »Essen« von Suppe ausgefüllt ist, ist Löffel ein guter Kandidat für die Instrument-Leerstelle des »Essen«-Schemas, nicht jedoch, wenn die Objekt-Leerstelle von Schnitzel ausgefüllt ist.

Die Leerstellen eines kognitiven Schemas können bei Bedarf mit hypothetischen Konzepten ausgefüllt werden. Diese Ausfüllungen stellen Ersatzannahmen dar. Diese gelten so lange als gültig, bis anders lautende Informationen vorliegen. Soweit nichts anderes bekannt ist, würde in dem Satz *»Otto isst Suppe«* die Instrument-Leerstelle mit Löffel ausgefüllt werden. Die Ersatzannahmen repräsentieren den aufgrund bisheriger Erfahrungen wahrscheinlichsten Fall. Wie gut ein Schema jeweils im Einzelfall auf die vorliegenden Daten passt, wird jeweils in einem Evaluationsprozess festgestellt. Die in den Schema-Leerstellen gespeicherten Erwartungswerte dienen dabei als Evaluationskriterien. Ein kognitives Schema, dessen Leerstellen mit solchen Erwartungswerten ausgefüllt sind, kann als Beschreibung des entsprechenden Prototyps des Schemas angesehen werden. Die Passung des Schemas auf den vorliegenden Sachverhalt ist also eine Frage der Typikalität des Sachverhalts im Hinblick auf die jeweilige Schemakategorie. Die Überprüfung (Evaluation) der Passung des kognitiven Schemas ist also ein Prozess der Typikalitätsbestimmung.

Um die Kongruenz (oder Übereinstimmung) zwischen den intern gespeicherten **deklarativen** Datenstrukturen und den extern vorliegenden empirischen Daten festzustellen, ist **prozedurales** Wissen erforderlich. Dieses Wissen ist in dem betreffenden Schema mit gespeichert. Ein Schema enthält also deklaratives und prozedurales Wissen: deklaratives Wissen als Faktenwissen bzw. Annahmen über die Realität und prozedurales Wissen, anhand dessen die Annahmen überprüft werden.

Da das zur Evaluation erforderliche Wissen im Schema selbst gespeichert ist, kann man hier von einem Prozess der Selbstevaluation sprechen.

Aus schematheoretischer Sicht beruht das Erkennen eines Sachverhalts also auf einem Prozess der Selbstevaluation verschiedener Schemata, wobei unter konkurrierenden Schemata jeweils das am besten passende ausgesucht wird.

Erkennen bzw. Verstehen basiert auf einem Wechselspiel von auf- und absteigenden Schemaaktivierungen bei gleichzeitiger Hemmung konkurrierender Schemata. Dadurch bildet sich ein stabiler Systemzustand heraus. Dieser besteht darin, dass eine bestimmte Konfigura-

tion von Schemata aktiviert ist, die sich gegenseitig unterstützen und
zugleich andere, konkurrierende Schemata hemmen. Die verwendete
Schemakonfiguration gilt als die unter den gegebenen Bedingungen
bestmögliche Interpretation der vorliegenden Informationen.
Veränderungen erworbenen Wissens entstehen aus erwartungswid-
rigen Erfahrungen. Je weniger Gedächtnisspuren zur Verfügung
stehen, desto mehr muss beim Erinnern auf die in den kognitiven
Schemata gespeicherten Ersatzannahmen bzw. Erwartungswerte zurückgegriffen werden. Weicht der ursprüngliche Inhalt von diesen Erwartungswerten ab, so wird die Erinnerung bei längeren Behaltensin-
tervallen zunehmend schemakonform und zugleich fehlerhafter. Mit
fortschreitender Behaltensdauer wird immer stärker die normalisierte
bzw. typisierte Form erinnert.
    Kognitive Schemata wirken aufmerksamkeitssteuernd. Die Vertei-
lung der Aufmerksamkeit erfolgt anhand der Schemagrenzen nach
schemarelevanten und nicht-schemarelevanten Informationen. Sche-
ma-atypische Informationen binden oftmals mehr Aufmerksamkeit
als schematypische Merkmale. Schemata wirken oftmals integrie-
rend. Sie stellen einen kohärenz- und verständniserzeugenden Rahmen dar. Informationen können besser verstanden und behalten
werden, wenn sie in die Leerstellen eines aktualisierten Schemas ein-
geordnet werden können. Schemata haben wie Kategorien eine Infe-
renzfunktion. Sie befähigen zu sinnvollen und bedeutungshaltigen
Schlussfolgerungen. Ein Denkschema enthält beispielsweise einen
Plan für die Lösung einer Aufgabe, indem es Denkprozesse in eine
erfolgversprechende Richtung lenkt und spezifische Erwartungen im
Hinblick auf mögliche Ergänzungen unvollständiger Aktualisierun-
gen eines Schemas auslöst. Schemata sorgen auf diese Weise für ge-
ordnete Denkverläufe. Bei Vorhandensein eines Lösungsschemas
wird die Lösung eines Problems nicht durch ungerichtete Assoziationen, sondern durch ein Suchen und Finden von Informationen herbeigeführt, die sinnvoll in die Leerstellen eines Schemas eingesetzt werden können, um dieses zu vervollständigen.

*Basisliteratur*

Anderson, J.R. (1996), Kognitive Psychologie (2. Aufl.). Heidelberg: Spek-
    trum Akademischer Verlag.
Kluwe, R.W. (1992), Gedächtnis und Wissen. In: H. Spada (Hrsg.) Lehrbuch
    Allgemeine Psychologie (2. Aufl., S. 115–187). Bern: Huber.

*Weiterführende Literatur*

Goschke, T. (1996), Lernen und Gedächtnis: Mentale Prozesse und Gehirn-strukturen. In: G. Roth & W. Prinz (Hrsg.), Kopf-Arbeit. Gehirnfunktion und kognitive Leistung (S. 359–410). Heidelberg: Spektrum Akademischer Verlag.

Kluwe, R.H. (Hrsg.) (1997), Strukturen und Prozesse intelligenter Systeme. Wiesbaden: Deutscher Universitätsverlag.

Spitzer, M. (2000), Geist im Netz. Heidelberg: Spektrum Akademischer Verlag.

Tisdale, T. (1998), Selbstreflexion, Bewusstsein und Handlungsregulation. Weinheim: PsychologieVerlagsUnion.

# 8  Denken lernen

## 8.1  Kognitive Fertigkeiten

Denken lernen bedeutet, Fertigkeiten zu erwerben, mit denen man in der Lage ist, »geistig« tätig zu sein. Bei »geistiger Tätigkeit« wendet man, wie bei körperlicher Tätigkeit, bestimmte Verfahren an, um anstehende Aufgaben zu bearbeiten, oder probiert Vorgehensweisen in Auseinandersetzung mit zu lösenden Problemen aus. Man lernt z.B., eine Schleife zu binden, seinen Namen zu schreiben, einen Nagel in die Wand zu schlagen, Auto zu fahren, ein Bewerbungsschreiben aufzusetzen, Zahlen zu addieren, Verwandtschaftsverhältnisse zu bestimmen, Computer zu programmieren und vieles mehr. Menschen erwerben Fertigkeiten sehr unterschiedlicher Art. Beziehen sich die Fertigkeiten darauf, dass man nicht körperliche, sondern geistige Aktivitäten ausführen kann, bezeichnet man sie als kognitive Fertigkeiten.

Wie die genannten Beispiele leicht erkennen lassen, setzen sich Fertigkeiten meist in unterschiedlichen Mischungsverhältnissen aus körperlichen (motorischen) und geistigen (kognitiven) Fertigkeiten zusammen. Um eine Rechenaufgabe zu bearbeiten, braucht man Fertigkeiten, die es einem erlauben, sowohl die motorischen Anteile der Aufgabe auszuführen, als auch Fertigkeiten, die sich auf die kognitiven Anteile der Aufgabe beziehen. Es sei denn, es handelt sich um »Kopfrechen-Aufgaben«.

**Fähigkeiten – Fertigkeiten**
Mit Fähigkeit ist die potentielle Möglichkeit eines Organismus gemeint, eine bestimmte motorische oder kognitive Aktivität zu zeigen oder eine bestimmte Leistung zu vollbringen. In der Tradition von Piaget spricht man auch von Kompetenz. Der Begriff Fähigkeit enthält noch keine Annahmen darüber, wie der Organismus zu

der Fähigkeit gelangt ist. Der Organismus kann bestimmte Prädispositionen zur Ausführung von körperlichen oder kognitiven Aktivitäten von sich aus mitbringen (z.B. eine besondere Fingerfertigkeit aufgrund von feingliedrigen Fingern und gut trainierbarer Feinmotorik), durch besondere Anregungsbedingungen der Umwelt zur rechten Zeit an bestimmte Aktivitäten herangeführt worden sein und/oder viel Zeit, Anstrengung und Mühe aufgewandt haben, die Fähigkeit zu erwerben. Wenn sich motorische oder kognitive Aktivitäten durch Übung verfestigt und durch häufige Wiederholung automatisiert haben, spricht man – um dem besonderen Aufwand und dem Training Rechnung zu tragen – von (erworbenen) Fertigkeiten. Fertigkeiten sind an Regelmäßigkeiten ihrer motorischen oder kognitiven Ausführung erkennbar.

Wie erleben wir diesen Lernprozess? Wenn wir ein Gedicht vor uns haben, dem wir zunächst keine bedeutungsvollen Sinneinheiten abgewinnen können, mag das daran liegen, dass wir zunächst nicht erwarten, dass sich Sinn erst über das Zeilenende hinaus ergibt. Beim lauten Lesen des Gedichts fällt uns aber dann auf, dass sich ein Sinn ergibt, wenn man über das Zeilenende hinwegliest. Manchmal passt der Begriff »Heureka« zur Bezeichnung dessen, was wir erleben – plötzlich haben wir das Gefühl, den Schlüssel gefunden zu haben, mit dem man sich zum Beispiel den Sinn von Gedichten erschließen kann. Das sog. Heureka-Erleben ist ein Beispiel für eine sehr drastische, d.h. dem Bewusstsein zugängliche Form der Veränderung kognitiver Fertigkeiten. Vielfach verändern sich kognitive Fertigkeiten ohne bewusstes Erleben, sei es weil die Veränderungen in unmerklich kleinen Schritten erfolgen, sei es weil wir es nicht gewohnt sind, unsere Aufmerksamkeit darauf zu richten.

## Erwerb von kognitiven Fertigkeiten

Die psychologische Forschung hat sich mit der Ausbildung motorischer Fertigkeiten intensiver befasst (Fitts & Posner, 1967) als mit kognitiven Fertigkeiten. Das ist in jüngerer Zeit anders geworden. Gleichzeitig wird die Grenze zwischen motorischen und kognitiven Fertigkeiten weniger stark betont. Allerdings gibt es bislang kaum Modelle des Fertigkeitserwerbs, in denen motorische und kognitive

Fertigkeiten gleichzeitig berücksichtigt werden (Kluwe & Haider, 1995).

Für den Erwerb kognitiver Fertigkeiten sind Modelle entwickelt worden, mit denen einerseits versucht wird, den Verlauf und die Veränderung kognitiver Leistungen als Folge von Übung zu beschreiben und vorherzusagen. Andererseits zielen die Modelle darauf ab, kognitive Mechanismen zu finden, die den Übergang von einer Anfangsphase des Erwerbs, die durch langsame, fehlerhafte Aktivität gekennzeichnet ist, zu einer Phase der ausgebildeten, rasch und stereotyp ablaufenden Fertigkeit erklären können. Zu den prominentesten Modellen gehören die Theorie zweier Prozesse von Shiffrin & Schneider (1977) und die Lerntheorie von Anderson. Diese beiden Ansätze sollen im Folgenden vorgestellt werden. Kluwe & Haider (1995) stellen daneben noch das Chunking-Modell von Rosenbloom & Newell (1987) und die Instance Theory des Gedächtnisses von Logan (1988) dar und vergleichen die vier kognitionspsychologischen Modelle miteinander. Der interessierte Leser sei auf diese ausgesprochen kenntnisreiche und komprimierte Darstellung verwiesen.

## 8.2  Zwei-Prozess-Theorie von Shiffrin & Schneider

Den Annahmen von Shiffrin & Schneider zum Erwerb kognitiver Fertigkeiten liegt das von ihnen 1977 vorgelegte Einspeichermodell des Gedächtnisses zugrunde. Die strukturellen Aspekte dieses Modells sind im Kapitel 6 dieses Buches bereits beschrieben worden.

Das Kurzzeitgedächtnis wird als aktivierter Zustand von Teilen des Langzeitgedächtnisses aufgefasst. Das Langzeitgedächtnis besteht aus einer Vielzahl miteinander verbundener Knoten. Durch Lernprozesse werden sowohl die Verknüpfungen zwischen den Knoten als auch die Knoten selbst zunehmend zahlreicher und komplexer. Bereits bestehende Verknüpfungen werden durch Lernen verstärkt. Ein einzelner Knoten kann eine komplexe Einheit darstellen, die viele Informationselemente einschließlich assoziativer Verknüpfungen sowie Programme für Reaktionen umfasst.

Durch Kontrollprozesse oder durch externe Reize kann eine Abfolge von mehreren Verarbeitungsschritten, die im Langzeitgedächtnis gespeichert ist, in Gang gesetzt werden. Die Kontrolle der Informationsverarbeitung erfolgt durch die Steuerung des Aktivierungszustands der Knoten. Kontrolle bedeutet, dass die Aufmerksamkeit selektiv auf bestimmte Knoten gerichtet ist. Dadurch wird der Tatsache Rechnung getragen, dass die Aufmerksamkeit Kapazitätsgrenzen unterliegt.

Shiffrin & Schneider (1977; Schneider & Shiffrin, 1977) nehmen nun an, dass die Aktivierung und Ausführung einer Abfolge von Schritten der Informationsverarbeitung auch in einer Art und Weise erfolgen kann, die nicht der Kontrolle bedarf. Sie nennen diese Art der Verarbeitung »automatisiert« und bezeichnen ihre Theorie deshalb als Zwei-Prozess-Theorie der Informationsverarbeitung.

## Automatische Verarbeitung

Diese Art der Verarbeitung ist dadurch gekennzeichnet, dass sie schnell erfolgt, zwangsläufig abläuft und unkontrollierbar ist, da eine feste Folge von Knoten im Langzeitspeicher als Reaktion auf ein spezielles und häufig wiederkehrendes Muster von eingehenden Reizen aktiviert wird. Die Aktivierung dauert nur wenige Millisekunden und wird von der Person selbst meist nicht bewusst erlebt. Sie kann allerdings ihre Aufmerksamkeit willentlich darauf richten. Da diese Art der Steuerung des Informationsverarbeitungsprozesses keine Aufmerksamkeit beansprucht, solange man sich nicht bewusst darauf konzentriert, belastet sie nicht die beschränkte Kapazität des Kurzzeitgedächtnisses.

## Kontrollierte Verarbeitung

Bei der kontrollierten Verarbeitung werden die einzelnen Knoten schrittweise aktiviert. Die Verarbeitung verläuft streng seriell – die einzelnen Schritte der Verarbeitung werden also zeitlich nacheinander ausgeführt. Dadurch bedingt, erfolgt die Verarbeitung vergleichsweise langsam. Die Aktivierung steht unter Kontrolle der Person und beansprucht Aufmerksamkeit; sie unterliegt damit den Kapazitätsbeschränkungen des Kurzzeitgedächtnisses.

Die Grundannahmen der Zwei-Prozess-Theorie lassen sich nach Kluwe & Haider (1995) in sechs Punkten zusammenfassen:

1. Automatische und kontrollierte Verarbeitung sind zwei qualitativ zu unterscheidende Arten der menschlichen Informationsverarbeitung.
2. Automatische Verarbeitung setzt ausgedehnte Übung voraus. Mit zunehmender Übung werden die Assoziationen zwischen den Knoten gestärkt und damit die Abfolge der zu aktivierenden Knoten gefestigt.
3. Neue Aufgaben werden zunächst kontrolliert verarbeitet. Mit zunehmender Übung verändert sich die Art der Verarbeitung von einer kontrollierten zu einer automatisierten.
4. Beim Übergang von kontrollierter zu automatischer Verarbeitung wird immer weniger Aufmerksamkeit benötigt. Das Ergebnis dieses Prozesses wird von Shiffrin & Schneider (1977) auch als automatische Entdeckung von Reizen beschrieben.
5. Voraussetzung für den Wechsel von kontrollierter zu automatischer Verarbeitung ist wiederholte Übung in einer konsistenten Umgebung.
6. Automatische Verarbeitung zu verhindern, beansprucht kognitiven Aufwand.

Die Zwei-Prozess-Theorie erklärt, wie durch zunehmende Übung kognitive Leistungen aufgrund von Automatisierung verbessert werden können. Der Übergang von kontrollierter zu automatischer Verarbeitung entspricht dabei nicht einem Zuwachs an Wissen über die Einsatzmöglichkeiten eines Operators. Die Wissensbasis für die Ausführung einer Aufgabe bleibt unverändert. Es verändern sich allerdings die Anforderungen an die Aufmerksamkeitssteuerung. Übung bewirkt also, dass der Verarbeitungsprozess kapazitätssparender erfolgt und Ressourcen für zusätzliche Anforderungen freigesetzt werden. Während der Vorteil automatischer Verarbeitung in geringer Beanspruchung der Verarbeitungskapazität besteht, liegt der Vorteil kontrollierter Verarbeitung in der potentiellen Flexibilität. Bei kontrollierter Verarbeitung ist eine laufende Veränderung der Abfolge und Neubildung von Verarbeitungsschritten möglich, so dass eine Anwendung von Lösungen auf neue Situationen erfolgen kann.

Shiffrin & Schneider (1977) weisen auf etliche Vorteile ihrer Zwei-Prozess-Theorie hin. Kontrollierte Verarbeitung ist eine zwar langsame, aber genaue Verarbeitung und damit nützlich für neue Situationen. Automatische Verarbeitung ist von Vorteil bei sich wiederholenden und gleichen Anforderungen. Bei automatischer Verarbeitung ist die Beachtung wichtiger Reize ungeachtet der gerade ablaufenden und u. U. kapazitätsintensiven kognitiven Aktivität möglich, so dass eine effiziente Nutzung eines Systems mit begrenzter Kapazität erklärbar ist.

Die Zwei-Prozess-Theorie ist im Zusammenhang mit einfachen Aufgabenanforderungen entwickelt und überprüft worden. Daher ist häufig vermutet worden, dass die Automatisierung des Verarbeitungsprozesses auf einfache kognitive Leistungen beschränkt ist. Shiffrin & Dumais (1981) sind allerdings überzeugt, dass Automatisierung auch bei komplexen Prozessen erreicht werden kann. Sie schließen Automatisierungsprozesse allerdings für solche Prozesse aus, die durch eine Vielzahl von Entscheidungen gekennzeichnet sind.

Die folgende Lerntheorie von Anderson (1982) ist dagegen von Beginn an für komplexe kognitive Anforderungen entwickelt worden.

## 8.3 Lerntheorie von Anderson

Anderson untersucht seit Beginn der 80er Jahre auf der Grundlage seiner mehrfach überarbeiteten Theorie über das kognitive System als sich ständig veränderndes Produktionssystem (adaptive control of thought, ACT) die Veränderung des Denkens durch das Denken.

**ACT-Theorien von Anderson**
ACT ist nach seiner eigenen Definition in seinem Lehrbuch über kognitive Psychologie von 1995 »... eine Theorie zur Interaktion von deklarativem und prozeduralem Wissen bei komplexen kognitiven Prozessen« (S. 445).
Eine erste Fassung der ACT erschien in Anderson & Bower, 1973. Anderson publizierte 1976 eine wesentliche Revision unter der Bezeichnung ACTE. Die überarbeitete Fassung von 1983 kennzeichnete er mit einem Stern als ACT*. Die neueste Fassung von 1993 nennt er ACT-R und verweist darauf, dass das R für »rational« steht und dass die neue Bezeichnung – zumindest in der Aussprache merkbar – auf die gegenüber der früheren Version sparsamere Fassung hinweist.

Seine Bemühungen sind darauf gerichtet zu zeigen, wie man mit Nachdenken Gedächtnisinhalte bearbeitet und wie sich die Fähigkeit, dieses zu tun, durch das Nachdenken verändert.

## Merkmale kognitiver Fertigkeiten

Nach Anderson (1993) ist eine kognitive Fertigkeit zusammengesetzt aus Produktionsregeln. Diese Definition von kognitiven Fertigkeiten ist gleichzeitig die zentrale These seiner neuesten und sparsamsten Version des ACT-Modells, die er ACT-R Theorie nennt.

Produktionsregeln sind Beschreibungen der bei der Problemlösung oder Aufgabenbearbeitung verwendeten Vorgehensweisen (diese Vorgehensweisen werden auch Operatoren genannt). Die Beschreibungen enthalten einen »wenn-Teil«, in dem eine Bedingung genannt ist, und einen »dann-Teil«, in dem eine Aktion genannt ist. Der »Wenn«- oder Bedingungsteil der Aussage spezifiziert die Umstände, unter denen eine bestimmte Vorgehensweise ausgewählt wird. Der »Dann«- oder Handlungsteil der Regel spezifiziert, was unter den Umständen im Einzelnen zu tun ist.

Die kognitive Fertigkeit, zweistellige Zahlen zu addieren, besteht zum Beispiel aus dem Beherrschen der folgenden Produktionsregeln:

1. Wenn es sich bei der Addition zweier Zahlen um zweistellige Zahlen handelt, stelle zunächst fest, welches die Zehner und welches die Einer der Zahlen sind.
2. Wenn du die Einer der beiden Zahlen identifiziert hast, addiere sie und stelle fest, ob die Summe die Einergrenze überschreitet.
3. Wenn die Einergrenze überschritten wurde, merke dir die Einer und addiere zur Summe der Zehner eins.
4. Wenn du das Ergebnis der Addition feststellen willst, setze die Einer und Zehner wieder zu einer zweistelligen Zahl zusammen.

Kognitive Fertigkeiten sind zunächst spezifisch für die Aufgaben, bei deren Bearbeitung sie erworben wurden. Nach erfolgreichem Erwerb der Fertigkeit wird diese im prozeduralen Teil des kognitiven Systems gespeichert und die Ausführung der (motorischen oder kognitiven) Tätigkeit wird dann weitgehend von diesem Teil des kognitiven Systems übernommen.

**Theorie der Produktionsregeln: ACT* (1983)**
**und ACT-R (1993)**

Von Newell (1990) wird der ACT-Ansatz als erste einheitliche Kognitionstheorie bezeichnet. Der Ansatz erhebt den Anspruch, unterschiedliche Forschungsgegenstände der kognitiven Psychologie, wie Spracherwerb, Erinnern und Vergessen sprachlichen Materials, Problemlösen und Fertigkeitserwerb zu integrieren (Franzke, 1996).

Der Unterschied von ACT-Theorien zu allen anderen Produktionssystemen (z.B. PSG, Newell, 1972; OPS5, Forgy, 1981; OPS83, Forgy, 1984; SOAR, Newell, 1991) besteht darin, dass das permanente Wissen bei allen anderen Systemen in Form von Produktionsregeln gespeichert wird, während die ACT-Theorien eine separate deklarative Repräsentation annehmen. Dadurch wird die Unterscheidung möglich, dass jemand weiß, wie etwas gemacht werden muss (prozedurales Faktenwissen), selbst aber nicht zur Ausführung der Aktivität in der Lage ist (prozedurales Wissen).

## Produktionssystem

Mit dem Begriff »Produktionssystem« wird ein theoretisches Konstrukt bezeichnet, das in der Kognitionswissenschaft verwendet wird, um Problemlöseoperatoren formal darzustellen. Produktionssysteme bestehen aus einer Menge von Produktionen, die Regeln zur Lösung eines Problems enthalten. Produktionssysteme setzen sich aus Produktionsregeln zusammen. Die Produktionsregeln haben bestimmte Merkmale. Sie setzen sich aus einem Ziel, einigen Überprüfungen zur Anwendbarkeit der Regeln und einer Aktion zusammen.

Ein Produktionssystem enthält Schemata von Operatoren und Systeme bedingter Operationen. Produktionssysteme enthalten also neben den Operatoren, die man als allgemeine Handlungsprogramme oder Schemata verstehen kann, Anweisungen, wie ein Operator anzuwenden ist, wenn bestimmte Bedingungen für die Operatoranwendung erfüllt sind.

Ein Produktionssystem besteht aus einer Wissensbasis (deklaratives und prozedurales Gedächtnis) und einem Interpreter (Arbeitsgedächtnis). In der Wissensbasis wird das für eine Aufgabenstellung relevante Faktenwissen (deklaratives Wissen) und eine Menge von Produktionen (wenn-dann-Regeln = Syllogismen; prozedurales Wissen), die auf Zuständen des deklarativen Wissens operieren und deren Transformation bewirken, bereitgestellt. Der Interpreter (Arbeitsgedächtnis) führt die in einer Produktion definierten Regeln aus. Wenn die Produktion »Wenn etwas vier Beine und ein Fell hat, dann ist es ein Hund« auf ein Objekt angewandt wird, dessen Repräsentation im Arbeitsgedächtnis aktualisiert ist, führt der Vorgang im Arbeitsgedächtnis zum Identifizieren eines Hundes.

**Produktionssysteme (nach Anderson, 1993, S. 7)**
Die Funktionsweise von Produktionsregeln bzw. die kritischen Merkmale von Produktionssystemen lassen sich folgendermaßen zusammenfassen:
- Jede Produktionsregel ist ein modulares Stück Wissen, indem es einen gut definierten Schritt der Kognition repräsentiert.
- Komplexe kognitive Prozesse werden erreicht, indem eine Sequenz solcher Regeln aufgrund bestimmter Ziele im Arbeitsgedächtnis zusammengesetzt wird und indem diese Informationen aus dem Arbeitsgedächtnis abgerufen werden.
- Wesentlich für Produktionsregeln sind ihre Bedingungs-Handlungs-Asymmetrien (die sich ebenso in vielen anderen Bereichen menschlichen Verhaltens finden).
- Produktionsregeln sind abstrakt und können in vielfältigen Situationen angewandt werden; diese Generalisierbarkeit wird durch die Verwendung von Variablen in aktuellen Formulierungen von Produktionssystemen erreicht.

## Produktionsregeln

Produktionsregeln sind »entkristallisierte« Problemlöseoperatoren. Anders ausgedrückt sind Produktionsregeln auch Indikatoren für kognitive Fertigkeiten. Wenn jemand in der Lage ist, aufgrund der Beschreibung von einigen kennzeichnenden Merkmalen bestimmte Vierbeiner als Hunde zu identifizieren, kann man annehmen, dass er eine entsprechende Produktionsregel beherrscht, d.h. die kognitive Fertigkeit besitzt, diese Regel auf alle Vierbeiner anzuwenden.

Die wichtigsten Merkmale von Produktionsregeln sind (Anderson, 1996):

1. *Bedingtheit:* Jede Produktionsregel besteht aus einer Bedingung, die beschreibt, wann sie angewendet werden soll, und einer Aktion, die beschreibt, was zu tun ist.
2. *Modularität:* Durch Produktionsregeln wird die Problemlösung in viele Produktionen zergliedert; für jeden Operator entsteht eine Produktion.
3. *Zielzergliederung:* Jede Produktion ist einem bestimmten Ziel bzw. Teilziel zugeordnet.
4. *Abstraktheit:* Jede Regel wird auf eine Klasse von Situationen angewendet.

*Psychologische Realität von Produktionsregeln*

Obwohl Anderson & Hinton (1981) einräumen, dass man gut gelernte Aktivitätsmuster und regelmäßiges Zusammenspiel von Aktivitäten mit dem Begriff der Regelgeleitetheit beschreiben kann, wurde die psychologische Realität von Produktionsregeln lange bezweifelt. Anderson (1993) versucht in seinem Buch zu zeigen, dass »the significant regularities in human behavior emerge at the level of production rules« (p. 10). ACT-R soll dazu dienen, die Regelmäßigkeiten des menschlichen Verhaltens und Lernens unter dem Einfluss von Produktionsregeln zu analysieren. Die entscheidende Frage ist dabei offensichtlich nicht, wie wir klären können, ob wir Produktionsregeln im Kopf haben, sondern wie wir wissen können, ob die ACT-R-Theorie die richtige Produktionssystem-Theorie ist. Nach Anderson (1993) stellt die Annahme von Produktionsregeln lediglich einen allgemeinen theoretischen Rahmen dar, der in dieser Allgemeinheit noch nicht empirisch gehaltvoll genug ist, um als überprüfbare Theorie gelten zu können. Auf der Grundlage dieser allgemeinen Annahme müssen spezifische theoretische Aussagen formuliert werden, die dann der empirischen Überprüfung unterzogen werden.

# Deklaratives und prozedurales Wissen

Die Unterscheidung von deklarativ und prozedural geht bereits auf die Originalversion des ACT-Modells von Anderson (1976) zurück und ist über alle Modifikationen des Modells erhalten geblieben.

Deklaratives Wissen lässt sich am einfachsten von prozeduralem Wissen dadurch abgrenzen, dass man es verbal beschreiben kann, während sich prozedurales Wissen in der Ausführung von Verhaltensweisen manifestiert. Deklaratives Wissen wird häufig auch als Faktenwissen und prozedurales Wissen wird als Fertigkeitswissen bezeichnet. Operational definiert besteht der Unterschied also darin, dass sich deklaratives Wissen erfragen lässt und man prozedurales Wissen aus dem Verhalten erschließen muss.

**Deklaratives und prozedurales Wissen**
Deklaratives Wissen bezieht sich auf (Er-)Kenntnisse über die nach Begriffen unterschiedenen Gegebenheiten, über Eigenschaften der begrifflichen Einheiten und über zwischen ihnen bestehende Beziehungen. Prozedurales Wissen bezieht sich dagegen auf die erworbenen Fähigkeiten zum Handeln. Es sind (Er-)Kenntnisse darüber, welche Verhaltensakte wie ausgeführt werden müssen. Die Unterscheidung spiegelt die geläufige Trennung von Wissen und Können, von dem Wissen »Was« und dem Wissen »Wie« (Ryle, 1969/1948) wider. Die Unterscheidung entspricht der nicht seltenen Beobachtung, dass jemand zwar über etwas reden, es aber nicht tun kann, und dass umgekehrt jemand etwas tun, aber nicht darüber reden kann. Deklaratives und prozedurales Wissen scheinen also weitgehend unabhängig voneinander zu sein.

Unser Wissen, dass Paris die Hauptstadt von Frankreich ist, ist deklaratives Wissen, während unsere Fähigkeit, Deutsch zu sprechen ein Beispiel für prozedurales Wissen ist. Dasselbe abstrakte Wissen kann prozedurale und deklarative Anteile haben. Das Aussehen der Tastatur eines Computers können wir deklarativ gespeichert haben. Im Zusammenhang mit unseren Fertigkeiten, die Tastatur zu bedienen, kennen wir die Tastatur als Bestandteil unseres prozeduralen Wissens. Wenn wir geübt sind, sind wir oftmals in der Lage, die Tastatur »blind« zu bedienen. Dann scheint unser deklaratives Wissen über das Aussehen der Tastatur zu schwinden. Der einzige Weg, sich an die Lage der Buchstaben auf den Tasten zu erinnern, ist dann häufig die Aktualisierung der Vorstellung, wohin die Finger sich beim Tippen bestimmter Worte bewegen. Die beiden Wissensarten sind allerdings nicht immer einander ausschließend. Man kann durchaus deklarative und prozedurale Repräsentationen desselben Wissens gleichzeitig gespeichert oder auch präsent haben. Beim gezielten Verwenden von grammatischen Regeln für den Satzbau in einer fremden Sprache haben wir die Regeln im deklarativen Gedächtnis als Wissensbestandteile gespeichert, und gleichzeitig können sie im prozeduralen Gedächtnis als integraler Bestandteil der Sprachproduktion abgelegt sein.

Die operationale Definition der Unterscheidung von deklarativem und prozeduralem Wissen hat den Nachteil, dass sie auf verbal repräsentiertes Wissen beschränkt ist und damit visuelle Gedächtnisinhalte – wie z.B. die Form eines Objekts – ausschließt. Außerdem erscheint die Annahme unvernünftig, dass Geschöpfe ohne Sprache kein deklaratives Wissen haben. Auf dem Hintergrund des theoretischen Ansatzes von Anderson (1993) ist eine zufrieden stellendere Definition der Unterscheidung möglich. Produktionen funktionieren, indem Informationen vom Arbeitsgedächtnis »gelesen« und ins Arbeitsgedächtnis »geschrieben« werden. Die Information im Arbeitsgedächtnis ist deklaratives Wissen und die Information in den Produktionen ist prozedurales Wissen. Die Unterscheidung ist ganz ähnlich derjenigen zwischen Programm und Daten. Aus der Beziehung zwischen prozeduralem und deklarativem Wissen folgt, dass deklaratives Wissen in der Regel eher verbal beschreibbar ist als prozedurales Wissen.

Beide Arten von Wissen zu unterscheiden, bietet nach Anderson (1993) eine bessere Möglichkeit, die Flexibilität und die Effizienz des kognitiven Systems zu erklären. Deklarative Repräsentationsmöglichkeiten erlauben dem System, Wissen relativ schnell in einer flexiblen Form zu erwerben. Man kann sich z.B. die allgemeine Grundregel des Satzbaus im Englischen direkt aneignen. Das geht recht schnell, und dieses Wissen erlaubt einem, einfache Sätze in allen möglichen Situationen zu konstruieren. Die Möglichkeit zu prozeduralen Repräsentationen erlaubt dem kognitiven System, die Fertigkeit zu erwerben, die Anwendung dieses Wissens in bestimmten Zusammenhängen zu spezifizieren und damit im Einzelfall die Effizienz zu erhöhen. Beispielsweise lässt sich auf der Grundlage der allgemeinen Regel über den Satzbau erlernen, dass man mit Hilfe einer einfachen Regelabweichung – nämlich der Umstellung von Subjekt und Prädikat – eine Frage formulieren kann.

## Fertigkeitserwerb

Fakten- und Fertigkeitswissen wird nach Andersons Theorie auf unterschiedliche Weise erworben. Die Unterscheidung ist eine wichtige Grundvoraussetzung seines Ansatzes und über alle Revisionen erhalten geblieben. Während des Erlernens einer neuer Fertigkeit werden zwei Lernphasen durchlaufen, in denen drei Lernprozesse zur Wirkung kommen (Anderson, 1983).

### Deklarative Lernphase

In der ersten, kürzeren Phase wird durch aktives Problemlösen auf Faktenwissen zugegriffen, das für den Gegenstandsbereich relevant ist. Anderson bezeichnet diesen Vorgang als deklarative Enkodierung der Fertigkeit. Benötigt wird sowohl Wissen über die Gegenstände oder Phänomene, auf die sich die kognitive Aktivität richtet (deklaratives Faktenwissen) als auch Wissen über mögliche Operatoren (prozedurales Faktenwissen). Beide Arten von Fakten sind zunächst lediglich in Form von deklarativem Wissen im Arbeitsgedächtnis repräsentiert und müssen während des Ausführens der Aktivität dort abrufbereit präsent gehalten werden.

Anderson (1996) erläutert diese Phase am Beispiel des Erwerbs der Fertigkeit, die Schaltvorgänge beim Autofahren auszuführen. Das Beispiel wird hier aufgegriffen und näher ausgeführt.

Um rückwärts zu fahren, muss man zunächst sein Wissen über die Funktionsweise einer Schaltung und die Lage der Gänge aktualisieren. Zu wissen, wo das Kupplungspedal ist und dass der Rückwärtsgang hinten rechts liegt, verkürzt den Lernprozess erheblich und schont die Gangschaltung. Es handelt sich hier also zunächst um deklaratives Faktenwissen – und nicht um deklaratives Handlungswissen, das aus dem Langzeitgedächtnis oder von außen in das Arbeitsgedächtnis überführt werden muss.

Weiterhin ist für das Erlernen der Ausführung des Gangeinlegens hilfreich, wenn man vorher den Bewegungsablauf kennt. Das Wissen, wie man das Kupplungspedal heruntertritt und dass man den Schaltknüppel nach rechts und zu sich hin ziehen muss, ist ein Wissen über eine Handlung einschließlich einer Ausführungsbedingung für diese Handlung und damit prozedurales Wissen. Man nennt dieses Wissen auch Wissen über einen Operator. Als Operator ausgedrückt weiß man damit, dass man zum Gangeinlegen die oben beschriebenen

Handgriffe ausführen muss. Man hat dieses Wissen möglicherweise vom Fahrlehrer erfahren oder aus einem Buch gelernt oder durch herumprobieren allmählich herausgefunden.

Das deklarative Wissen über Merkmale der Gegenstände oder Phänomene (hier der Gänge des Autos) ist in günstigen Fällen, wenn bereits detailliertes und genaues Wissen über den Gegenstand vorliegt, eng verknüpft mit dem Wissen über die Operatoren. Man kann die möglichen Operatoren manchmal bereits aus dem Faktenwissen ableiten. Wenn man weiß, dass der Rückwärtsgang hinten rechts liegt, ergibt sich, dass man ihn durch Bewegen des Schaltknüppels nach rechts und zu sich hin oder auch durch zusätzliches Niederdrücken des Schaltknüppels einlegen kann (prozedurales Wissen). In jedem Fall würde man das Wissen zunächst als deklarativ abgespeichertes prozedurales Wissen bezeichnen, ganz unabhängig davon, aus welcher Quelle das Wissen kommt.

Bei einem unbekannten Problem werden in dieser Phase allgemeine Problemheuristiken angewendet und die deklarative Repräsentation der Problemsituation zur Lösung herangezogen. Diese Phase ist in der Regel durch viele Fehler gekennzeichnet, da die Interpretation der Objekte im Problemraum sich als falsch herausstellen kann und die darauf aufbauenden Handlungen dann zu Fehlern führen. Eine der wichtigsten Lösungsstrategien besteht darin, Handlungsmöglichkeiten anhand von bekannten Beispielen oder Analogien zu erschließen. Ist ein Problemlöseversuch auf Anhieb erfolgreich (one-trial-learning), wird er in Form einer neuen Produktion als Wenn-dann-Regel (prozedurales Wissen) festgehalten. Anderson nennt diesen Prozess Wissenskompilierung. Das Handlungswissen wird in Form von mehreren allgemeinen Produktionsanwendungen (in denen jeweils die Anfangs- und Endbedingungen der Produktionsanwendung formuliert sind) in einer neuen bereichsspezifischen Produktion zusammengefasst. In dieser Produktion ist das Faktenwissen eingeschlossen. Zur Lösung einer neuen Aufgabe muss daher kein deklaratives Wissen mehr gesondert gesucht werden. Diese Verlagerung der Repräsentation relevanten Wissens aus dem deklarativen in den prozeduralen Speicher ist ein wichtiges Ziel der Kompilierung neuer Prozeduren, da hierdurch der Arbeitsspeicher entlastet wird. Bei erneuter Anwendung der Prozedur muss nicht erst wieder deklaratives Wissen in das Arbeitsgedächtnis geschrieben werden, sondern die entsprechenden Wissensbestandteile sind direkt in die Prozeduren eingebettet.

*Prozedurale Lernphase*

In der zweiten, prozeduralen, Phase des Fertigkeitserwerbs werden
zwei Lernprozesse wirksam, die zu einer Automatisierung des Handlungsablaufs beitragen.

Die Fertigkeit wird durch einen Prozess der *Pro, eduralisierung*
noch besser auf den jeweiligen Anwendungsbereich angepasst. Dies
ist eine Voraussetzung dafür, dass eine zunehmende Automatisierung,
die ja eine Unabhängigkeit von bewusster Kontrolle bedeutet, erfolgen kann, ohne dass die Effizienz des Handlungsablaufs beeinträchtigt wird. Im Prozess der Proceduralisierung werden aus allgemeinen
Produktionen durch Ersetzen von Variablen im Bedingungsteil einer
Produktion mit spezifischem Wissen – also mit einer Konstanten –,
spezifische Produktionen gewonnen. Nehmen wir als Beispiel noch
einmal das Einlegen des Rückwärtsgangs. Die allgemeine Version
der Produktion würde dann lauten:»Wenn man den Rückwärtsgang
einlegen will, muss man dafür sorgen, dass keine Verwechslung mit
den Vorwärtsgängen möglich ist«. Bei vielen Autotypen wird das dadurch erreicht, dass man den Schaltknüppel runterdrücken muss. Also wird sich im Verlaufe des Lernens dieser Teil der Handlung möglicherweise am ehesten automatisieren. Die allgemeine Produktion
wird also in ihrem Bedingungsteil spezifischer und lautet dann:
»Wenn man den Rückwärtsgang einlegen will, muss man den Schaltknüppel runterdrücken«. Die Ausführung der Handlung ist dadurch
zwar schneller geworden, wenn man den Autotyp beibehält. Für andere Autotypen ist sie dadurch aber weniger gut anwendbar geworden. Der Vorteil der Benutzung spezifischer Produktionen besteht in
einer deutlichen Entlastung des Arbeitsgedächtnisses. Die Feinab-
stimmung bedeutet allerdings auf der anderen Seite eine zunehmende
Nutzungspezifität des prozeduralen Wissens.

Der zweite Lernprozess in dieser Phase des Fertigkeitserwerbs ist
dem oben beschriebenen Prozess der Wissenskompilierung sehr ähnlich, wird aber an dieser Stelle *Komposition* genannt. Anderson
(1993) sieht in diesem Prozess Ähnlichkeiten zum »chunking« oder
auch zur Bildung von Makro-Operatoren. Die grundlegende Idee ist,
dass man Produktionen, die dem Erreichen desselben Ziels dienen, zu
einer neuen übergeordneten Produktion aufsummieren kann. Hierbei
werden aufeinander folgende bereichsspezifische Regeln in einer einzigen Regel zusammengefasst. Das heißt, es müssen nicht mehr die
Bedingungen jeder einzelnen Regel geprüft werden, sondern es wird

nur einmal geprüft und die einzelnen Aktivitäten werden automatisch nacheinander ausgeführt.

Ein Teil der Automatisierung lässt sich darauf zurückführen, dass mit zunehmender Übung die Überführung von deklarativem Wissen in die Form von Produktionen – also das Wechseln vom deklarativen ins prozedurale Gedächtnis – nicht mehr erfolgen muss. In die neu erworbene Produktion ist das relevante deklarative Wissen eingebettet. Dazu kommt der Prozess der Prozeduralisierung, wodurch die Fertigkeit deutlich bereichsspezifischer wird, d. h. sie wird für den Anwendungsbereich passender. In einem weiteren, dritten Prozess werden mehrere Produktionen, die anfangs einzeln ausgeführt wurden (vgl. Modularisierung der Produktionen), zu einem Makro-Operator zusammengefasst. Eine Sequenz von Produktionen wird also ausgeführt, indem eine Anfangsprüfung erfolgt und dann die gesamte Sequenz von Produktionen abgearbeitet wird. Die Aktionen erfolgen automatisch, wobei Zwischenschritte, die sich als überflüssig erwiesen haben, weggelassen werden können. Diese Zusammenfassung von Prozeduren ist die oben bereits genannte »Komposition«.

## Wie gelangt man zu neuen Operatoren?

Dörner (1982) bezweifelt, dass überhaupt Standardprozeduren angewendet werden, und nimmt stattdessen an, dass bei jedem Problem heuristische Herangehensweisen überwiegen.

Anderson (1993) geht in der neuesten Version seiner Theorie davon aus, dass der einzige Mechanismus zur Schaffung neuer Produktionen in der Kompilierung von Analogien besteht. Seiner Auffassung nach kann man annehmen, dass in der Evolutionsgeschichte der Menschheit die Möglichkeiten für eine direkte Instruktion zum Erlernen von Fertigkeiten nicht gegeben waren. Der Mensch hat sich ohne Lehrmeister zu dem entwickeln müssen, was er heute ist. Wenn es niemanden gab, der neu zu lernende Fertigkeiten beherrschte, musste man sie selbst entdecken oder aus den eigenen Tätigkeiten erschließen. Wenn es doch jemanden gab, der die Fertigkeit beherrschte, war immer noch die prinzipielle Schwierigkeit zu überwinden, wie man Wissen, das dadurch gekennzeichnet ist, das man es nicht beschreiben, sondern nur aus Verhaltensausführungen erschließen kann, an andere weitergeben kann. Es wäre gar nicht möglich gewesen, das auszudrücken, was man wissen musste, um diese Fertigkeit zu erwer-

ben. Was blieb war, die Aktivität auszuführen und den anderen aufzu-
fordern, es genauso zu machen.

Das Prinzip, Fertigkeiten aus dem eigenen oder dem Verhalten anderer Personen zu erschließen, liegt in jüngerer Zeit in der Unter-
richtspsychologie prominent gewordenen Instruktionsmodellen, wie
z.B. dem »apprenticeship learning« (Collins, Brown & Newman,
1989) zugrunde. Erfolgreicher Unterricht ist möglicherweise dadurch
gekennzeichnet, dass Beispiele vorgeführt werden und die Lernenden
per Analogieschluss an einem eigenen Beispiel das Prinzip erkennen
und eigene Erfahrungen mit den Details der Ausführung machen. Die
Ausführung der einzelnen Schritte erlaubt dabei die Ableitung des
allgemeinen Prinzips (der Prozedur) per Analogieschluss.

Insgesamt lässt sich festhalten, dass nach der Lerntheorie von Anderson der Erwerb von kognitiven Fertigkeiten im Wesentlichen auf
prozessualen Veränderungen basiert. Die deklarative Wissensbasis
bleibt unverändert. Durch den Prozess der Proceduralisierung – also
der Einlagerung von deklarativen Wissensbestandteilen in die Produktion – und die Komposition – also die Zusammenfassung von
mehreren einzelnen Produktionsregeln zu einer einzigen – findet eine
erhebliche Beschleunigung der Informationsverarbeitung statt. Diese
Beschleunigung wird durch einen Verlust an Flexibilität und Anpassungsfähigkeit »bezahlt«. Anderson (1982) nimmt grundsätzlich an,
dass das ursprüngliche deklarative Wissen unverändert bereitsteht. Es
bleibt allerdings unklar, wie aus den bereichsspezifischen Prozeduren
wieder allgemeine Prozeduren werden.

*Basisliteratur*

Anderson, J.R. (1996), Kognitive Psychologie (2. Aufl.). Heidelberg: Spek-
    trum Akademischer Verlag.
Kluwe, R.W. (1992), Gedächtnis und Wissen. In: H. Spada (Hrsg.), Lehrbuch
    Allgemeine Psychologie (2. Aufl., S. 115–187). Bern: Huber.

*Weiterführende Literatur*

Anderson, J.R. (1993), Rules of the mind. Hillsdale, NJ: Lawrence Erlbaum.
Kluwe, R.W. & Haider, H. (1995), Der Erwerb kognitiver Fertigkeiten durch
    Übung. In: D. Dörner & E. van der Meer (Hrsg.), Das Gedächtnis. Probleme
    – Trends – Perspektiven (S. 253–291). Springer: Hogrefe.

# 9 Selbstgesteuert lernen

Das Wissen über psychologische Prozesse beim Lernen gilt als eine wichtige Teilkomponente für die Fähigkeit, den eigenen Lernprozess aktiv so zu beeinflussen, dass Lernergebnisse verbessert werden. Es soll daher in einem abschließenden Kapitel auf einige wichtige Strategien und deren lernpsychologische Begründung hingewiesen werden, die in dieser Weise wirken können.

## 9.1 Lernen als gesteuerter Prozess

Wenn man Lernen als gesteuerten Prozess auffasst, ist es üblich, verschiedene Komponenten zu unterscheiden, die auch bei Überlegungen und Untersuchungen zum selbstgesteuerten Lernen zu berücksichtigen sind. Die wesentlichen Komponenten eines jeden Lernvorgangs sind danach (1) die Ziele, die mit dem Lernvorgang erreicht werden sollen, (2) die Operationen, die während des Lernvorgangs durchgeführt werden, und (3) die Kontrollprozesse, die sowohl während des Ablaufs den Lernvorgang überwachen als auch anschließend zur Überprüfung, ob das angestrebte Ziel erreicht wurde, erfolgen. Diese Komponenten gilt es sowohl bei der Steuerung des Lernvorgangs von außen, etwa durch Eltern, Lehrer und Erzieher, als auch bei der eigenen Steuerung von Lernvorgängen zu unterscheiden.

## 9.2 Lernen als abhängig von kognitiven und motivationalen Prozessen

Lernen hat eine kognitive und eine motivationale Seite. Die Art und Weise der Informationsverarbeitung, aber auch der subjektive Wert des Lernerfolgs sind für das Lernergebnis von Bedeutung. Bei der

Selbststeuerung kommt hinzu, dass die eigenen Fähigkeiten zur Selbststeuerung als kognitive Komponente und das Verhältnis von Aufwand beim Aufrechterhalten und Steuern des Lernvorgangs zum Wert und Aufwand anderer Aktivitäten als motivationale Komponente den Einsatz und die Effektivität von selbststeuernden Maßnahmen beim Lernen mitbestimmen.

»Steuerungswissen« wird nicht immer für das eigene Lernen genutzt und der dringende Wunsch, allein endlich einmal unabhängig von äußeren Kontroll- und Steuerungsinstanzen Lernvorgänge abzuschließen, kann nicht immer umgesetzt werden. Lern- und Denkstrategien beziehen beide Seiten mit ein und unterscheiden in einer ersten groben Annäherung Primär- von Stützstrategien (Danserau, 1978). Primärstrategien sind solche, die direkt den Prozess der Informationsverarbeitung beeinflussen, und Stützstrategien sind alle diejenigen Maßnahmen, die flankierend ergriffen werden, um den Lernvorgang einzuleiten, aufrechtzuerhalten und gegen konkurrierende Handlungstendenzen abzuschirmen.

## 9.3  Lernstrategien und Informationsverarbeitung

Pintrich (1988) hat den Einfluss von Lern- und Denkstrategien auf den Prozess der Informationsverarbeitung bezogen. Er unterteilt den Prozess der Informationsverarbeitung in die vier Teilprozesse der Selektion, der Konstruktion, des Erwerbs und der Integration. An diesen Prozessen setzen Lern- und Denkstrategien an und verbessern das

**Funktion von Lern- und Denkstrategien für den Lernprozess**
- Selektion: Aufmerksamkeitssteuerung gegenüber bestimmten Informationen, Übertragung der Informationen in das Arbeitsgedächtnis
- Konstruktion: Herstellen von Beziehungen zwischen den einzelnen Informationseinheiten im Arbeitsgedächtnis
- Erwerb: Übertragung der Informationen vom Arbeits- ins Langzeitgedächtnis
- Integration: Verbindung der aufgenommenen Informationen mit dem Vorwissen

(nach Pintrich, 1988)

Ausmaß der Selektion und das Ausmaß des Erwerbs und der Integration von Wissenselementen. Durch Auswirkungen bestimmter Lern- und Denkstrategien auf die Konstruktion und Integration neuer Informationen wird die Güte der Organisiertheit und Kohärenz des Gelernten beeinflusst.

## 9.4  Lern- und Denkstrategien

Unter Lern- und Denkstrategien werden im Allgemeinen alle diejenigen inneren und äußeren Verhaltensweisen verstanden, mit denen verschiedene Aspekte des Lernens wie Motivation, Aufmerksamkeit, Informationsauswahl und -verarbeitung beeinflusst werden können.

Schiefele & Pekrun (1996) unterscheiden kognitive, metakognitive und Strategien des Ressourcenmanagement.

*Kognitive Strategien* werden angewendet, um Inhalte zu verstehen und zu behalten. Die Unterteilung der kognitiven Strategien in solche der Wiederholung, Organisation und Elaboration übernehmen sie von Weinstein & Mayer (1986) und Pintrich (1989). Alle drei Strategien beziehen sich auf wichtige Prozesse der Informationsverarbeitung.

Strategien der *Wiederholung*, wie aktives Memorieren und inneres Sprechen, dienen der unmittelbaren Einprägung neuer Informationen. Alle Aktivitäten, mit denen der neue Lernstoff wiederholt wird, zählen hierzu. Diese Aktivitäten können im mehrfachen Lesen bestimmter Textstellen, im Aufsagen bestimmter zentraler Begriffe oder im Auswendiglernen von Vokabeln oder Formeln bestehen. Die Wiederholungsstrategien wirken sich insbesondere auf die Selektion und den langfristigen Erwerb neuer Wissensinhalte aus und bestimmen mit, wie viel gelernt wird.

Strategien der *Elaboration* erleichtern die Speicherung von neuem Wissen im Gedächtnis, indem Verbindungen zwischen neuem Wissen und dem Vorwissen hergestellt werden. Die Elaboration hinsichtlich Tiefe und Reichhaltigkeit bedeutet eine »Anreicherung« neuer Informationen anhand der bestehenden Wissensvorräte und ihrer subjektiven Strukturierung. Dieser Prozess dient dazu, die Information in vorhandene kognitive Strukturen zu integrieren. Strategien der Elaboration sind beispielsweise das Finden eigener Beispiele, das Herstellen von Analogien, das Ausdenken praktischer Anwendungen. Diese Strategien sind darauf gerichtet, neue Inhalte und Begriffe mit bereits bekannten Begriffen in Zusammenhang bringen. Man kann dies auch als Assimilation bedeutungshaltigen Materials verstehen, d.h. die neuen Inhalte werden in einer Weise verarbeitet, dass sie zu vorhandenen Begriffen und Strukturen passen. Schwierig ist die Elaboration, wenn es um die Verarbeitung von Material geht, das weitgehend unstrukturiert ist und wenig assoziative Nähe zueinander hat. Die Merkfähigkeit lässt sich dann offensichtlich erheblich verbessern, wenn man sog. Mnemotechniken anwendet. Diese funktionieren nach dem Prinzip, dass unzusammengehörende einzelne Informationselemente, wie z.B. auf Einkaufslisten, in einen bedeutungshaltigen Zusammenhang gebracht werden, indem die einzelnen Elemente beispielsweise zu einer Geschichte oder zu einem Rundgang durch ein Zimmer verknüpft werden.

Elaborationsstrategien wirken sich insbesondere auf den Integrationsprozess aus, können aber auch den Konstruktionsprozess beeinflussen.

Als dritte kognitive Strategie werden Maßnahmen zusammengefasst, die für die *Organisation* des Lernstoffs geeignet sind. Solche Strategien helfen dem Lerner wichtige Informationen zu selegieren, den Lernstoff zu strukturieren und Verbindungen zwischen verschiedenen Teilen des Lernstoffs herzustellen. Alle diese Maßnahmen schaffen Voraussetzungen dafür, dass komplexe Informationen auch bei beschränkter Speicherkapazität verarbeitet werden können. Es werden beispielsweise viele einzelne Detailinformationen zu größeren Sinn-Einheiten zusammengefasst. Solche Gruppierungen machen reichhaltigen Lernstoff kognitiv handhabbar. Einzelne Maßnahmen, wie zum Beispiel die Kategorisierung von Gegenständen oder Ereignissen anhand semantischer Merkmale, verbessern die Übersichtlichkeit. Wenn also Stühle, Tische und Schränke beschrieben werden, wird dies zur Beschreibung von Möbelstücken zusammengefasst. Das Unterstreichen von Hauptgedanken in einem Text, das Anfertigen von Skizzen oder Abbildungen, in denen die wichtigsten Zusammenhänge verdeutlicht werden, bis hin zur Anfertigung von komplexen kognitiven Landkarten (sog. mind maps) gehören ebenfalls in diese Gruppe von Strategien. Die *Organisationsstrategien* sind besonders wichtig in der Konstruktionsphase des Informationsverarbeitungsprozesses. Sie können sich aber auch bereits auf den Selektions- und Integrationsprozess auswirken.

Eine vielfach bewährte Technik zur Verbesserung der Behaltensleistung bei Lehrbuchtexten, wie sie in den Sozialwissenschaften genutzt werden, ist die von Thomas & Robinson (1972) entwickelte PQ4R-Technik. Das zentrale Merkmal dieser Technik ist das eigenständige Generieren von Fragen und das Beantworten dieser Fragen mit Hilfe des Textes. Es sei darauf hingewiesen, dass nicht bei jeder Textsorte ein gleichguter Gewinn mit dieser Technik zu erzielen ist. Bei sehr dichten naturwissenschaftlichen Abhandlungen und literarischen Stoffen gelangt diese Technik an ihre Grenzen.

**PQ4R Methode zum Durcharbeiten und selbstgesteuertem Lernen von Texten**

1. Preview (Vorprüfung): Kapitel überfliegen und allgemeine Themen bestimmen, Einheiten identifizieren, die zur Unterteilung geeignet sind; die nächsten Schritte auf jede Einheit anwenden
2. Questions (Fragen): Fragen zu jedem Abschnitt formulieren; gelingt oft durch Umformulierung der Überschrift
3. Read (Lesen): Abschnitt sorgfältig durchlesen und Frage beantworten
4. Reflect (Nachdenken): während des Lesens über Text nachdenken und versuchen, ihn zu verstehen; Beispiele erfinden, Stoff mit Vorwissen verbinden
5. Recite (Wiedergeben): nach Bearbeitung des Abschnitts versuchen, sich an den Inhalt zu erinnern; Fragen beantworten; Lücken erkennen und nochmals lesen und verarbeiten
6. Review (Rückblick): Nach Beendigung des gesamten Kapitels, den Gedankengang und die wichtigsten Punkte in Erinnerung rufen, Fragen nochmals beantworten

*Metakognitive Strategien*

Effektives Lernen und Denken erfordert Wissen und Strategien, mit deren Hilfe der eigene Lern- und Denkverlauf kontrolliert und evaluiert wird. Der Begriff der Metakognition geht auf Flavell (1979) zurück. Er unterschied metakognitives Wissen über die eigene Person als das Wissen über die eigene kognitive Leistungsfähigkeit in den verschiedenen Bereichen. Metakognitives Wissen über Aufgaben bezog sich vor allem auf das Wissen über den Schwierigkeitsgrad und die Anforderungsstruktur von Aufgaben. Schließlich bezieht sich metakognitives Wissen auch auf das Wissen der Person über verschiedene Lernstrategien. Hierzu zählt auch die Kompetenz, entscheiden zu können, bei welchen Aufgaben welche Art von Lernstrategien angemessen ist. Dies wird konditionales Wissen genannt. Der Begriff ist von Paris, Lipson & Wixson (1983) geprägt worden.

Zusammenfassend lässt sich formulieren: *Metakognitives Wissen* ist das Wissen, das eine Person über ihre eigenen Fähigkeiten, über Merkmale von Aufgaben und über Strategien hat, die ihre kognitiven Leistungen beeinflussen können. Dieses Wissen enthält im einzelnen Wissen über

- die **eigene Person**; dies beinhaltet Einschätzungen der eigenen kognitiven Leistungsfähigkeit in verschiedenen Bereichen (z.B. Lesen, Rechnen, Merkfähigkeit);
- die **Aufgaben**; dies beinhaltet Wissen über Schwierigkeitsgrad und Anforderungscharakter von Aufgaben;
- die **Lernstrategien**; dies beinhaltet Wissen über Lerntechniken und ihre Einsatzmöglichkeiten zur Erreichung eines bestimmten Lernziels.

## Metakognitive Kontrolle

Der Begriff der Metakognition bezieht sich auch auf den Prozess der Kontrolle kognitiver Vorgänge. Um Verwechslungen zu vermeiden, sollte man hier ausschließlich den Begriff der metakognitiven Kontrolle verwenden. Die metakognitive Kontrolle umfasst drei Komponenten: Planung, Überwachung und Regulation.

Die *Planung* des Lernens umfasst das Setzen von Zielen, das Formulieren von Lernfragen und die Feststellung der Aufgabenanforderungen. Diese Maßnahmen helfen, den Einsatz bestimmter Strategien festzulegen und entsprechendes Vorwissen für den Lernvorgang zu aktivieren.

Die *Überwachung* des Lernens umfasst alle kognitiven Aktivitäten, die den eigentlichen Lernvorgang kontrollieren. Dazu gehört die Lenkung der Aufmerksamkeit auf den Lernstoff, die Formulierung von Fragen, um sich den Stoff zu erschließen, und das Überprüfen, ob man den Stoff verstanden hat.

Mit *Regulation* des Lernens sind Aktivitäten gemeint, die darauf gerichtet sind, die aktuelle Lerntätigkeit den Aufgabenanforderungen anzupassen und auftretende Probleme zu beseitigen. Die Regulation ist auf regelmäßige Beobachtung und Überwachung des Lernprozesses angewiesen, damit Unregelmäßigkeiten aufgedeckt werden können. Ergibt sich im Verlaufe des Lernprozesses als Ergebnis der laufenden Überwachung ein bestimmtes Problem, werden Maßnahmen ergriffen, um das Problem zu beseitigen. Tauchen zum Beispiel Verständnisschwierigkeiten auf, die an Problemen mit einem bestimmten Ausdruck liegen, wird das Nachschlagen in einem Wörterbuch oder Lexikon als Zwischenschritt in den Lernprozess eingebaut.

Metakognitive Kontrolle kann unter Umständen zu einer Überlastung des kognitiven Apparats führen. Dadurch kann der Prozess der Informationsverarbeitung beeinträchtigt werden. Wenn zum Beispiel grundlegende Prozesse noch nicht beherrscht werden und zusätzlich metakognitive Aktivität zu einer Aufteilung der Aufmerksamkeit führt, wird der Lernprozess durch metakognitive Kontrolle eher beeinträchtigt als gefördert. Vielfach wird allerdings davon ausgegangen, dass Metakognition insgesamt dem Lernprozess eher förderlich ist. Übungsprogramme mit lernschwachen Kindern haben deutliche Effekte gezeigt (vgl. Lauth, 1993).

Strategien, die das Management lernbezogener Ressourcen und die Herstellung der äußeren Bedingungen des Lernvorgangs betreffen, wie z.B. den Lernort und die Lernzeit, beeinflussen den Lernprozess lediglich indirekt. Im Einzelnen werden die folgenden Maßnahmen hierunter zusammengefasst:

• Gestaltung der Lernumgebung (Vermeiden von Ablenkung)
• gemeinsames Lernen mit Kommilitonen oder Mitschülern
• Hilfe suchen bei anderen
• Problemlösung durch Verwendung zusätzlicher Literatur
• Investieren von Anstrengung (Persistenz, Intensität beim Einsatz kognitiver, metakognitiver Strategien)
• Zeitplanung.

Diese Strategien sind geeignet, Ressourcen bereitzustellen bzw. zu beschaffen, die wiederum den Einsatz von direkt den Lernprozess beeinflussenden Strategien ermöglichen oder begünstigen. Die Abgrenzung von direkten und indirekten Strategien ist oft schwierig, da z.B. die Planung von Zeit auch metakognitive Aspekte hat. Allerdings ist der Einfluss auf den Lernvorgang eher durch andere Maßnahmen vermittelt. Die gesamte eingeplante Zeit und auch der Zeitpunkt des Lernens kann als Rahmenplan betrachtet werden, der dann z.B. die Regulierung der Lesegeschwindigkeit während des Lernvorgangs beeinflusst. Die eingeplante Gesamtzeit kann zu knapp bemessen sein, so dass die Geschwindigkeit erhöht werden muss, oder der Zeitpunkt kann so ungünstig gelegt sein, dass die Konzentrationsfähigkeit aufgrund von Ermüdung deutlich verlangsamt ist und hierdurch ebenfalls die Lesegeschwindigkeit herabgesetzt ist.

Von den motivationsbezogenen Strategien sei hier vor allem die volitionale Kontrolle erwähnt, die sich auf die Abschirmung einer gebildeten Absicht gegen konkurrierende Einflüsse innerhalb und außerhalb der Person richtet. Bei der Umsetzung von Absichten in Handlungen lassen sich in der allerletzten Phase nach Kuhl (1983) sechs Mechanismen unterscheiden, die zur Förderung der Umsetzung von beabsichtigten in tatsächliche Verhaltensweisen geeignet sind:

1. selektive Aufmerksamkeit: Lenkung der Aufmerksamkeit auf handlungsrelevante und ausführungsbegünstigende Inhalte;
2. sparsame Informationsverarbeitung: Abbrechen des Abwägens von Erwartungs- und Wertaspekten anderer Handlungsalternativen, sobald die Gefahr besteht, dass die aktuelle Absicht gefährdet wird;
3. Enkodierungskontrolle: tiefe Verarbeitung von Informationen, die mit der aktuellen Absicht zusammenhängen;
4. Emotionskontrolle: Anregung von die Absicht fördernden Gefühlen und Unterdrückung ablenkender oder negativer Gefühle;
5. Motivationskontrolle: Stärkung der motivationalen Basis der Intention (z.B. durch die Vorstellung erwarteter Belohnung);
6. Umweltkontrolle: Veränderung der Umwelt, so dass die Ausführung der Absicht erleichtert wird.

Volitionale Kontrollstrategien sind vermutlich dann von besonderer Bedeutung, wenn Handlungen von schwachen Intentionen getragen sind, geringe Ergebnis- und Selbst-Wirksamkeits-Erwartungen bestehen oder nach Beginn der Verhaltensausführung innere oder äußere Hindernisse auftreten.

*Basisliteratur*

Friedrich, H.F. & Mandl, H. (1992), Lern- und Denkstrategien – Ein Problemaufriss. In: H. Mandl & H.F. Friedrich (Hrsg.), Lern- und Denkstrategien (S. 3–54). Göttingen: Hogrefe.
Schiefele, U. & Pekrun, R. (1996), Psychologische Modelle des fremdgesteuerten und selbstgesteuerten Lernens. In: F.E. Weinert (Hrsg.), Psychologie des Lernens und der Instruktion (Enzyklopädie der Psychologie. Band D, I, 2, S. 249–278). Göttingen: Hogrefe.

*Weiterführende Literatur*

Greif, S. & Kurtz, H.-J. (Hrsg.) (1996), Handbuch selbstorganisiertes Lernen. Göttingen: Verlag für Angewandte Psychologie.

Lauth, G. (1993), Konzeption und Evaluation eines Trainings metakognitiver Fähigkeiten. In: K.J. Klauer (Hrsg.), Kognitives Training (S. 67–94). Göttingen: Hogrefe.

# Literaturverzeichnis

Alkon, D. L. (1990), Eine Meeresschnecke als Lernmodell. In: W. Singer (Ed.), *Gehirn und Kognition* (pp. 72–83). Heidelberg: Spektrum Akademischer Verlag.

Alkon, D. L. (1992), Gedächtnisspuren in Nervensystemen und künstliche neuronale Netze. In: W. Singer (Ed.), *Gehirn und Kognition* (pp. 84–93). Heidelberg: Spektrum Akademischer Verlag.

Anderson, J. A. & Hinton, G. E. (1981), Models of information processing in the brain. In: G. E. Hinton & J. A. Anderson (Eds.), *Parallel models of associative memory* (pp. 9–48). Hillsdale, NJ: Erlbaum.

Anderson, J. R. (1976), *Language, memory and thought.* Hillsdale, NJ: Erlbaum.

Anderson, J. R. (1982), Acquisition of cognitive skill. *Psychological Review, 89,* 369–403.

Anderson, J. R. (1983), *The architecture of cognition.* Cambridge, MA: Harvard University Press.

Anderson, J. R. (1993), *Rules of the mind.* Hillsdale, NJ: Erlbaum.

Anderson, J. R. (1995), *Learning and memory.* New York: Wiley.

Anderson, J. R. (1996), *Kognitive Psychologie (2. Aufl.).* Heidelberg: Spektrum Akademischer Verlag.

Anderson, J. R. & Bower, G. H. (1973), *Human associative memory.* Washington, D.C.: Winston.

Atkinson, R. C. & Shiffrin, R. M. (1968), Human memory: A proposed system and its control processes. In: K. W. Spence & J. T. Spence (Eds.), *The psychology of learning and motivation* (Vol. 2). New York: Academic Press.

Babinsky, R. & Markowitsch, H. J. (1996), Lernen in neuronalen Strukturen. In: J. Hoffmann & W. Kintsch (Eds.), *Lernen* (Enzyklopädie der Psychologie, Band C, II, 7, pp. 1–84). Göttingen: Hogrefe.

Baddeley, A. D. (1986), *Working memory.* Oxford: Oxford University Press.

Baddeley, A. D. (1990), *Human memory. Theory and practice.* Boston: Allyn & Bacon.

Bandura, A. (1977), Self-efficacy: Toward a unifying theory of behavioral change. *Psychological Review, 84,* 151–215.

Bandura, A. (1979), *Sozial-kognitive Lerntheorie (amerik. Originalausgabe 1977, Social learning theory. Englewood Cliffs: Prentice-Hall).* Stuttgart: Klett.

Bandura, A. (1986), *Social foundations of thought and action. A social-cognitive theory.* Englewood Cliffs, NJ: Prentice-Hall.

Bandura, A. (Ed.). (1995), *Self-efficacy in changing societies*. Cambridge: University Press.

Bandura, A. (1997), *Self-efficacy. The exercise of control*. New York: Freeman.

Bandura, A. & Cervone, D. (1983), Self-evaluative and self-efficacy mechanisms governing the motivational effects of goal systems. *Journal of Personality and Social Psychology*, *45*, 1017–1028.

Bell, C. G. & Newell, A. (1971), *Computer structures: Readings and examples*. New York: McGraw-Hill.

Bolles, R. C. (1972), Reinforcement, expectancy, and learning. *Psychological Review*, *79*, 394–409.

Bower, G. H. & Hilgard, E. H. (1981), *Theories of learning (5th edition; deutsch: Theorien des Lernens, 5. Auflage. Stuttgart: Klett, 1983)*. New York: Prentice-Hall.

Broadbent, D. (1958), *Perception and communication*. Oxford: Pergamon.

Bruner, J. S. (1957), On perceptual readiness. *Psychological Review*, *64*, 123–152.

Bruner, J. S., Goodnow, J. & Austin, G. A. (1956), *A study of thinking*. New York: Wiley.

Cheesman, J. & Merikle, P. M. (1986), Word recognition and consciousness. In: D. Besner, T. G. Waller & G. E. Mackinnon (Eds.), *Reading research: Advances in theory and practice* (Vol. 5, 311–352). New York: Academic Press.

Cherry, E. C. (1953), Some experiments on the recognition of speech, with one and with two ears. *Journal of Acoustical Society of America*, *25*, 975–979.

Collins, A., Brown, J. S. & Newman, S. E. (1989), Cognitive apprenticeship: Teaching the crafts of reading, writing, and mathematics. In: L. B. Resnick (Ed.), *Knowing, learning, and instruction* (pp. 453–494). Hillsdale, NJ: Erlbaum.

Craik, F. I. M. & Lockhart, R. S. (1972), Levels of processing: A framework for memory research. *Journal of Verbal Learning and Verbal Behavior*, *11*, 671–684.

Danserau, D. F. (1978), The development of a learning strategy curriculum. In: H. F. O'Neill (Ed.), *Learning strategies* (pp. 1–29). New York: Academic Press.

Dell, G. S. (1985), Positive feedback with hierarchical connectionist models: Applications to language production. *Cognitive Science*, *9*, 3–24.

Deutsch, J. A & Deutsch, D. (1963), Attention: Some theoretical considerations. *Psychological Review*, *70*, 80–90.

Dörner, D. (1982), Lernen des Wissens- und Kompetenzerwerbs. In: B. Treiber & F. E. Weinert (Eds.), *Lehr-Lern-Forschung. Ein Überblick in Einzeldarstellungen* (pp. 134–148). München: Urban & Schwarzenberg.

Dörner, D. (1996), Lernmotivation. In: J. Hoffmann & W. Kintsch (Eds.), *Lernen* (Enzyklopädie der Psychologie, Band C, II, 7, pp. 179–202). Göttingen: Hogrefe.

Dörner, D. (1999), *Bauplan für eine Seele*. Reinbek: Rowohlt.

Ebbinghaus, H. (1885), *Über das Gedächtnis*. Leipzig: Duncker und Humbold.

Eckes, T. (1996), Begriffsbildung. In: J. Hoffmann & W. Kintsch (Eds.), *Lernen* (Enzyklopädie der Psychologie, Band C, II, 7, pp. 273–319). Göttingen: Hogrefe.

Edelmann, Walter. (2000), *Lernpsychologie (6. Aufl.)*. Weinheim: Psychologie VerlagsUnion.

Engel, A. K. (1996), Prinzipien der Wahrnehmung. In: G. Roth & W. Prinz (Eds.), *Kopf-Arbeit. Gehirnfunktionen und kognitive Leistungen* (pp. 181–207). Heidelberg: Spektrum Akademischer Verlag.

Fechner, G. Th. (1860), *Elemente der Psychophysik*. Leipzig: Breitkopf.

Feldman, J. A. (1982), Dynamic connections in neural networks. *Biological Cybernetics, 46*, 27–36.

Ferster, C. S. & Skinner, B. F. (1957), *Schedules of reinforcement*. New York: Appleton Century Crofts.

Fitts, P. M. & Posner, M. I. (1967), *Human performance*. Belmont, CA: Brooks/Cole.

Flavell, J. H. (1979), Metacognition and cognitive monitoring. A new area of cognitive-developmental inquiry. *American Psychologist, 34*, 906–911.

Florey, E. (1996), Geist – Seele – Gehirn: Eine kurze Ideengeschichte der Hirnforschung. In: G. Roth & W. Prinz (Eds.), *Kopf-Arbeit. Gehirnfunktionen und kognitive Leistungen* (pp. 37–116). Heidelberg: Spektrum Akademischer Verlag.

Fodor, J. A. (1983), *The modularity of mind*. Cambridge, MA: MIT Press.

Foppa, K. (1968), *Lernen, Gedächtnis, Verhalten (4. Aufl.)*. Köln: Kiepenheuer & Witsch.

Forgy, C. L. (1981), *OPS5 user's manual (Technical Report)*. Pittsburgh, PA: Carnegie Mellon University, Department of Computer Science.

Forgy, C. L. (1984), *The OPS83 report (Technical report)*. Pittsburgh, PA: Carnegie Mellon University, Department of Computer Science.

Frackowiak, R. S. J. (1994), Functional mapping of verbal memory and language. *Trends in Neuroscience, 17*, 109–115.

Friedrich, H. F. & Mandl, H. (1992), Lern- und Denkstrategien – ein Problemaufriß. In: H. Mandl & H. F. Friedrich (Eds.), *Lern- und Denkstrategien* (pp. 3–54). Göttingen: Hogrefe.

Glenberg, A. M., Smith, S. M. & Green, C. (1977), Type I rehearsal: Maintenance and more. *Journal of Verbal Learning and Verbal Behavior, 16*, 339–352.

Goschke, T. (1996), Gedächtnis und Emotion: Affektive Bedingungen des Einprägens, Erinnerns und Vergessens. In: D. Albert & K.-H. Stapf (Eds.), *Gedächtnis* (Enzyklopädie der Psychologie, Band C, II, 4, pp. 603–692). Göttingen: Hogrefe.

Goschke, T. (1996), Lernen und Gedächtnis: Mentale Prozesse und Gehirnstrukturen. In: G. Roth & W. Prinz (Eds.), *Kopf-Arbeit. Gehirnfunktionen und kognitive Leistungen* (359–410). Heidelberg: Spektrum Akademischer Verlag.

Greif, S. & Kurtz, H.-J. (1996), *Handbuch selbstorganisiertes Lernen*. Göttingen: Verlag für Angewandte Psychologie.

Güntürkün, O. (1996), Lernprozesse bei Tieren. In: Hoffmann, J. & W. Kintsch (Eds.), *Lernen* (Enzyklopädie der Psychologie, Band C, II, 7, pp. 85–129). Göttingen: Hogrefe.

Guthrie, E. R. (1935), *The psychology of learning.* New York: Harper & Row.

Hebb, D. O. (1949), *The organization of behavior.* New York: Wiley.

Herrnstein, R. J. (1970), On the law of effect. *Journal of the Experimental Analysis of Behavior, 13,* 243–266.

Hinton, G. E. (1992), How neural networks learn from experience. *Scientific American, 267,* 104–109.

Hoffmann, J. (1993), *Vorhersage und Erkenntnis.* Göttingen: Hogrefe.

Hull, C. L. (1943), *Principles of behavior.* New York: Appleton Century Crofts.

Hull, C. L. (1952), *A behavior system.* New Haven: Yale University Press.

James, W. (1890), *The principles of psychology.* New York: Holt.

Klatzky, R. L. (1975), *Human memory.* New York: Freeman.

Kluwe, R. H. (1992), Gedächtnis und Wissen. In: H. Spada (Ed.), *Lehrbuch Allgemeine Psychologie* (2. korr. Aufl., S. 115–187). Bern: Huber.

Kluwe, R. & Haider, H. (1995), Erwerb kognitiver Fertigkeiten durch Übung. In: D. Dörner & E. van der Meer (Eds.), *Das Gedächtnis. Probleme – Trends – Perspektiven* (pp. 253–291). Göttingen: Hogrefe.

Kosslyn, S. M. & König, O. (1992), *Wet mind. The new cognitive neuroscience.* New York: Free Press.

Kosslyn, S. & Pomerantz, J. (1977), Imagery, propositions, and the form of internal representations. *Cognitive Psychology, 9,* 52–76.

Kuhl, J. (1983), *Motivation, Konflikt und Handlungskontrolle.* Berlin: Springer.

LaBerge, D. & Samuels, S. J. (1974), Toward a theory of automatic information processing in reading. *Cognitive Psychology, 6,* 293–323.

Lachnit, H. (1993), *Assoziatives Lernen und Kognition.* Heidelberg: Spektrum Akademischer Verlag.

Lassen, N. A., Ingvar, D. H. & Skinhoj, E. (1988), Hirnfunktion und Hirndurchblutung. In: Spektrum der Wissenschaft (Ed.), *Gehirn und Nervensystem* (135–143). Heidelberg: Spektrum der Wissenschaft.

Lauth, G. W. (1993), Konzeption und Evaluation eines Trainings metakognitiver Kompetenzen bei kognitiver Retardierung. In: K. J. Klauer (Ed.), *Kognitives Training* (pp. 67–94). Göttingen: Hogrefe.

Logan, G. D. (1988), Toward an instance of automatization. *Psychological Review, 95,* 492–527.

MacCorquodale, K. & Meehl, P. E. (1948), On a distinction between hypothetical constructs and intervening variables. *Psychological Review, 55,* 95–107.

Mackintosh, N. J. (1975), A theory of attention: Variations in the associability of stimuli with reinforcement. *Psychological Review, 82,* 276–298.

Mackintosh, N. J. (1983), *Conditioning and associative learning.* Oxford: Oxford University Press.

McClelland, J. L., Mc Naughton, B. L. & O'Reilly, R. C. (1995), Why there are complementary learning systems in the hippopcampus and neocortex:

Insights from the success and failures of connectionist models of learning and memory. *Psychological Review, 102*, 419–457.

McClelland, J. L. & Rumelhart, D. E. (1981), An interactive activation model of context effects in letter perception: Part 1. An account of basic findings. *Psychological Review, 88*, 375–407.

McCullogh, W. S. & Pitts, W. (1943), A logical calcules of the ideas immanent in nervous activity. *Bulletin of Mathematical Biophysics, 5*, 115–133.

McGinnies, E. (1970), *Social behavior: A functional analysis*. Boston: Houghton Mifflin Co.

Miller, G. A. (1956), The magical number seven plus or minus two: Some limits on our capacity for information processing. *Psychological Review, 63*, 81–97.

Mineka, S. (1992), Evolutionary memories, emotional processing, and the emotional disorders. In: D. L. Medin (Ed.), *The psychology of learning and motivation* (Vol. 28, pp. 161–206). San Diego: Academic Press.

Navon, D. & Gopher, D. (1979), On the economy of the human processing systems. *Psychological Review, 86*, 254–255.

Neisser, U. (1967), *Cognitive Psychology (deutsch 1974: Kognitive Psychologie. Stuttgart: Klett)*. New York: Appleton-Century-Crofts.

Neumann, J. von. (1952), *The computer and the brain (dt: 1960, Die Rechenmaschine und das Gehirn. München: Oldenburg)*. New Haven, CT: Yale University Press.

Neumann, O. (1992), Theorien der Aufmerksamkeit: von Metaphern zu Mechanismen. *Psychologische Rundschau, 43*, 83–101.

Newell, A. (1972), A theoretical exploration of mechanisms for coding the stimulus. In: A. W. Melton & E. Martin (Eds.), *Coding processes in human memory* (pp. 373–434). Washinton, DC: Winston.

Newell, A. (1990), *Unified theories of cognition*. Cambridge, MA: Harvard University Press.

Newell, A. & Simon, H. A. (1976), Computer science as empirical inquiry: symbols and search. *Communications of the ACM, 19*, 113–126.

Paivio, A. (1971), *Imagery and verbal processes*. New York: Holt, Rinehart & Winston.

Paivio, A. (1977), Images, propositions, and knowledge. In: J. M. Nicholas (Ed.), *Images, perception, and knowledge*. Dordrecht: Reidel.

Paris, S. G., Lipson, & Wixson, K. K. (1983), Becoming a strategic reader. *Contemporary Educational Psychology, 8*, 293–316.

Pawlow, I. P. (1955), *Ausgewählte Werke*. Berlin: Akademie-Verlag.

Perrig, W. J. (1996), Implizites Lernen. In: *Lernen* (Enzyklopädie der Psychologie, Band C, II, 7, pp. 203–234). Göttingen: Hogrefe.

Pintrich, P. R. (1988), A process-oriented view of student motivation and cognition. In: J. Stark & L. Mets (Eds.), *Improving teaching and learning through research* (pp. 65–79). San Francisco: Jossey -Bass.

Pintrich, P. R. (1989), The dynamic interplay of student motivation and cognition in the classroom. *Advances in Motivation and Achievement, 6*, 117–160.

Posner, M. I. & Raichle, M. (1996), *Bilder des Geistes*. Heidelberg: Spektrum Akademischer Verlag.

Premack, D. (1959), Toward empirical behavior laws: I. Positive reinforcement. *Psychological Review*, *66*, 219–233.

Prinz, W. (1983), *Wahrnehmung und Tätigkeitssteuerung*. Berlin: Springer.

Prinz, W. (1992), Wahrnehmung. In: H. Spada (Ed.), *Lehrbuch der Allgemeinen Psychologie* (2. Aufl., pp. 25–114). Bern: Huber.

Prinz, W. (1996), Kognitive Leistungen und Gehirnfunktionen. In: G. Roth & W. Prinz (Eds.), *Kopf-Arbeit* (3–34). Heidelberg: Spektrum Akademischer Verlag.

Quilian, M. R. (1968), Semantic memory. In: M. Minsky (Ed.), *Semantic information processing* (pp. 227–270). Cambridge, MA: MIT-Press.

Quine, W. V. O. (1960), *Word and object*. Cambridge, MA: MIT Press.

Rescorla, R. A. & Holland, D. C. (1982), Behavioral studies of associative learning in animals. In: M. R. Rosenzweig & L. W. Porter (Eds.), *Annual Review of Psychology* (Vol. 33). Palo Alto: Annual Reviews Inc.

Rescorla, R. A. & Wagner, A. R. (1972), The theory of Pavlovian conditioning: Variations in the effectiveness of reinforcement and nonreinforcement. In: A. H. Black & W. F. Prokasy (Eds.), *Classical conditioning II: Current research and theory* (pp. 64–99). New York: Appleton-Century-Crofts.

Ritter, H. & Kohonen, T. (1989), Self-organizing semantic maps. *Biological Cybernetics*, *61*, 241–254.

Ritter, H., Martinez, T. & Schulten, K. (1991), *Neuronale Netze. Eine Einführung in die Neuroinformatik selbstorganisierender Netzwerke*. Bonn: Addison-Wesley.

Rosch, E. (1975), Cognitive representations of semantic categories. *Journal of Experimental Psychology*, *104*, 192–233.

Rosenbloom, P. S. & Newell, A. (1987), Learning by chunking: A production system model of practice. In: D. Klahr, P. Langley & R. Neches (Eds.), *Production system models of learning and development* (pp. 221–286). Cambridge, MA: MIT-Press.

Rosenzweig, M. R. (1962), The mechanisms of hunger and thirst. In: L. Postman (Ed.), *Psychology in the making*. New York: Alfred A. Knopf.

Roth, G. & Prinz, W. (Hrsg.) (1996), *Kopf-Arbeit. Gehirnfunktionen und kognitive Leistungen*. Heidelberg: Spektrum Akademischer Verlag.

Rotter, J. B. (1954), *Social learning and clinical psychology*. Englewood Cliffs, NJ: Prentice-Hall.

Rumelhart, D., McClelland, J. L. & PDP Research Group. (1986), *Parallel distributed processing: Explorations in the microstructure of cognition Bd I und II*. Cambridge, MA: MIT Press.

Ryle, G. (1949), *Concept of the mind*. London: Hutchinson.

Santa, J. L. (1977), Spatial transformations of words and pictures. *Journal of Experimental Psychology: Human Learning and Memory*, *3*, 418–427.

Scheerer, E. (1996), Einmal Kopf, zweimal Kognition: Geschichte und Gegenwart eines Problems. In: G. Roth & W. Prinz (Eds.), *Kopf-Arbeit. Gehirnfunktionen und kognitive Leistungen* (pp. 87–116). Heidelberg: Spektrum Akademischer Verlag.

Schermer, F. F. (1998), *Lernen und Gedächtnis (2. Aufl.)*. Stuttgart: Kohlhammer.

Schiefele, U. & Pekrun, R. (1996), Psychologische Modelle des fremdgesteuerten und selbstgesteuerten Lernens. In: F. E. Weinert (Ed.), *Psychologie des Lernens und der Instruktion* (Enzyklopädie der Psychologie, Band D, I, 2, pp. 249–278). Göttingen: Hogrefe.

Schneider, W. & Shiffrin, R. M. (1977), Controlled and automatic human information processing: I. Detection, search, and attention. *Psychological Review, 84*, 1–66.

Schnotz, W. (1994), *Aufbau von Wissensstrukturen. Untersuchungen zur Kohärenzbildung beim Wissenserwerb mit Texten.* Weinheim: Beltz Psychologie-VerlagsUnion.

Seel, N. M. (2000), *Psychologie des Lernens.* München: Reinhardt.

Seligman, M. E. P. (1970), On the generality of the laws of learning. *Psychological Review, 77*, 406–418.

Seligman, M. E. P. (1971), Phobias and preparedness. *Behavior Therapy, 2*, 307–320.

Seligman, M. E. P. (1975), *Helplessness. On depression, development and death (deutsch: Erlernte Hilflosigkeit. München: Urban & Schwarzenberg, 1979).* San Francisco: Freeman.

Seligman, M. E. P., Maier, S. F. & Solomon, R. L. (1971), Unpredictable and uncontrollable aversive events. In: F. R. Brush (Ed.), *Aversive conditioning and learning* (pp. 347–400). New York: Academic Press.

Shannon, C. E. & Weaver, W. (1949), *The mathematical theory of communication.* Urbana, Ill: University of Illinois Press.

Shiffrin, R. M. (1976), Capacity limitations in information processing, attention, and memory. In: W. K. Estes (Ed.), *Handbook of learning and cognitive processes* (Vol. 4, pp. 177–236). Hillsdale, NJ: Erlbaum.

Shiffrin, R. M & Dumais, S. T. (1981), The development of automatism. In: J. R. Anderson (Ed.), *Cognitive skills and their acquisition* (pp. 111–140). Hillsdale, NJ: Erlbaum.

Shiffrin, R. M. & Schneider, W. (1977), Controlled and automatic human information processing: II. Perceptual learning, automatic attending, and a general theory. *Psychological Review, 84*, 127–190.

Singer, M. (Ed.). (1990), *Gehirn und Kognition.* Heidelberg: Spektrum der Wissenschaft.

Skinner, B. F. (1966), *The behavior of organisms: An experimental analysis (Erstauflage: 1938).* Englewood Cliffs, NJ: Prentice-Hall.

Spitzer, M. (2000), *Geist im Netz. Modelle für Lernen, Denken und Handeln.* Heidelberg: Spektrum Akademischer Verlag.

Staats, A. W. (1968), *Learning, language, and cognition.* New York: Holt, Rinehart, and Winston.

Stern, E. (1996), Mathematik. In: F. E. Weinert (Ed.), *Psychologie des Unterrichts und der Schule* (Enzyklopädie der Psychologie, Band D, I, 3, pp. 398–426). Göttingen: Hogrefe.

Sternberg, S. (1966), High-speed scanning in human memory. *Science, 153*, 652–654.

Stroop, J. R. (1935), Studies of inference in serial verbal reactions. *Journal of Experimental Psychology, 18*, 643–662.

Strube, G. (1990), Neokonnektionismus: Eine neue Basis für die Theorie und Modellierung menschlicher Kognition? *Psychologische Rundschau, 41,* 129–143.

Tarpy, R. M. (1975), *Basic principles of learning (dt.: Lernen. Berlin: Springer, 1979).* Glenview, Ill.: Scott, Foresman & Co.

Thomae, H. & Feger, H. (1969), *Hauptströmungen der neueren Psychologie.* Bern: Huber.

Thomas, E. L. & Robinson, H. A. (1972), *Improving reading in every class: A sourcebook for teachers.* Boston: Allyn & Bacon.

Thorndike, E. L. (1911), *Animal intelligence.* New York: Macmillian Company.

Thorndike, E. L. (1913), *Educational psychology: The psychology of learning. Vol. 2.* New York: Teachers College.

Tisdale, T. (1998), *Selbstreflexion, Bewußtsein und Handlungsregulation.* Weinheim: PsychologieVerlagsUnion.

Treisman, A. (1964), Verbal cues, language and meaning in selective attention. *American Journal of Psychology, 77,* 206–214.

Treisman, A. M. (1960), Contextual cues in selective listening. *Quarterly Journal of Experimental Psychology, 12,* 242–248.

Uexküll, J. von. (1921), *Umwelt und Innenwelt der Tiere.* Berlin: Springer.

Wasserzieher, E. (1974), *Woher? Ableitendes Wörterbuch der deutschen Sprache (18. Aufl. von W. Betz).* Bonn: Ferd. Dümmlers Verlag.

Watson, J. B. (1913), Psychology as the behaviorist views it. *Psychological Review, 20,* 158–177.

Watson, J. B. (1914), *Behavior, an introduction to comparative psychology.* New York: Holt, Rinehart and Winston.

Watson, J. B. (1968), *Behaviorismus (amerik. Originalausgabe: Behaviorism, 1930, New York: W.W. Norton & Co).* Köln: Kiepenheuer & Witsch.

Weinstein, C. E. & Mayer, R. E. (1986), The teaching of learning strategies. In: M. C. Wittrock (Ed.), *Handbook of research in teaching* (pp. 315–327). New York: Macmillan.

Wickens, C. D. (1992), *Engineering psychology and human performance (2. ed.).* New York: Harper Collins.

Wilson, M. A. & McNaughton, B. L. (1993), Dynamics of the hippocampal ensemble code for space. *Science, 261,* 1055–1058.

Wittgenstein, L. (1971), *Philosophische Untersuchungen. Teil I (amerik. Original 1958 Basil Blackwell).* Frankfurt: Suhrkamp.

Wundt, W. (1874), *Grundzüge der Physiologischen Psychologie.* Leipzig: Engelmann.

Wundt, W. (1920), *Erlebtes und Erkanntes.* Stuttgart: Kröner.

# Sachregister

Tassilo Knauf

# Einführung in die
# Grundschuldidaktik

*Lernen, Entwicklungsförderung
und Erfahrungswelten in der Primarstufe*
2001. 308 Seiten. Kart.
DM 39,80/€ 20,35
ISBN 3-17-015905-4

Diese Einführung in die Grundschulpädagogik schließt eine Lücke, die von Grundschullehrerinnen und -lehrern,
Studierenden für das Lehramt Primarstufe und von Ex-
pertInnen im Bereich der Grundschulforschung mit Be-
dauern wahrgenommen wurde.

Der Autor arbeitet ebenso anspruchsvoll wie praxisorien-
tiert alle aktuellen Fragestellungen und Qualitätsmerk-
male didaktischen Handels in der Grundschule heraus
und stellt sie in einen facettenreichen Gesamtzusammen-
hang bildungstheoretischer, lernpsychologischer und
unterrichtspraktischer Reflexion. Dabei gelingt es der
Darstellung, Konsequenzen der heutigen Fachdiskussion
und der erziehungswissenschaftlichen Forschung für
eine lebendige Gestaltung schulischer Lernprozesse von
Kindern in einer sich verändernden Welt konkret und
plausibel zu machen.

# Kohlhammer

W. Kohlhammer GmbH · 70549 Stuttgart

Franz J. Schermer

## Lernen
## und Gedächtnis

2., überarb. und erw. Auflage
1998. 195 Seiten, 13 Abb. Kart.
DM 27,–/€ 13,80
ISBN 3-17-014998-9
*Grundriss der Psychologie, Band 10*
*Urban-Taschenbücher, Band 559*

Klar, übersichtlich und in verständlicher Sprache führt
dieses Buch in traditionelle und aktuelle Themen der
Lern- und Gedächtnispsychologie ein.

Es vermittelt Verständnis für die verschiedenen Frage-stel-
lungen und macht den Leser mit den grundlegenden Fakten dieser zentralen Bereiche der Psychologie vertraut.
Der Leser gewinnt einen orientierenden Überblick, der es
ihm erlaubt, sich im komplexen Feld zurechtzu-finden.
Im lernpsychologischen Teil werden Kontiguität, Verstärkung und Beobachtung erörtert, und im gedächtnispsy-
chologischen Teil geht es u.a. um verbales Lernen, Spei-
chermodelle und semantisches Gedächtnis.

## Kohlhammer

W. Kohlhammer GmbH · 70549 Stuttgart